VALENTINA LUJÁN

Ser feliz
es para
valientes

… y tú eres más valiente de lo que crees

AGUILAR

A **Lázaro y Simón**, por ser mi más
grande desafío y fuente de valentía.

A ti que compraste este libro, porque tuviste la ambición
y la valentía de no conformarte con una vida a medias.

A ti, que despertarte sin ilusión durante varios días, te sentiste
incómodo y buscaste opciones e información para vivir mejor.

A ti que estás dispuesto a trabajar en tu mejor versión,
porque creas familias, parejas, organizaciones,
sociedades y un mundo más feliz.

A ti, que eres valiente y estás dispuesto a ser feliz;
aunque al inicio sea incómodo.

A ti, que tienes este libro en tus manos,
gracias por creer en mí, pero, sobre todo,
gracias por creer en ti.

El papel utilizado para la impresión de este libro ha sido fabricado a partir de madera procedente de bosques y plantaciones gestionadas con los más altos estándares ambientales, garantizando una explotación de los recursos sostenible con el medio ambiente y beneficiosa para las personas.

Ser feliz es para valientes
... y tú eres más valiente de lo que crees

Primera edición: febrero, 2025

D. R. © 2025, Valentina Luján

D. R. © 2025, derechos de edición mundiales en lengua castellana:
Penguin Random House Grupo Editorial, S. A. de C. V.
Blvd. Miguel de Cervantes Saavedra núm. 301, 1er piso,
colonia Granada, alcaldía Miguel Hidalgo, C. P. 11520,
Ciudad de México

penguinlibros.com

Penguin Random House Grupo Editorial apoya la protección del *copyright*. El *copyright* estimula la creatividad, defiende la diversidad en el ámbito de las ideas y el conocimiento, promueve la libre expresión y favorece una cultura viva. Gracias por comprar una edición autorizada de este libro y por respetar las leyes del Derecho de Autor y *copyright*. Al hacerlo está respaldando a los autores y permitiendo que PRHGE continúe publicando libros para todos los lectores.

Queda prohibido bajo las sanciones establecidas por las leyes escanear, reproducir total o parcialmente esta obra por cualquier medio o procedimiento, incluyendo utilizarla para efectos de entrenar inteligencia artificial generativa o de otro tipo, así como la distribución de ejemplares mediante alquiler o préstamo público sin previa autorización. Si necesita fotocopiar o escanear algún fragmento de esta obra diríjase a CeMPro (Centro Mexicano de Protección y Fomento de los Derechos de Autor, https://cempro.org.mx).

ISBN: 978-607-385-421-4

Impreso en México – *Printed in Mexico*

AGRADECIMIENTOS

Toño: gracias por ayudarme a soñar realmente en GRAN-DE y ser mi compañero de aventuras.

Mamá: gracias por enseñarme el superpoder de la intuición y la magia de mantener simultáneamente las alas al vuelo y los pies en la tierra.

Papá: gracias por enseñarme que sí existe el amor incondicional, el valor de la libertad, la paz de la integridad y el poder del deporte.

A mis hermanos: gracias por entrenarme para la vida y enseñarme que el camino es individual.

Tal Ben-Shahar: gracias por tu sabiduría, sencillez y amistad, y sobre todo, gracias por coincidir aquel noviembre de 2019. ¡Me cambiaste la vida para siempre!

Colegas de HSA y la Revolución de la Felicidad en Acción: gracias por ser un espacio seguro, de apoyo, consulta, hermandad, ideas, franqueza y aprendizaje.

Comunidad de Valentinamente Feliz: gracias por resonar con mi mensaje y comprometerse en construir una vida saludable, entre todos hacemos y un mundo mejor.

Clientes: gracias por su confianza, y compromiso en construir ambientes, familias, escuelas, organizaciones y vidas de florecimiento.

Lili Álvarez: gracias por creer en mí y aventarme al ruedo ese febrero de 2022 con mi primer taller de felicidad para el entonces IGPM (Impulsando al Golf Profesional Mexicano) ahora XUNTAS, al lado de Lorena.

Tania Rincón: gracias por enseñarme que la fama y la belleza (aunque se tengan) no son un rasgo de personalidad, pero la amabilidad y la generosidad sí.

Lorena Ochoa: gracias por inspirarme y enseñarme desde muy chiquita que el límite de los sueños es la imaginación.

Mis amigos valientes, Sebas, Dany, Ila, Loretta: gracias por ser y estar. Sin duda, hacen mi vida mucho mejor.

Rosy: gracias por creer en mí y esforzarte tanto. ¡Juntas somos dinamita!

César Ramos: gracias por creer en mis ganas de contribuir a un mundo valiente, responsable y feliz.

A los medios de comunicación: gracias por abrirme sus espacios, y por su compromiso en difundir contenido de valor que inspire y ayude realmente a vivir mejor. Hoy más que nunca, necesitamos esperanza y herramientas confiables.

México: ¡Infinitas gracias por ser la tierra en que he podido construir una vida valiente, libre y feliz!

INTRODUCCIÓN

¿Quieres ser feliz o más feliz, pero no sabes cómo? Si contestaste que sí, este libro es para ti. ¿Sientes que la felicidad es algo confuso, lejano y casi imposible para ti? ¿O crees que vives una vida mediocre, vas sobreviviendo a tus días, estás llevándotela... y ya estás harto? Si contestaste que sí, este libro también es para ti.

El propósito de este libro, y del campo de los Estudios de Felicidad, van más allá de proporcionar información científica. Se trata ante todo de promover transformación consciente e intencional que te ayude a vivir mejor. Estoy convencida de que quieres ser feliz y vivir pleno, pero tal vez no sabes cómo o por dónde empezar.

Me encantaría contarte que subí el Everest o que soy sobreviviente de algún evento extraordinario, pero la realidad es que mi vida es bastante promedio. Justo fue en una experiencia común que despertó mi mayor súper poder: la valentía.

Debo decirte que aquí NO encontrarás la receta mágica o la luz al final del túnel, y que quien te prometa hacerte feliz o te diga que sigas su luz para sentirte pleno, MIENTE. Este libro busca ser un puente entre la investigación científica seria y la practicidad de la vida para ofrecerte herramientas reales accionables para cuidar tu salud mental, física y emocional, encontrar propósito y construir relaciones plenas, para finalmente vivir mejor. Este libro tiene la intención de acercarte a la felicidad, a partir de que sepas que ser feliz es posible, **si trabajas en construirlo**.

Ser feliz no se busca, no se alcanza, no es algo que "simplemente" ocurra o que alguien pueda hacer por ti. La felicidad es una construcción compleja y, por lo tanto, requiere esfuerzo y estrategia. Es un proceso de largo plazo, que puede llegar a ser incómodo. Por eso, **ser valiente** es indispensable para lograrlo.

Aquí te comparto por qué la valentía es el detonador de que una persona decida libremente construir su felicidad (entendida como una idea ambiciosa de vivir en plenitud), y por qué tú **eres más valiente de lo que crees**.

Todos hemos enfrentado adversidad, en distintas formas. Ante ella hay 2 caminos, te rompes o te fortaleces. ¿Cuál eliges tú? Lo interesante de vivir es construir una vida que en términos generales, para ti valga la pena, con todo y su dosis de adversidad. Para eso podemos ayudarnos de las Ciencias de la Felicidad, que al ser sustentadas por un método científico, aumentan tus probabilidades de éxito cuando te dispones a trabajar en ser feliz.

Cuando leas este libro quiero que pienses que no necesitas tener una vida llena de traumas para que valga la pena ser valiente, y que todos somos valientes por el simple hecho de haber superado infinidad de incomodidades y retos. Sólo piensa en todo lo que haces hoy y que algún día te dio miedo. Adentro de ti ya está lo que necesitas, eres más valiente de lo que crees, sólo hay que reconectar y redirigir.

La expresión más contundente de infelicidad es el suicidio. En el mundo, según datos de la Organización Panamericana de la Salud, cada 40 segundos se suicida una persona, y por cada una que lo logra 20 más lo intentaron. Actualmente las cifras de depresión van en as-

INTRODUCCIÓN

censo y se calcula que para el 2030 la depresión será la principal causa de discapacidad en el mundo. Es urgente ofrecer opciones confiables y accesibles para prevenir tanto el suicidio como la depresión, y qué mejor vacuna que enseñar (sin romanticismos) e inspirar a la gente a que trabaje formal y conscientemente en construir su felicidad y una vida plena.

¿Qué es la felicidad? ¿Todos "debemos" construir felicidad? ¿Qué se requiere para ser feliz? ¿Es la felicidad una responsabilidad personal? ¿Existe una fórmula para la felicidad? ¿Ser vulnerable me hace fuerte o débil? ¿Qué es la valentía? ¿Vives para ti o para cumplir expectativas ajenas? ¿Puedes ser feliz en medio de la inherente adversidad de la vida? ¿Sentirme pleno en mi propia piel es posible o utópico?, ¿de qué depende?

Este libro busca ser un puente entre las ciencias, la academia, y la comunicación accesible y el entretenimiento. Estoy convencida que aprender a ser feliz y trabajar en ello es divertido. Así que aquí encontrarás información con sustento científico y herramientas para que "vayas a la segura". Es decir, que si te decides a construir tú felicidad podrás trabajar en ello con altas probabilidades de éxito, evitando perder la credibilidad en ti, caer en la desilusión o el autosabotaje al no obtener resultados de tus esfuerzos.

Si por el contrario, crees que por haber leído este libro ya serás feliz, te equivocas. Construir una vida plena requiere tomar decisiones y mucho trabajo, así que, si no estás dispuesto a hacerlo, sigue sobreviviendo a tus días, sólo no te quejes de tu infelicidad porque tú la estás eligiendo. Nadie te puede quitar la capacidad de elegir qué respuesta das a las cosas que te suceden.

Soy extrovertida, amo conectar y convivir con la gente, pero la vida no me daría para hacer llegar mi mensaje al número de personas que deseo si lo compartiera de manera oral, uno a uno, en persona... Es por eso que escribo este libro, para gritar al mundo 3 cosas:

1. Ser feliz es tu **respons-abilidad**: Tienes la habilidad de responder a ser feliz.
2. Necesitas ser **valiente** para construir tu felicidad.
3. Puedes **aprender** a ser valiente y a ser feliz.

Este libro tiene el único propósito de acercarte conocimiento e información. Yo soy sólo tu acompañante de viaje, no soy una psicoterapeuta certificada. Así que este libro de ninguna manera pretende sustituir el consejo o guía de especialistas como médicos, coaches, psiquiatras o cualquier otro profesional calificado.

De cualquier manera, gracias, gracias, gracias por resonar con mi mensaje de que "ser feliz es tu respons-abilidad" y confiar en mí, sea cual sea tu historia y la circunstancia de vida en la que te encuentres hoy. Espero en lo profundo de mi corazón que este libro te ayude a ser valiente y empieces hoy a construir tu felicidad (un bienestar de largo plazo) por y para ti.

QUIÉN SOY

Soy una mujer de retos y trabajo. Nací en la Ciudad de México un 17 de junio de 1983. ¡Sí, soy géminis! Encarno la dualidad (como sea que eso te parezca). Crecí en León, Guanajuato, México, en una familia "rara" o demasiado liberal para los estándares de provincia. Viví ahí durante 20 años, jugando golf y siendo estudiante de cuadro de honor (tenía buena memoria), hasta que regresé a la Ciudad de México buscando la contaminación, adrenalina y la prosperidad que ofrece. Soy extrovertida y me llena de energía estar rodeada de gente. Me encanta conocer personas muy diferentes a mí. Amo aprender, soy fanática de los deportes y los viajes. He vivido por períodos cortos en Estados Unidos, España, Canadá y Francia, pero

INTRODUCCIÓN

siempre sabiendo que mi hogar es México; y he dejado amigos, que siguen siendo familia, en todos ellos. Me fascina trabajar, lo hago desde los 14 años, creo que es alimento para el alma, no sólo cuestión de ganar lana. Desde joven me prometí que no dependería económicamente de nadie, y a mis 41 ahí la llevo. No practico ninguna religión, pero creo profundamente en Dios. En un Dios que me escucha y que ama concederme lo que le pido. En un Dios del que tú y yo somos parte. Mi alma confía en que el mundo es un lugar seguro para vivir, aunque mi racionalidad a menudo reúna evidencia de lo contrario.

Amo los animales y la naturaleza, siento un profundo respeto por la Madre Tierra. Mis valores más importantes son la libertad, la congruencia y la felicidad; los uso como brújula para tomar decisiones en el día a día. No me da miedo envejecer, de hecho, me gusta desafiar los estereotipos, y siento que la edad tiene más que ver con la actitud que con un número. Estoy rodeada de personas maravillosas y valientes, empezando por mi esposo, Toño, y mis hijos, Lázaro y Simón, con quienes tengo el privilegio de compartir camino todos los días. Mis amigos son un tesoro para mí, y me he dado cuenta que la característica que tienen en común es la valentía. ¡Me inspiran! Mi mayor miedo es que se vulnere la integridad física de mis hijos. Mi mayor deseo es que mis hijos se sientan y sepan responsables, capaces de construir su felicidad libremente, siendo su "yo" más auténtico, sin necesidad de complacer.

Siento una inclinación natural por las causas altruistas que tengan relación con niños y mujeres. Ayudo siempre que puedo. Las personas impositivas o violentas me dan flojera. Me afecta mucho dormir mal. Duermo con tapones en los oídos. El sueño para mí es sagrado, sea propio o ajeno. Sé que mi cuerpo es mi compañero incondicional, una máquina y mi principal herramienta, no un adorno. El dinero es un medio, jamás un fin. La abundancia va mucho más allá del dinero o los objetos. Soy dispersa y abro varias puertas al mismo tiempo, pero jamás dejo algo inconcluso. Amo la champaña y la buena comida, pero no me gusta cocinar. Soy apasionada del orden y la limpieza, sin llegar al TOC. Considero que hay una gran diferencia entre "jugar" a ganar y "jugar" a no perder. He aprendido que hacer de mi mente un lugar seguro y amable requiere muchísimo trabajo. Mi buró esta lleno de libros y un spray con aromaterapia. Mi valía se basa en mi generosidad, sabiduría y compasión, no en títulos académicos o bolsas de marca; aunque creo que seguiré colgando diplomas porque me encanta estudiar con estructura. Prefiero una papelería a una perfumería. No me cuesta trabajo decir que no, y sigo trabajando en mi exceso de franqueza. Sólo veo tele cuando me recomiendan algo o para las Olimpiadas.

Lo que inició mi exploración al mundo de la felicidad en mi pubertad fue sentirme sumamente infeliz. Mi insatisfacción con mi vida me hizo buscar alternativas para encontrarle sentido a mi existencia, y fue así como a mis 13 años empecé a asistir a talleres de autoconocimiento, terapias y conferencias, comencé a leer, preguntar, cuestionar y tratar de descifrar el tema. Pero la felicidad era un concepto abstracto, etéreo, incierto, confuso y, en ocasiones un tanto lejano para mí, hasta que encontré las Ciencias de la Felicidad. Fue entonces cuando todo tomó estructura, sentido, tangibilidad y cercanía, porque la felicidad se convirtió en algo real y posible para mí, si ponía el esfuerzo requerido. Es por ello que hoy me gustaría compartirte un poco de la travesía y obvio ahorrarte algunas caídas… aclaro que atajos no hay, ¡por eso ser feliz es para valientes! Estoy emocionada de que este libro llegue a muchísimos rincones del mundo. Si te gusta o sirve, pásalo a alguien que quieras ayudar a vivir mejor. ¡Amo vivir!

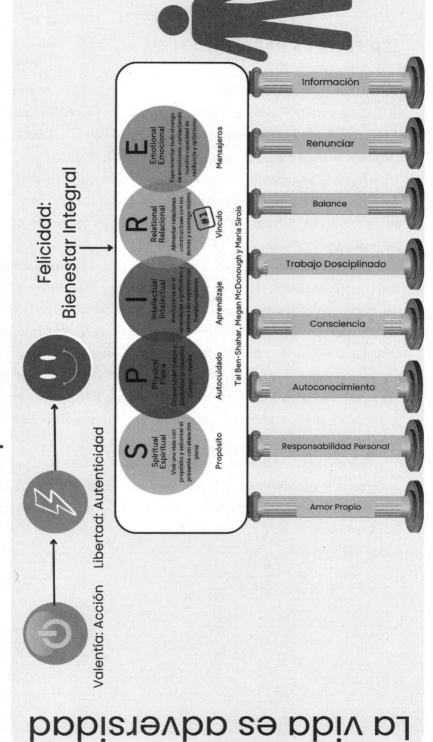

SER FELIZ ES PARA VALIENTES

No hay suficientes buenos gobiernos, buenos maridos, buenos jefes, etc. que puedan hacer felices a todas y cada una de las personas, pero sí hay suficientes seres humanos responsables de sí mismos que están dispuestos a construir una vida propia en plenitud.

Dejar de sobrevivir y empezar a vivir no es un tema de suerte o destino, sino de esfuerzo consciente para hacer cambios en favor de generar nuevos hábitos y formas de vivir que te permitan construir balance y bienestar de largo plazo.

Cuando entendemos que la felicidad es una **responsabilidad personal** y nos decidimos a construirla de manera consciente e intencional, transformamos nuestra manera de percibir el mundo y de vivir.

A pesar de que he estudiado mucho sobre desarrollo humano, no creo ser diferente a ti que me lees en este momento. Tanto tú, como yo, somos viajeros que venimos a aprender y que estamos en el proceso de hacerlo, cada uno con su historia, sus valores, sus prioridades e intereses, pero finalmente obras de arte en proceso de alcanzar su máximo esplendor.

Si alguna de estas ideas resuena o despierta tus ganas de **elegir** por y para ti **ser valiente, retomar tu poder** para construir tu mejor versión y **responsabilizarte de tu felicidad** para trabajar todos los días en ella, mi trabajo de 2 años en escribir este libro y este tiempo juntos habrá valido la pena.

INTRODUCCIÓN

TRIADA= VALENTÍA -> AUTENTICIDAD/ LIBERTAD -> FELICIDAD

> "El secreto para la felicidad es la libertad,
> y la llave a la libertad es la valentía".
> TUCÍDIDES

Ser feliz es para valientes. Atreverte a fortalecer tu músculo de la valentía es el detonador para que vivas auténtico y libre, y por lo tanto, puedas ser feliz, realmente feliz. La felicidad, la autenticidad (libertad de ser) y la valentía requieren acción.

Mi amigo Leonardo Curzio, periodista y académico destacado en México, dice: "La libertad es de quien la trabaja." Y yo creo que la felicidad también es de quién la trabaja.

Para ser feliz y sentirte pleno en tu propia piel son indispensables 2 cosas, que vivas auténticamente, abrazando tu esencia y rompiendo con aquellas expectativas y recetas que estaban esperándote el día que naciste... y 2, que hayas decidio libremente hacer el trabajo intencional y consciente que implica construir tu bienestar de largo plazo y esculpir esa vida que para ti valga el esfuerzo ser vivida. Entrarás en zonas incómodas, decisiones difíciles, y encrucijadas desafiantes, como cuestionar tu concepto de lealtad y decidir si es más importante complacer o ser fiel a ti. En fin, emprenderás un viaje como protagonista que durará toda la vida, y que tendrá frustraciones, alegrías, desencantos, retos, aciertos, errores, satisfacciones y demás, como todos, pero que sin duda será apasionante y te pondrá al volante de tu vida. El miedo se hará presente más seguido de lo que te gustaría, pero recordar que a todos nos pasa y que eres más valiente de lo que crees (por haber superado tantas experiencias y estar dispuesto a experimentar todas las emociones incómodas o dolorosas que implica ser humano), te dará la fuerza para actuar en congruencia contigo a pesar de sentir miedo.

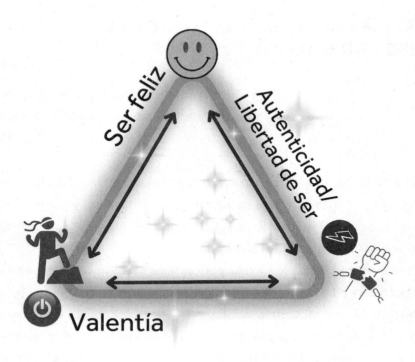

01 ADVERSIDAD: LA VIDA

SER FELIZ

> "Al hombre se le puede arrebatar todo, salvo una cosa: la última de las libertades humanas -la elección de la actitud personal que debe adoptar frente al destino- para decidir su propio camino".
>
> VIKTOR FRANKL

Hay 3 reglas importantes para ser feliz:

1. Entender qué es la felicidad. Para construir algo es indispensable que primero lo puedas conceptualizar, es decir, saber qué es.
2. Aceptar la infelicidad de la vida. Idea que mi maestro, Tal Ben-Shahar, llama el primer paso. Si estás esperando a que tu vida no tenga adversidad para ser feliz, te vas a morir siendo infeliz.

3. Realidad, realidad, realidad. La vida es como es, no como quieres que sea. Y con la verdad, por difícil que sea, todos podemos.

Estas 3 reglas son importantísimas para que puedas tener un manejo efectivo de tus expectativas sobre esta lectura, la felicidad y la vida. En ocasiones, cuando las circunstancias son difíciles, la felicidad se resume a resiliencia.

Libérate de tu pensamiento mágico de la vida feliz, perfecta y sin reto. La Tierra es un planeta escuela, al que veniste a aprender. No existe persona que no viva incertidumbre, dolor, dificultad y riesgo, lo cual a veces incomoda. Así que cuando vivas adversidad, alégrate porque estás vivo.

La adversidad se manifiesta en cualquier situación indeseable. Algunos la viven como enfermedad, crisis económica, temblor, huracán, pandemia, guerra, depresión, sentimiento persistente de ansiedad o pánico, divorcio, abandono, desempleo, traición, estrés excesivo, muerte de un ser querido, malestar, maternidad, etc. Por lo tanto, es parte de la vida de cualquier persona. ¡Sí, también de aquellas que has idealizado! Todos, sin excepción, vivimos adversidad.

Aquí te comparto un QR de la conversación que tuve con mi maestro, doctor Tal Ben-Shahar. Me encantará que lo conozcas o que lo escuches si es que ya lo conoces, en realidad ni una de sus palabras tiene desperdicio. ¡Disfrútalo!

También encontrarás en cada apartado la sección "Construyendo mi felicidad" con preguntas esenciales que debes hacerte para lograr tus propósitos.

ADVERSIDAD: LA VIDA

Construyendo mi felicidad: **Las 3 reglas y yo**

1. ¿Qué es para mí la felicidad?
2. ¿Espero a que mi vida sea perfecta para ser feliz?
3. ¿En qué grado me permito fluir con la infelicidad de la vida?
4. ¿Hoy, a qué estoy condicionando mi felicidad?
5. ¿Considero que tiendo a ser objetivo con la realidad?

GOLPE BAJO

Para ser feliz es clave ser tú la prioridad y elegir por y para ti. Sin eso es imposible construir un estado de bienestar en el que digas "está increíble vivir" o "me siento plena en mi propia piel, no me cambio por nadie". Adueñate de tu vida y deja de pedir permiso u opinión para vivirla. Si no te sientes tranquila, no te apropias de la oportunidad de experimentar tu realidad, y no haces lo que consideres conveniente, difícilmente podrás construir felicidad.

Con esta vivencia aprendí 4 cosas cruciales:

1. La lealtad es primero conmigo.
2. Si aprendo a estar conmigo, jamás me sentiré sola.
3. La importancia que tienen las personas o situaciones en mi vida la elijo yo.
4. La paz y la serenidad son el mínimo indispensable para la felicidad.

Como te dije, fue justo una experiencia común, con la que desperté mi mayor súper poder: la valentía. Ahora déjame contarte algo:

Estudiaba secundaria y tendría como 13 o 14 años. Esa edad en la que tus amigos y amigas son todo en la vida, tu mundo entero, y el único objetivo es pertenecer con tus pares y sentirte apreciada y querida. Formaba parte de un grupo de ocho a diez amigas, muchos nos llamaban "las populares", pero la verdad es que yo prefería sustituirlo por "extrovertidas". Había dos que eran mis mejores amigas, una de ellas, Ema, era como esa hermana que eliges desde la infancia, incluso veníamos de la misma escuela primaria, y la otra, Marisol, que a pesar de haberla conocido hacía 2 años habíamos construido una amistad llena de cariño, lealtad y diversión. Un día, regresando del recreo vi una carta sobre mi escritorio. Me emocioné mucho porque acostumbrábamos tener detalles de amistad entre nosotras y darnos sorpresas a menudo. Recuerdo que me senté para leerla con calma, en lo que entraba el resto de mis compañeros al salón, un sentimiento de entusiasmo me invadió, sentía mucha curiosidad por saber qué decía. Empecé a leerla y a los pocos segundos se me revolvió el estómago. Me mareé y fui al baño a vomitar. Una sensación generalizada de malestar invadió mi cuerpo. Llegó la coordinadora a preguntarme qué tenía.

—Me siento mal, quiero ir a mi casa —mi mamá había pasado por mí.

—¿Qué tienes?

—Me siento muy mal, he de haber comido algo que me hizo daño.

La carta, en palabras de adolescentes, era algo así como: ya no queremos ser tus amigas, eres la peor persona del mundo, quieres que los chavos que a nosotras nos gustan se fijen en ti, quieres llamar toda la atención, eres muy protagonista, coqueta y egoísta, bla, bla, bla.

Llegué a mi casa y sin más explicación me subí a mi cuarto. Me acuerdo que ese día me quedé ahí y lloraba y lloraba y lloraba. Era un jueves, así que el viernes no fui a la escuela. Me pasaron por la cabeza ochenta mil cosas, incluída si valía la pena seguir viviendo con ese nivel de dolor. Yo pensaba, si le digo a mi mamá y se le ocurre ir a reclamar o meterse, qué vergüenza. O si me preguntaba si me quería cambiar de escuela, la verdad sentiría miedo y yo no me quería cambiar de escuela, me gustaba estudiar ahí. Todo el día me quedé en mi cuarto en pijama, con un desgano absoluto, llorando y con la situación dándome vueltas por mi cabeza. Mi corazón estaba apachurrado, mejor dicho, roto. Sentía una tristeza profunda, como nunca antes la sentí. Era una pérdida inigualable combinada con sentimientos de rechazo y abandono. Ya no tenía más lágrimas que llorar, y los ojos me dolían. El sábado en la noche me di cuenta que sólo me quedaba un día para decidir qué hacer, porque el lunes ya tendría que ir a clases o confrontar a mi mamá con la verdad.

Tenía varios caminos. Pedir disculpas para que me aceptaran de nuevo en el grupo, pero el costo de aceptar algo que yo no había hecho era tanto como traicionarme a cambio de pertenecer, y sentía que eso me causaría un dolor peor... Recuerdo, tras horas de reflexión, concluir: si esto me importa demasiado, le estaré cediendo todo mi poder y bienestar a otras personas, específicamente a Ema y a Marisol que escribieron la carta. Pensé: Yo puedo elegir que esto determine mi vida y sea una tragedia, o no. Claro que me duele, claro que mi dinámica en el día a día en la escuela va a cambiar. Pero seguro hay algo que puedo hacer... al menos, sobrevivir.

Sobra decir lo importante que son las relaciones de amistad, y especialmente en la adolescencia. Yo recuerdo que me angustiaba muchísimo la hora del recreo. En clase podía poner atención y ahí sobrellevarla. Pero, ¿en recreo? Todas las del grupo me habían dejado de hablar, me afligía la idea de estar sola y que el resto de los compañeros se dieran cuenta de que me habían excluido. Me sentía la apestada.

Pensé: ¡Un libro! Me voy a llevar un libro. Toda esa semana me llevé libros. Salía al recreo, comía mi lunch y me ponía a leer. Poco a poco fui haciendo algunas amigas en otros grupos. Incluso, fue en esos días que conocí a quien fue después mi mejor amiga por muchos muchos años. Ella venía llegando a la ciudad, y por tanto a la escuela. No tenía amigos y yo tampoco. El Universo nos juntó.

Pasaron los meses, y el incidente pasó. El resto de las niñas del grupo que habían dejado de hablarme, se fueron disculpando una a una, incluso un día regresando al salón, después de rendir honores a la bandera, Ema y Mariana me entregaron una carta, de inmediato sentí un hoyo en el estómago y la adrenalina empezó a invadir todo mi cuerpo. Reviví en mi mente aquél mal día y pensé, "otra de sus cartas malditas..." y pues no, para mi fortuna era una carta para disculparse por todo lo que había ocurrido y el daño que me habían causado.

Sin embargo, hoy les agradezco tan duro golpe, porque esa sensación y aprendizaje de decidir vivir para mí y no ceder mi poder, fue un punto de inflexión en mi vida. Descubrí otro súper poder: **¡Soy responsable de mi vida!**

Todos los seres humanos siempre tenemos la capacidad de elegir quién queremos ser ante lo que nos pasa (por doloroso que sea). Obviamente en ese momento no tenía todo el conocimiento que sustentara esa afirmación. En ocasiones, incluso dudaba que fuera posible. Pero empíricamente eso pasó.

Yo conscientemente analicé mis caminos:

- **Ser víctima** y sentir que la vida me debe porque ni siquiera le estaba tirando la onda a sus galanes. Echar culpas y hacerlas a ellas villanas, o ir a llorar y rogar para que me aceptaran de nuevo. Eso no soy yo.
- **Responsabilizarme**. Reconocer mi parte, aprender, hacer un plan de acción, ejecutar, sentirme capaz y resignificar las historias que me hacen daño de una manera en que me sumen... Yo elegí: con que yo esté bien conmigo, ya la hice.

Fue difícil, sí, me dolía mucho al principio, pero cada día era menos difícil, y como una semana después me dejó de costar trabajo. Incluso recuerdo que me gustó la experiencia de estar sola y sentir que yo era

ADVERSIDAD: LA VIDA

suficiente compañía para mí. Elegí pensar que algo bueno saldría de ello, y que eran ellas las que se estaban perdiendo de mi compañía, cariño y amistad.

Acepté las disculpas, aunque aquí entre nos, ya no me importaban. Yo procesé el tema y para mí dejaron de ser relevantes. De ser súper amigas, de irme de viaje con sus papás y ellas con los míos, todo dejó de existir. No las cargué, porque no las odiaba. Jamás pensé en vengarme, porque hubiera canalizado en ellas una energía y tiempo que no merecían... para mí se habían muerto, entonces hice nuevas amigas. Y ahí me cayó el veinte de que para ser feliz necesitas dos cosas: vivir para ti y sentirte tranquila.

En esa época no tenía toda la estructura y el conocimiento que tengo ahora, pero creo que sí comencé a andar el camino del autoconocimiento y aprendizaje que me ha traído hasta aquí. Si había un retiro, yo iba. Si había un taller de arte emocional, yo me apuntaba. Llevaba un diario y hacía muchos ejercicios de introspección. Empecé a conocerme muy bien. Leía libros como *El Principito* o *Caldo de pollo para el alma de los adolescentes*, que tiene cuentos cortos que en cuatro o cinco páginas relatan una historia de adversidad y su resolución. Me empecé a interesar en mi desarrollo personal y asumí el riesgo de conocer mi propia sombra. Por ello, ser feliz es para valientes.

Construyendo mi felicidad: **Identificando los golpes bajos**

1. ¿Cuáles son algunos de los golpes bajos que he sentido en mi vida?
2. ¿Qué emociones vinculo a esas experiencias?
3. ¿Por qué me marcaron esas experiencias?

CAMINOS

> "Dolor + Reflexión = Progreso".
> Ray Dalio

Aceptar la adversidad como una parte ineludible de la vida te permite enfrentarla con una actitud de desafío en lugar de desesperación, fomentando así un enfoque más feliz y saludable hacia la existencia. Ante la adversidad, te rompes o te fortaleces. Sólo existen 2 caminos:

1. El personaje de víctima/ Desorden de estrés post-traumático (DEPT) ¿Por qué a mí? Te resignas, sufres, echas culpas, dependes de otros, te sientes incapaz, sientes que la vida te debe, y te pasa lo mismo muchas veces.
2. La responsabilidad personal/ Crecimiento post-traumático (CPT) ¿Para qué a mí? Reconoces tu parte, aprendes, capitalizas el evento, haces un plan de acción, te sientes capaz, ejecutas, ves opciones, sientes que la vida la construyes tú.

El camino que tomes depende de tu libertad interior, ese poder de elegir que nadie te puede arrebatar, aun en las peores circunstancias. Viktor Frankl, psiquiatra superviviente de los campos de concentración en la Segunda Guerra Mundial, decía que la libertad da a la existencia humana una intención y un sentido.

Esa libertad interior la ejerces en cada elección que haces, por insignificante que parezca. Todas esas decisiones agregadas crean tu realidad, tu presente. **Sí, tú creas tu realidad**. Así que si te gusta tu vida, te felicito. Y si no te gusta, te invito a que retomes tu poder por y para ti y empieces a elegir diferente, de manera consciente.

Esto es importante porque sólo siendo consciente del súper poder que significa tu libertad interior, podrás usarlo cada que quieras.

ADVERSIDAD: LA VIDA

Siempre puedes elegir, si eres amable o no, si haces ejercicio o pasas horas frente a la televisión, si haces ejercicio desde la culpa o la vergüenza (para cambiar tu cuerpo) o desde el amor propio y la gratitud (para cuidarlo), si te sientas derecho y cuidas tu columna o no, si te rodeas de personas que te inspiran o te intoxican, a qué tipo de trabajo dedicas tu tiempo, qué tipo de perfiles sigues en redes sociales, cómo gastas tu dinero, en qué usas tu tiempo, si agradeces o no, si sonríes o no, si te quejas frecuentemente o no, dónde pones tu atención, si te tomas las cosas personalmente, qué escuchas, qué ves, qué lees, qué priorizas en tu vida, etc. TODO es una elección, y la clave está en decidir cada vez más en consciencia.

Si estás esperando a que desaparezca la adversidad de tu vida para ser feliz, te vas a morir siendo infeliz. La adversidad es parte inherente de la vida y cuando lo aceptes, empezarás a verla como reto y con cierto interés, en lugar de problema, peso, tragedia, obstáculo o desgracia inevitable.

Fue así como desde muy joven empezó mi andar en este camino del autoconocimiento y crecimiento personal que, años más tarde, me llevó a estudiar formalmente a la felicidad. Hoy sé que este proceso continúa y que durará toda la vida.

Construyendo mi felicidad: **Enfrentando la adversidad de mi vida**

1. Describe una situación adversa que quieres trabajar (no importa si es actual o pasada). Analiza y describe con detalle la situación por escrito.
2. ¿Cómo he enfrentado esa situación hasta hoy?
3. ¿Cómo actuaría desde la víctima? ¿Por qué a mí?
4. ¿Cómo actuaría desde la responsabilidad personal? ¿Para qué a mí?

5. ¿Qué camino he elegido hasta hoy, la víctima o la responsabilidad personal?
6. ¿Elijo continuarlo o cambiarlo?
7. ¿Cuál sería una actitud valiente frente a esta situación?
8. ¿Quién quiero ser a partir de hoy ante esto que me está sucediendo o sucedió?
9. ¿Qué puedo hacer distinto para enfrentar esta situación con más efectividad?
10. ¿Cuál es el primer paso que me comprometo conmigo a dar con base en mis hallazgos?

RESPONSABILIDAD PERSONAL

> "Soy un gran creyente de la suerte, he encontrado que mientras más trabajo, más suerte tengo".
> THOMAS JEFFERSON

Reconocer tu poder de elección como respuesta a las circunstancias te empodera para cambiarlas en caso de que no te gusten. Ser responsable de tu vida te posiciona al mando de tu realidad, ofreciéndote la capacidad de mejorarla. La responsabilidad personal es el mayor detonador de esperanza.

Responsabilidad (respons-abilidad) es la habilidad que tienes de responder a lo que te sucede. La responsabilidad es el mayor generador de esperanza, esto es creer en un futuro mejor, porque te pone a cargo de tu realidad y te da la posibilidad de cambiarla. La responsabilidad te llevará a empoderarte y ser libre.

Esto es importante porque reconocer que tus acciones y decisiones te han traido a donde estás hoy, te permite actuar y decidir diferente para salir de ahí (en caso de que no te guste), y construir una vida mejor. Si consideras que dependió de factores externos u otras personas el que tu vida sea miserable, pues no quedará más que esperar un golpe de suerte para que esos factores o personas cambien y tu situación mejore.

La Responsabilidad como Generador de Esperanza

Reconócete como protagonista de tu vida. Sé consciente de que tu realidad la construyes tú, aunque a veces no lo parezca. Sólo entonces podrás retomar tu poder por y para ti, y tomar acciones distintas para generar un resultado diferente. Albert Einstein, el científico más importante del siglo XX, definía la locura como "hacer lo mismo una y otra vez, esperando obtener resultados diferentes".

La responsabilidad es tener la habilidad de responder. La palabra responsabilidad viene del latín *responsum*, que es una forma latina del verbo responder, que a su vez viene del latín *respondēre*, formada del prefijo re- (reiteración) y el verbo sponderé (prometer, ofrecer).

La responsabilidad personal es sentirte capaz de construir tu vida individualmente, es tener la habilidad de enfrentar lo que te acontece. Si estás contento con la vida que tienes ahora puedes celebrar y sentirte orgulloso, y si no, puedes elegir hoy empezar a construir una vida distinta, por y para ti.

¿Eres de los que siente que la vida le debe? ¿Tus papás no fueron a tus festivales cuando eras chiquito y has venido cargando durante 20 años o 30 años esa historia que tú te contaste? ¿Constantemente piensas que para que las cosas sean diferentes el otro es quién tiene que cambiar y no tú? Cuando dices "esto no me gusta", ¿te sientes desempoderado, incapaz de cambiarlo y no sabes ni por dónde hacerlo o en seguida empiezas a ver recursos, posibilidades y planes? ¿Eres de las personas que se pregunta **por qué a mí** o de los que cuestiona **para qué a mí**? ¿Vives en el pasado, rumiando el sufrimiento (en cualquiera de sus manifestaciones), mientras lo que pasa frente a ti es la vida con su posibilidad de ser feliz hoy?

La víctima es aquella persona que decide ser inocente al precio de ser impotente. La víctima cede todo su poder para presentarse con: "Ay, es que no sabía", "no puedo", "las circunstancias me superan", "los demás son los malos", "yo no fui", "yo cargo mi cruz", "yo lo pedí bien, pero él no me entendió", "eso no se hizo para mí", etc.

Aparentemente, tiene enormes beneficios, aunque el precio pagado es muy alto. La víctima piensa que todo y todos deciden menos ella: las circunstancias, el destino, el gobierno, o los demás. Echa la culpa a todo lo demás y no asume su papel protagónico en la creación de su vida. Lo grave de vivir en el personaje de la víctima, es que si tu vida no te gusta, te estás condenando a ella para siempre, porque difícilmente podrás cambiarla.

Esto es importantísimo, porque si bien asumirte como espectador de tu vida te da la ventaja aparente de no ser responsable de los desaciertos, también te priva de la posibilidad de generar cambios y ajustes que te permitan disfrutar de una vida con mayor bienestar. Es decir, elegir "no tomar el timón de tu vida" te condena a ser infeliz. Muchas veces es un proceso subconsciente, que toma tiempo y esfuerzo reconocer. No es que una persona se levante y conscientemente elija ceder su poder a su jefe, pareja, papá o gobierno, sino que en algún momento lo aprendió y como lo ha hecho así durante mucho tiempo, no es capaz de ver otro panorama.

Si te identificas con el papel de víctima, déjame decirte dos cosas:

1. **Todos hemos usado el traje de víctima** en algún momento. Dependiendo de lo que nos contamos sobre lo que nos ha pasado tenemos diferentes trajes de víctima que vamos usando a lo largo de nuestra vida. La clave está en no hacer del traje de víctima un estilo de vida.
2. **Siempre puedes elegir**. Tienes la capacidad de quitártelo y de actuar desde la responsabilidad personal. Cada día es una nueva oportunidad y puedes generar condiciones distintas.

Lo importante es que hoy ya sabes que tú creas tu realidad y deseo con toda mi alma que estés dispuesto a iniciar este camino de responsabilidad para vivir en plenitud y felicidad por y para ti.

¡Está bien! Ya entendí que debo responsabilizarme de mí y de mi vida, pero... ¿Y ahora cómo lo hago? ¡Cuestiónate! Hacerte estas preguntas pueden darte una idea de si estás o no en el traje de víctima. Y si lo traes puesto ¡Cuidado!

Siempre que sientas que estás cayendo en el personaje de la víctima, identifica aquellas decisiones y acciones que tomaste para participar en la situación, y en lugar de preguntarte ¿Por qué a mí? Ahora pregúntate, ¿Para qué a mí? ¿Qué bueno puede salir de esto? ¿Qué puedo hacer al respecto?

Mi maestro, el doctor Tal Ben-Shahar, en clase a menudo nos dice: "No todo pasa por un bien, pero hay personas que siempre sacan el bien a todo lo que pasa". Es decir, aquí nunca se pierde, sólo se gana o se aprende.

Responsabilizarte de tu vida es indispensable para que puedas ser feliz y vivas plenamente. Al menos en mi camino de 41 años puedo decirte que ha sido una decisión que me ha liberado y empoderado. Si tuviera que escoger una palabra que describa mi vida sería esa, responsabilidad. Incluso, la considero tan importante y trato de vivirla a tal grado que en una ocasión, estando en sesión trabajando el tema del propósito de vida con mi querida Carmen, una terapeuta maravillosa por su sabiduría y franqueza al promover cuestionamientos, me preguntó: "Si estuvieras a punto de morir y tuvieras la oportunidad de dar un consejo a la humanidad, con una frase que se escuchara en todos los rincones de la Tierra, ¿cuál sería?" Mi respuesta fue: ser feliz es tu responsabilidad.

Y en ese momento entendí que contribuir a que cada día haya más personas que se saben y se sienten responsables de construir su felicidad, es parte de mi misión de vida. Es decir, siento en gran medida, que para ello nací. Por eso, #SerFelizEsTuResponsabilidad es el slogan, hashtag o frase de mi proyecto Valentinamente Feliz,

mismo que te invito a seguir en mi canal de YouTube, Instagram, Linkedin y las distintas plataformas.

En este QR regálate una conversación que tuve con Tal en Cartagena, Colombia, respecto a este tema. ¡Estoy segura que te servirá!

ADVERSIDAD: LA VIDA

Construyendo mi felicidad: **Identificando a la víctima que vive en mí**

1. ¿Cómo me percibo dentro del contexto de mi vida?
2. ¿Soy protagonista en mi historia?
3. ¿Siento que conduzco mi vida, que estoy a cargo de ella?
4. ¿Siento que soy capaz y que puedo esforzarme para cambiar lo que no me gusta de mi vida?

Si respondiste que sí a estas últimas 3 preguntas, tienes responsabilidad personal, eres consciente de que tú estás construyendo tu vida y muy probablemente crees que tu futuro va a ser mejor que tu presente porque depende de ti que así sea.

HACER Y CONFIAR

"No se puede conectar los puntos hacia adelante, sólo puedes hacerlo hacia atrás. Así que tienes que confiar en que los puntos se conectarán alguna vez en el futuro. Tienes que confiar en algo -tu instinto, el destino, la vida, el karma, lo que sea. Esta perspectiva nunca me ha decepcionado, y ha hecho toda la diferencia en mi vida".
STEVE JOBS

Actúa con determinación en lo que puedes controlar, pero también aprende a dejar que ciertos aspectos de la vida se desarrollen naturalmente, reconociendo que no todo está bajo tu control.

La clave está en reconocer tu campo de actuación e impacto y concentrar tu esfuerzo en él, mientras permites que los sistemas, la vida y las energías fuera de tu control actúen... confiando en que, sin importar qué ocurra, todo es para tu máximo bien en el largo plazo.

Esto es importante para que maximices tu capacidad de manifestar la vida que sueñas, de cocrear las relaciones que anhelas y de elegir asertivamente.

Hay 2 formas de crear tu realidad, por medio de la acción y por medio de permitir de manera consciente que las cosas ocurran. Si bien, necesitas adueñarte de tu vida y trabajar en construir tu felicidad, también debes reconocer que no puedes controlarlo todo y no eres un ser aislado, y es ahí donde interviene el confiar en la vida, el universo, la energía, Dios, o cualquier concepto que te haga sentido.

Más adelante, en el capítulo 2, te comparto un estudio científico sobre qué determina tu felicidad, pero por ahora me gustaría hacerte una recomendación basada en mi experiencia personal y filosofía de vida (ya que no puedo ofrecerte un sustento científico): Confía en la vida. Los tiempos del Universo son perfectos. Nadie puede empujar un río.

Aquí te comparto un QR de una entrevista con Yordi Rosado y Martha Higareda en su programa "De Todo un Mucho" en el que hablamos de hacer y confiar, entre muchas otras cosas interesantes.

ADVERSIDAD: LA VIDA

Construyendo mi felicidad: **Identificando mi hacer y confiar**

1. ¿Sé reconocer las áreas en las que puedo impactar de acuerdo con mi circunstancia?
2. ¿Qué tan controlador me considero? (siendo 1 muy poco y 10 lo máximo).
3. ¿Considero que confío fácilmente?
4. Cuando ocurre un evento inesperado de importancia media-baja, ¿logro fluir con facilidad o me atoro en ello varios días?

VACUNA

Existe una vacuna psicológica para los tiempos difíciles: la felicidad. Cuando una persona ha trabajado en construir en su vida los hábitos, sistemas y andamiajes necesarios para sentirse satisfecha y plena, seguirá enfrentando adversidad porque sigue viva (eso es inevitable), pero contará con herramientas que le permitan transitar la situación adversa y verla como un reto u oportunidad y no como problema o tragedia. Por lo tanto, trabajar formalmente en tu felicidad es una vacuna efectiva para el suicidio y la depresión.

Esto es importante porque nunca es tarde para empezar a construir bienestar de largo plazo, siendo ideal enfocar los esfuerzos intencionales en las áreas que, gracias a la ciencia, sabemos que nos traerán los mejores resultados en términos de felicidad.

Algunas de estas herramientas o anticuerpos pueden ser:

- Tener relaciones significativas sólidas.
- Disfrutar de salud.
- Vivir con un sentido de propósito.
- Aprender continuamente de los temas que te interesan.
- Haber desarrollado una visión optimista de la vida y/o una mentalidad de crecimiento.
- Contar con mecanismos para gestionar las emociones dolorosas o incómodas y promover las emociones agradables.
- Contar con un programa de recuperación y descanso.
- Hacer un buen uso de las pantallas, teniendo espacios y tiempos libres de ellas.
- Tener el hábito de la gratitud.

Construyendo mi felicidad: **Reconociendo mis anticuerpos**

1. Marca las herramientas de la lista anterior que consideres tener, luego identifica con un círculo UNA herramienta de la lista con la que quieras empezar a trabajar para ir construyendo tu vacuna ante la adversidad.

ANTIFRAGILIDAD

La antifragilidad es indispensable para ser feliz, es la intersección entre la adversidad inherente de la vida y el fin último de la existencia humana: la felicidad. Ese lugar en que lo dulce y lo amargo de la vida se encuentran.

ADVERSIDAD: LA VIDA

Esto es importante porque si estás esperando que la vida no sea adversa para ser feliz, te vas a morir siendo infeliz. Así que recuerda:

- Aprende a fracasar o fracasa en aprender.
- Error es sólo una forma de no hacerlo.
- Empieza a equivocarte.

Crecer a partir de la adversidad y el trauma, es decir, volverte anti frágil va a requerir esfuerzo consciente, práctica y tiempo.

Probablemente has oído hablar de la resiliencia, el concepto de la física que explica el fenómeno que experimenta un objeto o sistema al volver a su forma original después de haber sido sometido a una fuerza externa que modificó su forma temporalmente.

La idea de antifragilidad lleva la resiliencia un poco más allá, de ahí que algunos lo llamen resiliencia 2.0, proponiendo que cuando cesa la fuerza a la que un objeto es sometido, éste no sólo regresa a su forma original, sino que es mejorado y fortalecido. Y ¿qué crees? Este principio no sólo aplica a algunos objetos, sino también a algunos sistemas humanos y organizaciones.

Nassim Taleb, investigador, financiero libanés naturalizado estadounidense, y profesor de la Universidad de Nueva York, propuso esta idea en 2012 en su libro *Anti frágil*. Sin embargo, más de una década más tarde, este concepto sigue vigente en la cotidianeidad y nos ayuda a entender que la vida es adversa y, aún así, puedes ser feliz si te vuelves anti frágil.

Antifragilidad

Como ya mencionamos, ante situaciones adversas hay 2 posibles resultados: El desorden de estrés postraumático (DEPT) que es rompernos, desmoronarnos y sentirnos vencidos, o el crecimiento postraumático (CPT) que es salir fortalecido y mejorado. La buena noticia es que el simple hecho de que sepas que existe la posibilidad de crecer ante la adversidad, ya te hace un tanto resiliente, porque te da esperanza.

El trauma es la forma en que los eventos son procesados, no los eventos en sí. De ahí que un mismo evento pueda ser traumático para una persona y para otra no. Frecuentemente, las cosas se vuelven traumáticas por que se procesan en soledad, se esconden, hay vergüenza, culpa y rechazo. Y aunque evidentemente hay eventos que tienen un potencial de trauma mayor que otros, todos los niveles de trauma son válidos y deben ser respetados. En otras palabras, el trauma no es comparable.

ADVERSIDAD: LA VIDA

Desde luego, no podríamos hablar de un traumómetro o artefacto que mida los niveles de trauma, ya que el dolor o daño de tus experiencias dependen de las interpretaciones que hagas de ellas o de las historias que te cuentes, y éstas de una combinación compleja de variables como experiencias pasadas, creencias, intereses, aprendizajes, valores, etc. Hacer interpretaciones que desafíen tu linaje, historia y realidad para contarte historias que te aporten valor es una forma de construir antifragilidad y bienestar. Por eso ser feliz es para valientes.

Uno de los factores que más incrementa tu antifragilidad es tener relaciones de calidad con la gente que te importa o pertenecer a una comunidad con la que te identifiques, aportes y nutras. Asimismo, contar con un buen sistema de administración de tu energía vital y recuperación fortalece tu antifragilidad.

Construyendo mi felicidad: **Volviéndome anti frágil**

1. Identifica una situación adversa que estés enfrentando y descríbela.
2. Enlista los recursos con los que cuentas para hacerle frente a la adversidad: relaciones, habilidades, dinero, experiencia, etc.
3. Enlista todos los beneficios que puedes obtener de esa dificultad para encontrar sentido (trata de no someter a análisis o juicio tus ideas. El objetivo es terminar con una larga lista).
4. Date un momento para reconocer los aprendizajes y beneficios que te dejó o dejará esa vivencia. ¿En qué seré mejor cuando la situación haya pasado?

MENTALIDAD DE CRECIMIENTO

> "Equivócate mucho y equivócate rápido".
> TAL BEN-SHAHAR

Repito, ante la adversidad y el fracaso hay 2 caminos: abatirte y flagelarte o aprender y crecer. La mentalidad es el factor decisivo para explorar tu potencial, y de ahí la importancia de construir una mentalidad de crecimiento y evitar una mentalidad fija. Esto es importante porque la gran noticia es que una mentalidad de crecimiento se puede desarrollar. Esta imagen deja de manifiesto la diferencia entre una mentalidad de crecimiento y una fija.

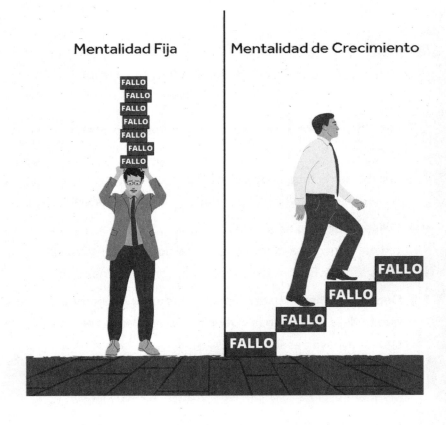

ADVERSIDAD: LA VIDA

No podemos hablar de mentalidad de crecimiento sin citar a la doctora Carol S. Dweck, quien en su libro *Mindset* (*Mentalidad*) nos comparte las distinciones de ambos tipos de mentalidades.

Las personas con una mentalidad fija perciben el fracaso y el error como una amenaza, una manifestación de una carencia o debilidad; desean proteger a toda costa esa "cantidad" de inteligencia, talento o personalidad; utilizan mucha energía en atender cómo son percibidas, descifrar qué piensan los demás de ellas y en proyectar cierta imagen. Tienen miedo de correr riesgos y se centran más en el problema que en la solución. En lugar de describir la acción (fracasar) se apropian de ella, volviéndola parte de su identidad (soy un fracasado).

Por otro lado, las personas con una mentalidad de crecimiento perciben el fracaso y el error como una oportunidad de aprender y crecer, no tienen miedo a equivocarse, y constantemente se preguntan: ¿Cómo puedo crecer y mejorar? Cuando están frente al error toman acción y son determinantes. Para ellos todos contamos con un gran potencial y estamos en un camino de florecimiento. De ahí que sean personas a quienes el éxito les es mucho más familiar.

Recuerdo que cuando Luis García, futbolista mexicano y comentarista deportivo muy reconocido, fue a mi podcast, en la entrevista me comentó sobre el proceso de desarrollo de las palmeras, que tienen aros en su tronco porque cada uno es una fase de crecimiento, que si bien implica que la palmera se rompa y fracture por dentro para crecer y construir el siguiente aro, justo también ese rompimiento es lo que le permite ser muy flexible, y así cuando lleguen huracanes a las costas no se rompa. Te invito a darle significado a la adversidad, sabiendo que tus fracturas no sólo te

harán crecer, sino ser flexible y resistente a las tempestades futuras. Aquí te dejo el QR para que te regales mi conversación con él:

Construyendo mi felicidad: **Identificando mi mentalidad**

1. ¿Con cuál de los 2 tipos de mentalidad me identifico más? ¿Por qué?
2. ¿Identifico de dónde aprendí a percibir el fracaso de la manera en la que lo hago?
3. ¿Me gustaría cambiar o mejorar mi perspectiva con base en mis hallazgos?
4. ¿A qué me comprometo hoy conmigo?

02 FELICIDAD

FELICIDAD SIN SECRETOS

Si te dijera que ser feliz es tu responsabilidad, la más importante... ¿Qué pensarías? La felicidad no es cuestión de magia, ni suerte, y no hay recetas ni atajos. La felicidad no son momentos, ni es una decisión. La felicidad no ocurre, no se busca, no se encuentra y no se alcanza. Y por último, la felicidad no tiene por qué ser aquello que anhelas, pero sientes lejano, confuso, abstracto e inalcanzable porque realmente no lo entiendes.

La felicidad es mérito y trabajo. La felicidad se construye. La felicidad empieza con una decisión personal y continúa con mucho trabajo intencional, consciente y constante; que por cierto, nadie puede hacer por ti por más que te ame. Ser feliz es posible, y es para valientes.

Es importante que asimiles estas precisiones porque las personas construimos nuestra realidad a partir de las palabras, y creer que la felicidad se encuentra o que es cuestión de suerte, sólo te condena a la infelicidad porque te asumes en un rol pasivo, indefenso y por tanto, no actúas.

Tener concepciones erróneas de la felicidad entorpece que pongas manos a la obra y dejes de perder el tiempo, esperando que mágicamente o por obra de alguien más, tú seas feliz. Tú buscas algo que sabes que existe, como tus llaves o un par de zapatos, pero buscar algo que no existe porque no lo has construido es otra cosa.

Ser feliz requiere de 2 tipos de investigaciones:

- Externa (*re-search*): nos la dan las ciencias de la felicidad; es genérica y objetiva.
- Interna (*me-search*): es el autoconocimiento, la introspección y la reflexión; es individual y subjetiva.

Leer y saber mucho sobre felicidad, no te hará más feliz. Eso es tanto como esperar curarte sólo por haber comprado el medicamento (mi papá a veces hace eso, ja ja ja). La realidad es que para ser feliz hay que actuar, aplicar, experimentar, equivocarse, frustrarse, emocionarse, evaluar, observar, volver a intentar, corregir y volver a empezar... La felicidad, así como la salud, las buenas relaciones y la mayoría de las cosas que valen la pena, requieren acción después de haber tomado una decisión.

Todos somos capaces de construir esa felicidad, así que no le llames sueño, llámale plan, y deja de ver la felicidad como un concepto etéreo, romántico y lejano, y vuélvelo cercano y tangible a partir de la ACCIÓN. La confianza se alimenta de acción.

En ocasiones, puede sonar demasiado abrumador pensar en la complejidad de la felicidad y en todos los esfuerzos que debes hacer para construirla, pero es más abrumador resignarte a vivir una vida mediocre o infeliz.

Me interesé en el tema de la felicidad cuando era niña. Yo me preguntaba por qué veía a unas personas felices y plenas, y por qué había tanta gente ofuscada y sobreviviendo el día a día. También me observaba, y reflexionaba por qué unos días estaba contenta y otros no... y pues como a los 13 años empecé todo este trabajo de conocerme, de entender qué me funcionaba a mí, qué me emocionaba cuándo y por qué sentía lo que sentía, y pues ha sido un camino que llevo casi 30 años recorriendo, y que hoy sé que durará toda la vida.

De lo más importante que he aprendido es que hay tantas experiencias de felicidad como seres humanos hay en la Tierra; la felicidad va a tener diferentes olores, imágenes, texturas y sabores para cada persona. Sin embargo, también existen herramientas, información y conceptos generales que nos brindan las Ciencias de la Felicidad, que pueden aumentar tus probabilidades de éxito cuando eliges construir bienestar de largo plazo conscientemente.

El campo del florecimiento y el desarrollo personal es un campo dual, tiene la parte objetiva, conformada por las Ciencias de la Felicidad y su método científico, y la subjetiva, el arte de aplicar esa información personalizada con base en tus intereses, valores, cultura, objetivos, fortalezas, historia de vida, etc. porque todos somos diferentes, y lo que a mí puede generarme muchísimo bienestar a ti te puede generar ansiedad. Por ello, cada quien debe construir su fórmula personal de felicidad, en la que experimentar será indispensable.

Construyendo mi felicidad: **Familiarizándome con la felicidad**

1. ¿Qué idea resuena conmigo? ¿Por qué?
2. ¿Qué idea puede ayudarme a volver la felicidad cercana y realizable para mí?
3. ¿Qué ajuste pienso hacer ya para construir bienestar en mi vida?
4. ¿Cuál es mi compromiso conmigo (algo ejecutable, fácil y medible)? Escríbelo y ponle una hora del día y su periodicidad.

ESTAR FELIZ vs SER FELIZ

"Estar feliz" es sentir alegría momentánea, como cuando algo bueno pasa. "Ser feliz" es más profundo, implica vivir una vida plena y significativa. Ser verdaderamente feliz requiere esfuerzo continuo y decisiones conscientes para construir una vida que realmente disfrutes y te satisfaga. Entender la diferencia entre ser feliz y estar feliz es vital para evitar hábitos poco saludables o adicciones buscando sólo momentos felices.

Ser feliz es una idea compleja, ambiciosa y de largo plazo, mientras que estar feliz refiere a un estado de ánimo (momentáneo) asociado al contento y al placer. Es importante que sepas distinguir y experimentar ambos conceptos conscientemente porque ello evitará que caigas en vicios o espejismos y contribuirá a construir tu felicidad. La inmediatez en la que vivimos vuelve muy popular el "estar feliz", perdiendo de vista que el fin último del ser humano es "ser feliz".

No estar feliz permanentemente es normal, y está bien, eres humano. La felicidad y ser feliz no son momentos. Aunque el concepto sí incluye instantes felices (bienestar emocional y placer) además abarca otras 4 áreas o tipos de bienestar: espiritual, físico, intelectual, y en las relaciones. "Estar feliz" considera sólo el bienestar emocional, mientras que "ser feliz" abraza los 5 tipos de bienestar mencionados, porque refiere a un concepto de plenitud y florecimiento de la persona.

En el mundo actual, que idealiza la inmediatez, los atajos, los filtros digitales, el menor esfuerzo, la comodidad y las cirugías por encima del esfuerzo, la voluntad y los hábitos; se sobrevalora "estar feliz" sobre "ser feliz", por lo que no deben sorprendernos las cifras actuales de depresión. Prevalece el "pasemos un buen rato" y después pensamos en las consecuencias. Como cuando tomas alcohol sin límite, sin pensar en la cruda y el daño a tu cuerpo.

Es importantísimo tener claras las diferencias entre estas ideas para evitar adicciones y malos hábitos, al ser presa de espejismos he-

FELICIDAD

donistas que sugieren que entre más intensa y frecuentemente estés feliz (con placer y euforia), más probabilidades tienes de ser feliz (bienestar de largo plazo). Lo que es totalmente falso.

En muchos foros me he presentado ante público escéptico y resistente a la felicidad. Muchos expresan que la idea de felicidad es una utopía, o que suena totalmente absurda, superficial o boba; incluso, que es muy fácil hablar de felicidad cuando no existe la preocupación de juntar la renta del próximo mes.

De ello, rescato una idea crucial: no tenemos un concepto claro de felicidad. **Cuando hablamos de felicidad es indispensable distinguir entre "Ser feliz" y "Estar feliz".** Somos afortunados de que el idioma español nos permita hacer esta diferencia, que no es para nada menor. En inglés por ejemplo, el verbo "to be happy" refiere para ambos conceptos, lo que vuelve la idea muy confusa. Así que, insisto, empecemos por dicha precisión.

Estar feliz es un estado de ánimo (momentáneo) asociado a emociones placenteras de sentir. Como por ejemplo optimismo, alegría, contento, paz, emoción, entusiasmo, etc. Y se asocia con la dopamina y adrenalina.

Ser feliz es una idea mucho más ambiciosa. Es tener la valentía de construir en tu vida aquellos sistemas, andamiajes o hábitos necesarios para tener una vida plena que disfrutes, que tenga significados profundos para ti, en la que encuentres de manera tangible aprendizaje, salud y conexión con las personas que son importantes para ti. Este proceso dura toda la vida y se asocia con la producción de serotonina y oxitocina.

Te comparto una tabla que construí para ti con el fin de clarificar las diferencias:

Estar feliz vs Ser feliz

Estar feliz	Ser feliz
Placer	Serenidad y plenitud
Corto plazo	Largo plazo
Incita a recibir	Incita a dar
Puede ser adictivo	No adictivo
Dopamina	Serotonina
Soledad	Conexión
Hedonista	**Incómodo**
Resultado	Proceso
No puede ser todo el tiempo	Sí puede ser todo el tiempo
Intensidad	Consistencia

Estas ideas pudieran parecer contradictorias, ya que al "estar feliz" experimentas emociones placenteras, mientras que en el "ser feliz" cabe experimentar todo el rango de emociones, incluídas las incómodas o dolorosas. Sin embargo, estos conceptos son complementarios, y la clave está en experimentar ambos equilibradamente (lo que sea que eso signifique para ti en este momento de vida), porque si bien es importante tener momentos de gozo y celebración, el ser feliz implica esfuerzo y trabajo, lo cual puede doler e incomodar.

Decir que la felicidad son momentos es equivocado. La felicidad no refiere a tocar esos estados emocionales óptimos efímeros, sino a una construcción robusta y sólida de una vida plena en la que florecer es posible. Cuando hablamos de felicidad en este libro, nos estamos refiriendo al "Ser Feliz", no al "Estar Feliz". Ser feliz es alcanzable con pequeños esfuerzos intencionales y conscientes sostenidos en el tiempo, que te ayuden a construir hábitos positivos en las distintas áreas de tu vida que tienes como ser integral (espiritual, física, intelectual, relacional y emocional).

FELICIDAD

Por ejemplo, imagina que estoy en una celebración de cumpleaños de una amiga muy cercana, la comida y la música son perfectas, me la estoy pasando increíble, estoy viviendo un momento de gran conexión con personas que aprecio profundamente. De manera inesperada, me entra una llamada al celular y me dan la mala noticia de que un familiar cercano tuvo un accidente y está siendo trasladado al hospital.

Obviamente, ya no **estaré feliz**, mi estado de ánimo placentero y de alegría ha cambiado por preocupación, dolor, angustia, ansiedad, miedo, incluso tristeza. Indiscutiblemente, me invade un estado de alerta y mi cuerpo se llena de adrenalina y cortisol. Pero sigo **siendo feliz**, porque todos aquellos andamios que he construido en mi vida para disfrutar del bienestar de largo plazo y de significado, siguen estando presentes. Sigo gozando de salud, conozco y trabajo en mi sentido de propósito, vivo presente y haciendo una tarea a la vez, mis relaciones con la gente que quiero y me quiere siguen existiendo en mi vida, cuento con herramientas para manejar mis emociones, mi curiosidad por aprender cosas nuevas que me interesan continúa desarrollando habilidades en mí que me hacen sentir capaz y empoderada.

> Construir bienestar de largo plazo es una inversión. Es decir, un esfuerzo que requiere renunciar a la recompensa inmediata (placer) por un rendimiento mayor después (bienestar). Asimismo, implica experimentación, frustración, emociones incómodas, resiliencia, etc., que merman el "estar feliz" con la finalidad de construir un "ser feliz" mayor en el mediano y largo plazo. En un mundo moderno en el que la inmediatez es cada día más popular y necesaria, los procesos de inversión incomodan. Por eso, ser feliz es para valientes.

Una pregunta común que recibo es, ¿si por ser experta en felicidad, siempre estoy feliz? La respuesta es: NO. Si siempre estuviera feliz, estaría renunciando a mi condición de ser humano. Por el simple hecho de vivir, todos experimentamos toda la gama de emociones, desde lo que nos encanta sentir hasta lo que odiamos sentir. ¡Sí, sentir es de humanos!

Entonces, por supuesto que no estoy feliz permanentemente, en ocasiones me siento triste, a veces tengo preocupaciones, caigo en ansiedad y empiezo a hacer sin parar, tengo miedo, me equivoco, me enojo, muy seguido me siento cansada... Por supuesto que experimento todos los estados de ánimo, como cualquier persona, y creo que ese contraste hace la vida interesante, sería muy aburrido estar todo el tiempo feliz.

Por lo que sí soy diferente a muchas personas es que, a lo largo de 25 años de estudiar el compartamiento humano y trabajar en mi autoconocimiento y desarrollo, he aprendido herramientas para salir rápido de los momentos adversos y capitalizar el aprendizaje, así como a vivirlos con menos frecuencia.

Construyendo mi felicidad: **Identificando cuándo soy o estoy feliz**

1. ¿Puedo distinguir entre lo que es "Estar feliz" y "Ser feliz"?
2. ¿En qué situaciones estoy feliz?
3. ¿En algún momento de mi vida he podido no estar feliz y sentir que soy feliz? Si contestaste afirmativo, describe cuándo.
4. ¿Cuáles de mis actividades creo que me hacen producir dopamina?

⑤ ¿Cuáles de mis actividades creo que me hacen producir serotonina?

⑥ ¿Qué idea de esta sección resonó más conmigo?

⑦ ¿A qué me comprometo para vivir mejor a partir de mis hallazgos de esta sección?

¿QUÉ ES LA FELICIDAD?

> "Para mí la única definición satisfactoria de felicidad es plenitud".
> HELEN KELLER

Felicidad es igual a Plenitud. La felicidad es sentirte pleno en tu propia piel. **"Ser feliz" es una construcción** individual y compleja de bienestar de largo plazo. Es un proceso que te lleva a considerar que tu vida, en términos generales, es para ti lo suficientemente buena para ser vivida. Por ello, repito, **la felicidad no simplemente ocurre, no se encuentra, no se alcanza, no te la puede dar nadie, la felicidad se construye**. La felicidad no son momentos. La felicidad no es una decisión; sino que empieza con una decisión y continúa con mucho trabajo personal (que requiere muchas decisiones más). **Ser feliz no es cuestión de magia o suerte, sino de mérito y trabajo.**

Es importante entender qué es la felicidad porque es el primer paso para ser feliz. Y ahora, ¿qué es la felicidad? Piensa en un cajón en el que hay de todo: correspondencia, llaves, herramientas, ligas, comida, un libro, crema para las manos, lentes. En fin, de todo. Alguien te pide que busques algo importante y valioso en ese cajón pero no te dice qué, ni te lo describe, ni especifica para qué sirve o cómo funciona. ¿Crees que sea fácil encontrarlo? ¡Obvio no! Será súper difícil localizarlo porque no sabes qué buscas.

Con la felicidad pasa algo parecido. La felicidad es esta idea que todos queremos traer a nuestra vida pero que muy pocos podemos describir. Por ello, la felicidad parece abstracta, lejana, confusa y ambigua; por eso muy pocos la podemos materializar. Tus palabras crean tu mundo. ¡Sí! Tu creación de la realidad se limita a la amplitud de tu vocabulario. Si yo te digo una palabra en tailandés seguramente no significará nada para ti porque no tienes ningún concepto para asociar. Por eso es muy importante que empecemos por definir la felicidad para que puedas tener un concepto de partida.

La felicidad no se busca ni se encuentra, se construye. Hablar de encontrar la felicidad implica que ya existía y sólo la has perdido, como cuando tú buscas tus llaves porque sabes que estaban en tu casa y por el momento no tienes acceso a ellas. ¿Pero cómo vas a encontrar algo que no existe porque no lo has construido?

Mi maestro, el doctor Tal Ben-Shahar, la describe así: **"La felicidad es el bienestar del Ser Integral."**

Construyendo mi felicidad: **Entendiendo la felicidad**

1. ¿En mis propias palabras qué es la felicidad?
2. ¿Cuál es mi mayor hallazgo al leer este apartado?
3. ¿Me siento cerca del rumbo para ser feliz?
4. ¿A qué me invita esta nueva visión o perspectiva de la felicidad?
5. ¿Cómo puedo acercarme a construir una vida más feliz, serena y plena?

PUEDES APRENDER A SER FELIZ

Recuerda: la felicidad no simplementa ocurre, debes construirla.

Las Ciencias de la Felicidad ofrecen herramientas y conocimientos científicos que, aplicados correctamente, aumentan las probabilidades de vivir una vida plena y feliz. No tienes que conformarte con la infelicidad; puedes tomar acciones concretas y educarte en prácticas de bienestar y salud mental para mejorar activamente tu calidad de vida.

¿Sabes que puedes aprender a ser feliz? La felicidad es alcanzable, empieza por una decisión y contínua con mucho trabajo intencional y constante. Ser feliz no es natural, requiere de tu voluntad. Algunos investigadores dicen que nacemos con un sesgo de negatividad y otros dicen que no, pero la realidad es que hoy puedes aprender a ser feliz. Y para ello existen las Ciencias de la Felicidad, que ofrecen información y herramientas científicas para vivir mejor, y cuando decidas aplicarlas tendrás altas probabilidades de éxito.

Esta información importa porque ya no tienes que resignarte a ser infeliz o a pasar los días cansado, sin entusiasmo y carentes de sentido. Hoy ya sabes algo que puede ser un punto de inflexión en tu vida. Puedes tomar acciones para dejar de sobrevivir y empezar a construir una vida plena y feliz. ¡Eres totalmente capaz!

Estudiar para entender qué es la felicidad, aprender cómo funciona y trabajar todos los días en construir una vida plena (ojo, no perfecta sino perfecta en su imperfección), es la única forma que yo he encontrado para despertar todos los días con entusiasmo, incluso los días malos.

Lo que piensas que es la felicidad

A ——————— B

Lo que la gente te dice que es la felicidad

A ～～～～ B

Lo que en realidad es construir tu felicidad

A ～〰〰〰〰〰 B

¿Has tomado un curso de matemáticas, historia, biología, cocina, decoración o nutrición? ¿Has tomado un curso en relaciones, propósito, presencia, crianza, emociones o felicidad?

Yo me inclino a pensar que el ser humano no tiene una tendencia natural a ser feliz y que nacemos con un sesgo de negatividad. Es decir, nuestro cerebro está programado para enfocarse en los peligros, las crisis y las áreas de oportunidad porque es lo que le ha permitido sobrevivir durante miles de años como especie. Por simplificar, si el hombre de las cavernas se enfocaba en disfrutar el amanecer ¡podía llegar un felino y comérselo! Toda su atención se debía concentrar en la supervivencia y por ello se enfocaba en los peligros, problemas y áreas de oportunidad.

Sin embargo, hoy es importante que sepas que puedes aprender a ser feliz y construir bienestar de largo plazo. Es decir, puedes desaprender los programas con los que naciste o creciste, y aprender a vivir con propósito, presencia, salud, conexión y placer, y para ello existen las Ciencias de la Felicidad.

Construyendo mi felicidad: **Aprendiendo a ser feliz**

1. ¿Creo que soy una persona que naturalmente se siente satisfecha? ¿Por qué?
2. ¿Considero que la mayoría del tiempo pongo mi atención en lo que se necesita mejorar o en lo que sí cumple mis expectativas?
3. ¿Sé identificar qué variables o factores dificultan que me sienta pleno con mi vida?
4. ¿Qué siento al saber que puedo aprender a ser feliz?
5. Identifica un aprendizaje diario contestando a la pregunta: ¿Qué aprendí hoy? Esto puede ayudarte a poner tu atención en tus avances y a promover un sentido de satisfacción por tu día.

CIENCIAS DE LA FELICIDAD

> "La ciencia es el gran antídoto contra el veneno del entusiasmo y la superstición".
> ADAM SMITH

Los estudios científicos de la felicidad tienen como objetivo que las personas vivan mejor. Muchas personas han dedicado su vida a estudiar el bienestar y es la suma de todas sus contribuciones lo que permite que hoy el estudio de la felicidad tenga formalidad, metodología, estructura y reconocimiento científico.

Es importante conocer sobre las Ciencias de la Felicidad porque si eres de esas personas que tiene años queriendo ser feliz, pero no ha sabido cómo, puedes echar mano de ellas y empezar a construir tu felicidad "yendo a la segura".

¿Sabías que existen las Ciencias de la Felicidad y los Estudios en Felicidad? Comúnmente, se le llama "Ciencia de la Felicidad" a la Psicología Positiva, pero en realidad son muchas las disciplinas científicas que contribuyen al bienestar de los seres humanos, como la Sociología, la Antropología, la Neurociencia, la Psiquiatría, la Nutrición, la Pedagogía, la Medicina, la Historia, la Economía, la Filosofía, la Medicina del deporte, etc. Asimismo, existen otros campos de estudio formales que también conforman los "Estudios en Felicidad", como la Literatura, el Cine, las Artes plásticas, la Música, la Fotografía, etcétera.

Todas estas áreas te ofrecen información y herramientas científicas que aumentan tus probabilidades de construir bienestar de largo plazo cuando decides aplicarlas. Así que deja de sobrevivir, decídete a ser feliz, investiga estas ciencias y trabaja en construir hábitos que te hagan sentirte pleno en tu propia piel.

En general, cuando mencionan la "Ciencia de la Felicidad" se refieren a la Psicología Positiva porque ha hecho una contribución muy significativa al mundo del bienestar y el florecimiento humano. Hace aproximadamente 25 años, Martin Seligman, el padre de la Psicología Positiva se reunió con Ray Fowler y Mihaly Csikszentmihalyi, científicos en la materia, en Akumal, una bahía de la Riviera Maya, en México, en la que cada año cientos de tortugas acuden a desovar. Ya decía yo que ese lugar tenía una energía especial... ahora entiendo. Estos científicos alquilaron unas casas y pasaron varias semanas con sus familias, mientras desarrollaban el marco teórico de lo que sería la Psicología Positiva. Los textos describen que una propuesta disruptiva no se podía crear desde un edificio universitario o laboratorio tradicional, por lo que eligieron un lugar disruptivo y entre la convivencia en la alberca, desayunos con vista al mar y sesiones de snorkel crearon las bases de la Psicología Positiva, la cual hoy se llama comunmente la "Ciencia de la Felicidad".

Y así es como Martin Seligman, dijo en su discurso inaugural del congreso anual de la Asociación Americana de Psicología (APA) en 1998: "Idealmente, la psicología debería ayudar a documentar qué tipo de familias derivan en hijos más sanos, qué tipo de ambientes laborales promueven mayor satisfacción entre los colaboradores, y qué tipo de políticas resultan en un mayor compromiso cívico".

Surge así una nueva rama de la Psicología que se enfoca en el presente y el futuro (y no en el pasado), en el para qué y no en el por qué, y que nos dice que no necesitamos trauma, enfermedad o crisis para trabajar en nosotros mismos y construir nuestra mejor versión. La Psicología Positiva, si bien no ignora las áreas de oportunidad y los problemas, sí amplía la mirada y se enfoca en las fortalezas y los recursos actuales para resolverlos. Y lo más importante es que nos ofrece información y herramientas probadas científicamente, que si nos decidimos a aplicarlas en nuestra vida, nos ayudarán a construir nuestra mejor versión y a vivir con mayor plenitud.

En marzo de 2022 se llevó a cabo en Miami, Florida, el primer Happyning, evento organizado por mí y 3 voluntarias más del Comité de Eventos del Club de Negocios de Alumnos y Exalumnos de la Academia en Estudios de la Felicidad (Happines Studies Academy- HSA) para promover la aplicación del Modelo SPIRE en lo que se llama "La Revolución de la Felicidad en Acción", y la conexión entre los compañeros de la HSA, provenientes de más de 60 países. Fue un programa de 2 días, que se hizo justo previo al World Happiness Summit (WOHASU).

En este evento, el Universo me hizo un gran regalo. Martin Seligman era el conferencista principal del WOHASU, y como era de esperarse, su ponencia fue maravillosa. Yo como buena nerd compré varios de sus libros y me formé puntualmente para que me los firmara. Había escuchado de su carácter especial, un tanto huraño. Yo era la segunda en la fila, y pacientemente esperaba mi turno deseando que accediera a tomarme una foto con él. Cuál va siendo mi sorpresa, cuando la voluntaria que organizaba la sesión nos pide a las 10 personas que estábamos al frente de la fila que pasáramos a una pequeña sala de juntas. No entendía bien qué pasaba, pero mi emoción incrementó al máximo cuando aquello se tornó en una sesión/clase en la que los asistentes tuvimos la oportunidad de hacerle preguntas y conversar con él durante más de una hora. Sí, tal como lo lees... El Universo me regaló una clase semi-privada con el padre de la Psicología Positiva, en la que pude hacerle una pregunta que para mí ha sido crucial en mi aventura por compartir e inspirar con Valentinamente Feliz: "¿Qué opinas sobre aproximarnos a la felicidad como una responsabilidad personal?" Afortunadamente, se me prendió el foco y grabé su respuesta con mi celular. En este QR te comparto el video.

Después de semejante experiencia, todo el viaje valió el esfuerzo. Yo sentía que flotaba y un profundo agradecimiento me invadía. Para mí fue una señal del Universo con un mensaje especial: "Sigue adelante. Lo estás haciendo bien, por aquí es".

Al final de la sesión pude comentarle sobre la cena de gala que haríamos esa noche para clausurar el Happyning, y que sería un gran honor para el doctor Tal y la comunidad de HSA que Mandy, su esposa, y él nos acompañaran. Asimismo, le comenté sobre el interés de Antonio, mi esposo, en conversar con él para acercar herramientas a los 10,000 jóvenes talento de las escuelas que dirige. Me dio su correo y me pidió que le enviara los detalles del encuentro. Salí pellizcandome el brazo para recordarme que no estaba soñando y enseguida le envié la información.

La cena de clausura del Happyning empezó, y como organizadora tenía que asegurarme, junto a mis 3 colegas, que todo estuviera listo. Aunque éramos un grupo pequeño (sólo las 4 personas del equipo de la HSA, algunos miembros del Club de Negocios de Alumnos y Exalumnos de la HSA, y alrededor de 70 alumnos y exalumnos de la HSA), fue una velada especial, la energía era muy vibrante y auténtica. Y, efectivamente, la pareja Seligman se apersonó.

Llegó el momento de la graduación y la entrega de diplomas de los compañeros que habían concluido la Certificación en Estudios de la Felicidad. Al terminar, Tal Ben-Shahar, mi maestro, anunció formalmente el primer postgrado en Estudios de la Felicidad con validez académica, en una colaboración de la Happines Studies Academy con la Universidad Centenary de Nueva Jersey, Estados Unidos.

Fue ahí cuando el doctor Martin Seligman dirigió un mensaje muy emotivo a Tal, reconociendo su trayectoria y celebrando su seriedad y compromiso con el estudio científico de la felicidad, al final lo nombró el nuevo "Master Teacher of Happiness". La audiencia, aunque no muy numerosa, sí fue muy ruidosa. Todos rompimos en aplausos, porras y celebraciones por lo que estábamos presenciando. Antonio, mi esposo, y yo nos abrazamos emocionados.

A pesar de que la Psicología Positiva es un campo relativamente nuevo, ya que surge formalmente en 1998 con la declaración de Seligman, es importante mencionar que se ha construido sobre las contribuciones de varios teóricos y psicólogos a lo largo del tiempo. Dentro de la historia de la psicología humanista, más allá del conductismo con Ivan Pavlov, John B. Watson y B. F. Skinner, y el psicoanálisis con Sigmund Freud, también hubo personajes adicionales que contribuyeron significativamente para el surgimiento de la Psicología Positiva, como fueron:

- William James (1842-1910), considerado uno de los padres fundadores de la psicología moderna, quién exploró temas como la conciencia, la emoción y la voluntad.
- Abraham Maslow (1908-1970), con su teoría de la jerarquía de necesidades destacó la importancia de la autorrealización

y el potencial humano, y en 1954 escribió un capítulo de un libro titulado, *Hacia la psicología positiva*.

- Karen Horney (1885-1952), quien fue la primera científica formal en proponer fijarse también en lo bueno, la luz, la amabilidad, el amor, lo positivo, sin ignorar la contraparte: la sombra. Pionera en la terapia de escritura, y quien enfatizó el papel de la cultura y el entorno social en el desarrollo humano.
- Aaron Antonovsky (1923-1994), conocido principalmente por su teoría del sentido de coherencia que exploró cómo las personas afrontan y manejan el estrés, y quien resaltó la importancia de las preguntas formuladas para la investigación.
- Ellen Langer (1947) con77 años, es conocida por su investigación sobre la importancia de la conciencia plena (*mindfulness*) en la salud, el bienestar y el envejecimiento. Fue la primera en hablar de alegría y amor, y en hacer investigación sobre los factores que llevan a la gente a vivir una vida más plena.
- Carl Rogers (1902-1987), fundador de la terapia centrada en el cliente, quien enfatizó la importancia de la autoaceptación y el crecimiento personal.
- Viktor Frankl (1905-1997), autor de *El hombre en busca de sentido*, mi libro favorito, quién desarrolló la logoterapia, que se centra en encontrar significado y propósito en la vida como una fuerza motivadora.
- Erik Erikson (1902-1994), impulsó la teoría del desarrollo psicosocial, que explora los desafíos y crisis que enfrentan las personas en diferentes etapas de su vida.
- Philip J. Stone (1936-2006), reconocido doctor en psicología social, destacado por su habilidad de acercar la tecnología al campo de la investigación para el análisis de contenido, tuvo notables contribuciones en el estudio de las dinámicas interpersonales y de grupos, y el estudio de las fortalezas. Colaboró de forma cercana con la organización Gallup.

- Albert Bandura (1925-2021), en su teoría del aprendizaje social destacó la importancia del modelado y la autoeficacia en la formación del comportamiento humano.
- Mihaly Csikszentmihalyi (1934-2021), conocido por su investigación de las experiencias óptimas y los estados de flujo en los que las personas se sienten completamente inmersas y comprometidas en una actividad.

Y es justo ese rigor científico lo que da mayor confiabilidad a las Ciencias de la Felicidad sobre el contenido de Autoayuda. Ya que al ser información y herramientas probadas, cuentan con mayor validez, y nos ofrecen mayores probabilidades de éxito cuando nos decidimos aplicarlas, evitando la pérdida de confianza en uno mismo.

Una de las ideas que más resuena en mí respecto al parteaguas que significa la Psicología Positiva (que se enfoca en la salud, lo positivo y la fortaleza) en contraste con la Psicología Tradicional (que se enfoca en la enfermedad, el problema, la crisis y el área de oportunidad), es que puedes ser consciente de que tu enfoque depende de una decisión. ¡Sí, tú puedes elegir! Tú puedes elegir ver el vaso medio vacío o medio lleno. La situación no cambia, pero tú sí puedes cambiar dónde pones tu atención.

Que la ciencia valide tu posibilidad de elegir en qué te quieres enfocar para trabajar en tu florecimiento, me parece una idea sencilla y muy **poderosa**. Moverse de la idea de "estoy mal y me falta tal" a pensar "esto sí funciona y cómo lo puedo mejorar" es revelador. ¡Me hace sentir empoderada y optimista! Por ello, ser feliz es para valientes. Recuerda siempre:

#SERFELIZESTURESPONSABILIDAD

SER FELIZ ES PARA VALIENTES

Construyendo mi felicidad: **Descubriendo las Ciencias de la Felicidad**

1. ¿Conocías las Ciencias de la Felicidad? ¿Qué te dice tu respuesta?

2. ¿Qué sí funciona en mi vida hoy? ¿Qué sí tengo? Recuerda que aunque estés pasando por una crisis, veas todo gris y creas que nada funciona en este momento, siempre hay algo que sí funciona, SIEMPRE. ¡Encuéntralo!

3. ¿Qué tengo y hago hoy, que si no lo tuviera o hiciera me haría mucha falta?

4. ¿Qué áreas de estudio o conocimientos me han ayudado en mi camino de florecimiento?

5. ¿Qué sentimiento despierta en mí saber que existe una ciencia que me puede ayudar a aprender a ser feliz?

6. ¿Cómo pueden ayudarme las Ciencias de la felicidad a vivir mejor?

MODELO SPIRE

El Modelo SPIRE es una propuesta científica para construir bienestar integral de largo plazo (felicidad). Es importante conocerlo para tener una estructura clara que sirva como guía o mapa para construir tu felicidad. En lo personal, cuando conocí este modelo, me sentí más cercana y empoderada para ser feliz; fue como si la felicidad se volviera posible y tangible para mí. ¡Había un camino claro!

El Modelo SPIRE nos dice que todos los seres humanos, sin importar género, edad, cultura, intereses, nivel educativo, estrato socio-económico, etc. tenemos 5 áreas o tipos de bienestar en nuestra vida que podemos trabajar para vivir mejor, áreas que se interrelacionan y son interdependientes. Es decir, cuando ejecutas una acción para favorecer una de ellas también se benefician algunas otras.

Por ejemplo, si elijo caminar durante 15 minutos con mi pareja o mi perro después de comer para beneficiar mi salud física, también estaré beneficiando mi bienestar en las relaciones, ya sea con mi pareja o con mi mascota, y mi bienestar espiritual al hacerlo en presencia, incluso mi bienestar intelectual, si es que elijo escuchar un audiolibro durante la caminata.

De los modelos con bases científicas para construir bienestar, me identifico especialmente con el Modelo SPIRE creado por mi maestro, el doctor Tal Ben-Shahar, en colaboración con Maria Sirois y Megan McDonough, debido a su sencillez y practicidad. Esta imagen muestra las 5 áreas que lo conforman, las cuales iremos profundizando una a una en los siguientes apartados.

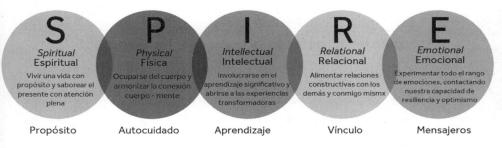

Tal Ben-Shahar, Megan McDonough y Maria Sirois

Asimismo, el Modelo SPIRE cuenta con 12 principios

1. El **fin último** en la vida es y debe ser el bienestar del ser integral.
2. Todo está **interconectado**.

3. Una vida con **propósito** es una vida espiritual.
4. Lo ordinario es elevado a lo extraordinario a través de la **atención plena**.
5. **La mente y el cuerpo** están conectados.
6. Una vida saludable requiere atender a nuestra **naturaleza**.
7. La **curiosidad** y la apertura nos ayudan a sacar lo mejor de lo que la vida pueda ofrecernos.
8. Comprometernos en el **aprendizaje** significativo satisface nuestro potencial como animales racionales.
9. Las **relaciones** son cruciales para una vida plena.
10 El fundamento de las relaciones saludables con otros, es una **relación saludable conmigo.**
11. Todas las **emociones son legítimas**, aceptables, parte de ser humano.
12. Las emociones son el resultado de nuestros **pensamientos y acciones** e informan a nuestros pensamientos y acciones.

Construyendo mi felicidad: **Aplicando el Modelo SPIRE**

1. ¿Siento que tener un modelo o estructura que sirva como base para mi construcción de felicidad me acerca a la posibilidad de ser feliz?

2. ¿Puedo mencionar alguna acción que realicé hoy con la intención de beneficiar alguna de las áreas del SPIRE y que cuando me detengo a reflexionar, resulta que favorece varias?

3. ¿Qué idea resonó más conmigo en este apartado?

FELICIDAD

BIENESTAR ESPIRITUAL – PROPÓSITO

Vivir teniendo claridad de lo que tiene un significado profundo para ti te hace sumamente anti frágil. Si usas la mayor parte de tu tiempo haciendo lo que amas y eres bueno desempeñando, con un objetivo significativo para ti, no sólo jamás vivirás sobreviviendo a tus días, sino que te faltarán años de vida. Conocer tus **valores** prioritarios claramente y vivir en congruencia con ellos, llena de propósito tus días.

Experimentar el momento presente con todos tus sentidos te ayuda a encontrar significado en tu vida por ordinaria y común que sea. Ayudar y servir a otros puede brindarte un sentido de propósito y trascendencia. El éxito tiene que ver con materializar objetivos alineados con tu propósito. Aterrizar tus sueños e identificar proyectos de largo y mediano plazo que te hagan ilusión y encaminen tus esfuerzos, te ayuda a que vivir tenga sentido. Contar con un sentido de propósito te ayuda a reaccionar menos y responder más, a ser estratégico en tu vida. Las investigaciones muestran que la gente con propósito vive de 8 a 10 años más, respeto a gente que no lo tiene. El bienestar **espiritual** está relacionado con tu **sentido de propósito**, con encontrar **significados profundos** para ti, y con disfrutar tu vida en **presencia**.

El proceso para definir tu propósito no es sólo mental, sino emocional y espiritual. El sentido de propósito es un recurso profundo que vale la pena tomarte el tiempo de cultivar, para perdurar y contribuir al mundo. El propósito es esa dirección de vida, ese rumbo, esa intención mayor que está siempre adelante de ti y que guía los objetivos que puedes cumplir en cierto plazo.

Definir tu propósito es importante para evitar una vida sin rumbo, el desgano por vivir, o desinterés en tu día a día, confusión, etc. Hoy más que nunca debemos cultivar el sentido de propósito en la vida, magnificar aquellos motivos que tenemos para vivir, y revertir las tazas crecientes de problemas en la salud mental, como la depresión y el suicidio.

El propósito y un objetivo son ideas distintas. Un objetivo se puede cumplir, a diferencia del propósito que no se concluye. El propósito es esa gran brújula que se cultiva y que te ayuda a decidir en qué rumbo poner los recursos limitados que tienes, como: tiempo, dinero, esfuerzo, paciencia, etc. Es decir, aprovecharlos en beneficio de tu bienestar integral de largo plazo o felicidad.

Por ejemplo, tener el propósito de ser un papá involucrado y cariñoso, difícilmente se puede concluir, pero será una dirección que guíe las decisiones hasta el día en que el padre o el hijo falten.

Mi propósito es que cada día haya más personas que al saberse y sentirse responsables de construir su felicidad, estén dispuestas a trabajar en ello. Esta idea hace que mi corazón lata más rápido, y al mismo tiempo me impulsa a hacer los esfuerzos necesarios para continuar compartiendo información y herramientas que ayuden a las personas a vivir mejor, dando sentido al fracaso, el cansancio, la inversión de tiempo y dinero, los errores, las emociones incómodas, etcétera.

Como decíamos, mi propósito difícilmente se va a concluir. Sin embargo, es una brújula o rumbo que guía mis decisiones, al tiempo que fortalece mi identidad como experta en las Ciencias de la Felicidad y como un ser humano imperfecto que disfruta el camino de la vida (con todo lo que ello implica) y goza compartirlo con otros. El propósito es un viaje interno y personal, por lo que nadie puede decirte cómo se ve tu propósito.

Un sentido de propósito no es una verdad objetiva sino una experiencia subjetiva, y por ello **puede cambiar**. Es más, yo diría que conforme madures de forma natural debe cambiar. Tener un propósito también baja la impulsividad en las personas porque hace que los individuos vean a mediano y largo plazo, y no decidan únicamente considerando la retribución inmediata.

En ocasiones, cuando pensamos en una persona espiritual, enseguida lo relacionamos con alguna religión. La realidad es que tener una vida espiritual no requiere de una religión. Sí, hay muchas personas que encuentran espiritualidad en algún dogma, pero hay muchas personas que no profesan una religión, o ni siquiera creen en Dios y son muy espirituales, es decir, tienen claridad sobre qué trae significado a su vida y viven con sentido de propósito, en el aquí y ahora.

La relación entre tu identidad y tu propósito es directa y bidireccional. Tu autoconcepto, lo que tú crees de ti mismo, influye en la definición de tu propósito y al mismo tiempo, tu propósito nutre tu identidad, al tomar decisiones en esa dirección y formar quién eres.

Hay varias formas de construir propósito en la vida, y quiero compartirte 5:

1. Maximizar el uso de tus **fortalezas**: talentos y habilidades.
2. Conocer lo que trae **significado** a tu vida, lo que es importante para ti.
3. Identificar claramente tus **valores prioritarios**.
4. Vivir en el **presente**. ¡Aquí y ahora!
5. Tener **sueños** y proyectos definidos, imaginar en grande.

Construyendo mi felicidad: **Explorando mi bienestar espiritual**

1. ¿Por qué quiero seguir viviendo?
2. ¿Practico alguna religión? Si contesté que sí a la pregunta anterior, ¿hacerlo me ha ayudado a vivir mejor?
3. Escribe una primera propuesta de tu propósito de vida, en menos de 5 líneas. Después puedes ir ajustando las palabras hasta que te haga total sentido.
4. ¿Considero que, en general, vivo en presencia?

FORTALEZAS

> "Tú no escoges tus pasiones, ellas te escogen a ti".
> TAL BEN-SHAHAR

Reconocer aquellas cosas en las que naturalmente sobresales y aquellas que te apasionan te ayudará a descubrir tu verdadero potencial. Centrarte en mejorar tus puntos fuertes en lugar de corregir tus debilidades te llevará a la excelencia y te hará disfrutar mucho más de lo que haces.

¿Te imaginas despertándote todos los días para hacer cosas que amas y en las que tu desempeño es extraordinario? ¡Sí es posible!

Definir un propósito claro alineado a tus gustos y talentos, o lo que Marcus Buckingham llamó fortalezas de pasión y de desempeño, respectivamente, hace posible que uses la mayor parte del tiempo realizando actividades que no sólo haces bien, sino que también te emocionan hacer, y traen aún más significado a tu vida.

Ese punto en el que tus habilidades y pasiones se unen, también es lo que Sir Ken Robinson llama "tu elemento". Es muy útil identificar tu elemento para que puedas ejecutar esfuerzos en congruencia y maximizar tu bienestar espiritual de largo plazo. Ken Robinson decía que cualquier persona que dedique su tiempo a actividades en las que sus gustos y talentos se unen tiene el éxito y la felicidad practicamente garantizados, y yo estoy de acuerdo.

Cuando hablamos de **fortalezas de desempeño**, nos referimos a aquellas actividades en las que eres bueno (aunque no te guste hacerlas), tareas donde tus talentos y habilidades naturales quedan manifiestos, aquellas cosas que te son muy fáciles aprender, o esas áreas de tu vida en las que has tenido éxito hasta hoy, obtenido premios, reconocimientos, certificaciones o diplomas.

FELICIDAD

Cuando hablamos de **fortalezas de pasión**, nos referimos a aquellas actividades que te encanta hacer aunque tu desempeño no sea satisfactorio necesariamente, esas tareas que el simple hecho de pensarlas te llena de energía y de vida, esas cosas que conectan con tu esencia más auténtica y que amas realizar, esos momentos en los que te sientes más vivo que nunca o labores que seguirías haciendo incluso, sin que te las pagaran.

Al encontrar las intersecciones o coincidencias entre estos 2 tipos de fortalezas descubrirás tu **zona de máximo potencial**; aquellos campos de actuación en los que puedes hacer tu mayor contribución al mundo. Cuando una persona elige pasar sus días en esta área se crea un círculo virtuoso, ya que no sólo se siente emocionado y energizado para realizar esas tareas, sino que como sus talentos naturales están ahí, es muy probable que obtenga buenos resultados de su desempeño, y el ambiente lo retroalimente positivamente, haciendo que se sienta aún más motivado para seguir realizando esas tareas.

En el siguiente diagrama se muestra lo que Marcus Buckingham llama la zona de máximo potencial o contribución.

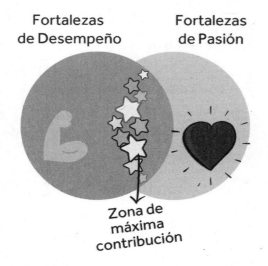

La investigación muestra que la forma más eficaz de llegar a la excelencia es enfocándote en trabajar tus fortalezas, ya que la antigua modalidad de enfocarte únicamente en tus debilidades, sólo puede llevarte, en el mejor de los casos, a un resultado medianamente satisfactorio o mediocre, pero no a tu mejor versión, porque ahí no están tus habilidades y talentos naturales. Si bien no debemos ignorar las áreas de oportunidad, tampoco debemos permitir que nos roben la posibilidad de brillar. **La sugerencia es apalancar tus fortalezas y administrar tus debilidades.**

Si tienes la fortuna de elegir a qué actividades dedicar tu tiempo, lo ideal es que lo hagas con base en esa definición, y si por cualquier motivo no puedes, entonces trata de identificar en tu trabajo actual, tanto las tareas que más disfrutas hacer, como las que menos disfrutas, y procura dedicar la mayor parte del tiempo a aquellas que te generan mayor energía y gusto.

En ocasiones, sólo pensar en posibles ajustes en tus actividades laborales o profesionales, puede generar ansiedad y miedo, así que sólo recuerda 3 cosas:

1. No puedes esperar una vida diferente haciendo lo mismo.
2. Todo pasa.
3. Ser feliz es para valientes.

Son justamente esas decisiones incómodas en el corto plazo que tomas buscando un beneficio en el mediano y largo plazo, las que te ayudarán a vivir mejor, haciéndote sentir dueño y creador de tu vida. Una vida que, si bien jamás será perfecta, sí valdrá la pena ser vivida en su perfecta imperfección.

FELICIDAD

Construyendo mi felicidad: Conectando con mis fortalezas en acción

1. Escribe 15 actividades que hayan traído mucha satisfacción en tu vida, ya sea porque disfrutaste el proceso de ejecutarlas o porque el resultado te gustó.
2. Elige 5 e identifica las características tuyas que hicieron que obtuvieras éxito.
3. ¿Qué patrones identificos?

Reconociendo mis fortalezas

Señala en la lista aquellas fortalezas que consideras tener:

Presencia	Crecimiento	Sacrificio	Confianza
Orientación al logro	Imaginación	Seguridad	Sabiduría
Apreciación	Individualidad	Autosuficiencia	Pasión
Balance	Integridad	Serenidad	Innovación
Persuasión	Amabilidad	Servicio	Aventurero
Capacidad de mando	Aprendizaje	Espontaneidad	Autenticidad
Busca la excelencia	Sociable	Estrategia	Belleza
Agente de cambio	Apertura	Compasión	Claridad
Capacidad de análisis	Buen narrador	Estructura	Comunicación
Bueno escuchando	Resiliente	Tenacidad	Consistencia
Flexibilidad	Respeto	Tolerancia	Proactivo
Generosidad	Responsabilidad	Transformación	Empatía
Fe	Valor	Independencia	Libertad
Iniciativa	Gracia	Eficiencia	Persistencia
Gentileza	Amistad	Justicia	Audacia

Armonía	Curiosidad	Autonomía	Aprendizaje
Inclusión	Ejecución	Liderazgo	Apertura
Influencia	Disciplina	Maestría	Creatividad
Intuición	Control	Objetividad	Perdón
Lealtad	Comunidad	Positividad	Humildad
Ético	Elección	Amor	Amabilidad
Nobleza	Creencia	Vitalidad	Prudencia
Paciencia	Consciencia	Congruencia	Autoregulación
Aceptación	Alegría	Integridad	Humor
Gratitud	Conocimiento	Originalidad	Franqueza
Espiritualidad	Diversión	Diversidad	Negociación
Asume riesgos	Asertividad	Servicio	Estrategia
Adaptabilidad	Honradez	Amor propio	Autoestima
Valentía	Organización	Orden	Concentración

Pregunta a 3 personas que te conozcan bien, cuáles de las fortalezas de la lista anterior consideran que tienes.

¿Qué diferencias encuentras entre las fortalezas que percibes en ti y aquellas que tus seres cercanos encuentran en ti?

¿Qué te dicen esas diferencias? ¿Cuáles son tus hallazgos?

Si quieres profundizar, puedes echar un vistazo también al test de fortalezas del VIA Institute o a la prueba Clifton Stengths de Gallup, ambas sin costo en sus sitios web.

Encontrando mi elemento o zona de máxima contribución

Preguntas para identificar cuáles son tus talentos o habilidades (fortalezas de desempeño):

- ¿En qué soy bueno?
- ¿Dónde están mis talentos y habilidades naturales?

- ¿Qué me es mucho más fácil aprender?
- ¿En qué áreas de mi vida he tenido éxito hasta hoy (premios obtenidos, certificaciones, reconocimientos, etc.)?

Preguntas para identificar cuáles son tus gustos (fortalezas de pasión):

- ¿Qué me emociona hacer?
- ¿Qué me llena de energía?
- ¿Qué amo hacer?
- ¿Qué conecta con mi esencia?
- ¿Qué estoy haciendo cuando me siento más viva?
- ¿Qué tareas haría, incluso sin que me las pagaran?

Encuentra las actividades o áreas que se repiten en ambas listas para tener claridad de las intersecciones, o lo que Sir Ken Robinson llama tu elemento o Marcus Buckingham nombra como tu zona de máximo potencial.

Aplicando mis fortalezas en mis actividades.

- ¿Cuáles de mis fortalezas se encuentran alineadas con las actividades que realizo hoy en mi vida?
- ¿Qué me dice mi respuesta anterior? ¿A qué me invita?
- ¿De qué manera podría dedicar más tiempo hoy a actividades que conjuguen mis talentos y pasiones?
- ¿En qué debilidades me he enfocado que han limitado mi potencial de brillar?
- ¿Cómo administrar mis debilidades para designar la mayoría de recursos a mejorar mis fortalezas?

SIGNIFICADO

> "El sentido de la vida es darle sentido a la vida".
> VIKTOR FRANKL

"Significado" es una palabra que, en lo personal, me cuesta trabajo conceptualizar, la siento muy abstracta, como que es todo y nada al mismo tiempo... no me sirve mucho. Pero cuando me pregunto: "¿Qué es importante para mí?" Me es fácil responder inmediatamente e identificar significado.

Tener claridad de lo que es importante, realmente importante para ti, te permite decidir en **congruencia** con tu esencia para construir propósito. ¿Cómo priorizar lo que te trae significado, si no sabes qué es importante para ti?

La diversidad en los seres humanos es una constante, por ello hay personas que encuentran propósito en la familia, otras en el trabajo, algún proyecto, una causa altruista, una actividad deportiva, la religión, etc. Y está bien... la diversidad nos enriquece. Así que el simple hecho de identificar con claridad lo que es importante para ti, es un paso importante hacia tu felicidad, porque podrás tomar decisiones acordes a ello.

Otra forma para aumentar tu propósito es encontrando significados más profundos en tu labor actual. En la Certificación en Estudios de la Felicidad, revisando la investigación de Amy Wrzesniewski, profesora de la Universidad de Yale, aprendí que una misma actividad puede verse como trabajo, carrera o llamado, dependiendo el enfoque y la intención con la que la realices.

- **Trabajo/empleo:** actividad que realizas para recibir un pago o lograr un resultado inmediato.

- **Carrera:** actividad que percibes como un medio para un fin mayor, y la realizas para lograr una promoción, más reconocimiento o un beneficio en el mediano plazo.
- **Llamado/vocación:** actividad que realizas para traer trascendencia a tu vida y a la de otras personas.

Por ejemplo, si yo percibo la actividad de grabar un podcast como una sesión más para tener contenido y cumplir un calendario, será un trabajo. Si la misma actividad la veo como una forma en la que más gente me conozca para que me contraten más conferencias y proyectos de consultoría, será una carrera. Pero la realidad es que para mí es una forma de compartir de manera masiva lo que yo me siento afortunada de saber, con la esperanza de que despierte en las personas que lo escuchan sus ganas de trabajar duro por construir una vida plena, por y para ellas; siendo así un llamado personal.

Las 3 perspectivas son válidas, sólo que la última llena de significado el esfuerzo y justifica cualquier cansancio, tiempo adicional, inversión de dinero, etc. que requiera llevar a cabo esa tarea. Vivir tus actividades como "llamados" te hace sumamente antifrágil. Y una vez más, no es todo o nada. Vivir todas nuestras actividades como "llamados" sería agotador, y vivirlas todas como "trabajos" sería superficial y aburrido. Por ello, aspirar al balance es la clave, encuentra aquellos "llamados" importantes para ti o vuelve "llamados" las actividades a las que más dedicas tiempo, e identifica y sé consciente de las actividades que realizas como "trabajo" y como "carrera" y vívelas con esa intención.

Por otro lado, se ha comprobado que el servicio, la ayuda y la solidaridad traen propósito a nuestra vida, ya que brindan un sentido de trascendencia. Incluso algunos autores sugieren que el éxito debe ser medido, no por el dinero que produces sino, por el número de vidas que mejoraste mientras vivías.

En lo personal me gusta una medición integral del éxito, más allá de lo evidente, como se muestra en el siguiente diagrama:

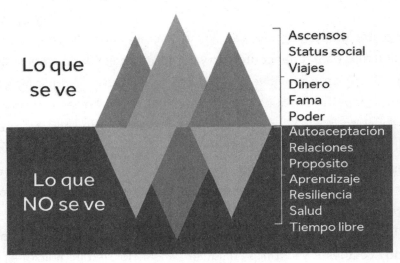

Si quieres trabajar en tu propósito y buscas algo disruptivo, te invito a explorar la fundación "No Barriers" en esta liga: https://youtu.be/Qt_9dBAj9Xw y reflexionar sobre lo verdaderamente importante para ti en este tiempo y espacio.

Construyendo mi felicidad: **Encontrando mis significados**

1. ¿Qué es lo más importante para mí? Sé sincero.
2. ¿Qué creo que "debería" ser lo más importante para mí? ¿Por qué?
3. ¿Qué me dicen mis respuestas anteriores?
4. ¿Te incluiste en tus respuestas?

FELICIDAD

(5) ¿Hay congruencia en el tiempo, energía y recursos que dedico a lo que es más importante para mí? ¿Por qué?

(6) ¿Qué me comprometo a hacer con mis respuestas?

Construyendo mi felicidad: **Encontrando significado en mis actividades**

(7) ¿Cuál es la actividad a la que más tiempo le dedico?

(8) ¿La vivo como trabajo, carrera o llamado?

(9) ¿Cómo replantearla para que sea un "llamado" que me emocione?

(10) ¿Qué otras actividades importantes realizo y cómo las vivo?

(11) ¿Me gustaría replantearlas y cambiar la intención con la que las hago?

VALORES

¿Cuáles son los valores más importantes para ti? ¿Compartes valores con tu pareja o con la cultura laboral en la que te desempeñas? ¿Cuáles son los valores que quieres que formen parte de la identidad de tus hijos y familia? ¿Alguna vez te has hecho estas preguntas?

La importancia de conectar con tus valores es contar con una brújula para dirigir tu vida. Tener claros tus valores prioritarios, aquellos que deseas que rijan tu vida, te permite caminar con serenidad y congruencia, y eso fortalece tu antifragilidad.

SER FELIZ ES PARA VALIENTES

Si identificas qué valores son importantes para ti, considérate afortunado, porque cuentas con un GPS (sistema de navegación), con una lista de criterios o filtros que serán tu referente al momento de decidir aquellas cosas importantes o difíciles, y podrás hacer las paces con la idea de dejar ir oportunidades, personas, situaciones, creencias, o ideas que ya no suman a tu vida, y hacer espacio para que lleguen y entren aquellas que sí están alineadas con tu visión actual del mundo y tus valores, y que por tanto, te acercan a tu mejor versión. ¿Será fácil? No. Por eso ser feliz es para valientes.

Por ejemplo, al tener claro que tus valores primordiales son "A" y "R", cuando te ofrezcan una oportunidad laboral, podrás preguntarte si la oportunidad está alineada con "A" y "R" y por tanto sumará a tu propósito de vida y felicidad en general. Si la respuesta es sí, conviene considerarla.

Construyendo mi felicidad: **Identificando mis valores principales**

Ejercicio para elegir tus 2 valores prioritarios en 2 pasos:

1 Identifica de esta lista los valores importantes para ti y márcalos.

Aceptación	Alegría	Amabilidad	Amor
Autenticidad	Autodisciplina	Autonomía	Bienestar
Bondad	Compasión	Compromiso	Confianza
Consideración	Creatividad	Dedicación	Determinación
Disciplina	Empatía	Entusiasmo	Equidad
Equilibrio	Esperanza	Excelencia	Fidelidad
Flexibilidad	Generosidad	Gratitud	Honestidad
Honor	Humildad	Inclusión	Independencia
Integridad	Justicia	Liderazgo	Lealtad
Libertad	Mente abierta	Optimismo	Paciencia
Paz	Perseverancia	Positividad	Prudencia

FELICIDAD

Puntualidad	Pureza	Rectitud	Reflexión
Respeto	Responsabilidad	Sabiduría	Sacrificio
Satisfacción	Serenidad	Servicio	Simplicidad
Sinceridad	Solidaridad	Superación	Templanza
Tenacidad	Tolerancia	Transparencia	Valentía
Valor	Verdad	Versatilidad	Voluntad
Gratitud	Honestidad	Innovación	Inspiración
Motivación	Seguridad	Sensibilidad	Solidaridad
Sensatez	Serenidad	Servicio	Sobriedad
Sofisticación	Solidaridad	Superación	Sustentabilidad
Transparencia	Unión	Unidad	Valoración
Valentía	Veracidad	Virtud	Visión

(2) Compara en pares los valores marcados y elige con el que más resuenas, hasta quedarte con los 2 que más resuenan contigo. Esos 2 valores serán tu brújula en el día a día. Por ejemplo, si marcaste "solidaridad" y "gratitud", con cuál de los 2 te quedas si tuvieras que escoger sólo 1, y así vas eliminando hasta quedar sólo con 2 en total.

(3) ¿Cuáles son esos 2 valores?

(4) ¿Considero que comparto valores con mi pareja y/o con la cultura laboral en la que me desempeño?

(5) ¿Cuáles son los valores que quiero que formen parte de la identidad de mis hijos y familia?

(6) ¿Tomo en cuenta los valores de las personas para decidir si me vinculo o no con ellas?

(7) ¿Qué ambientes, grupos o espacios que promueven mis valores principales identifico?

(8) ¿A qué me invitan estos hallazgos?

PRESENCIA

Concentrar toda tu atención eleva las experiencias ordinarias a extraordinarias. Meditar es simplemente enfocar tu atención en una cosa, como tu respiración o un sonido, y regresar a ese enfoque cada vez que te distraigas. Esta práctica puede mejorar significativamente tu estado mental y emocional. Estar presente te ayuda a escapar del peso del pasado y la ansiedad del futuro.

Vivir en presencia te permite obtener la máxima satisfacción de tu experiencia humana. Reconoce tu capacidad de elevar lo ordinario a extraordinario con el simple hecho de poner tu atención plena, todos tus sentidos, en un objeto, estímulo, tarea, emoción o cosa. Meditar es poner tu atención en una cosa a la vez. La meditación es la práctica de los mil inicios, y su valor reside en observar que tu atención se aleja del objeto observado y volver a traerla intencionalmente hacia él. Para mí, el poder de la meditación está en la posibilidad de crear estados de ánimo y consciencia paralelos a tu realidad, sin importar cuál sea, ya que **tu cerebro no distingue entre realidad e imaginación**. Conecta con tu respiración. Se dice que lo que el baño es para el cuerpo, la meditación lo es para la mente.

Vivir inundados de estímulos y en una cultura que promueve el multitasking (hacer varias tareas simultáneamente), impide que centres tu atención en el presente. Con frecuencia nos encontramos pensando en el pasado o en el futuro, sin darnos cuenta que lo que transcurre es lo único que tenemos: el presente. En una ocasión escuché algo de Eckhart Tolle que me voló la cabeza: "Si te atormenta el pasado vuelve al presente, porque el pasado sólo puede sobrevivir en tu ausencia, no en tu presencia. La presencia sólo ocurre en el presente". Por ello, la importancia de vivir en el aquí y ahora radica en los niveles de satisfacción y bienestar que se experimentan.

FELICIDAD

Me alegra que cada día la popularidad de la práctica de la atención plena (mindfulness) aumenta, acercando a las personas herramientas y recursos para desarrollar esta habilidad. Incluso, se ha demostrado su efectividad para el tratamiento de muchos transtornos, como ansiedad, pánico, obsesivo compulsivo, etcétera.

Cuando escuchamos sobre meditación, comúnmente pensamos en la idea famosa de "poner la mente en blanco" o imaginamos a un monje parado de cabeza al alba. La realidad es que meditar es (tan sencillo o complejo como) poner tu atención en una cosa, ya sea tu respiración, un conteo, música, las sensaciones de tu cuerpo, el movimiento, etc. La práctica de meditación, como la mayoría de las cosas que valen la pena, requiere de un proceso que va desarrollando nuevas conexiones en tu cerebro y fortaleciendo la habilidad, haciéndola cada día más familiar y sencilla. Una idea que fue liberadora para mí en relación a la meditación, fue aprender, de palabras de mi maestro Tal Ben-Shahar, que **no hay meditación buena o mala, simplemente es**. Todos los seres humanos podemos meditar si decidimos poner la voluntad y disciplina que requiere. Existen muchas aplicaciones tecnológicas (i.e. headspace o calm), perfiles de expertos en redes sociales (i.e. @mardelcerro, @psiccarolinasaracho), o contenido gratuito en YouTube que pueden acompañarte en el proceso de desarrollar el hábito de la meditación.

Tanto la meditación, como la práctica de la atención plena son herramientas para lograr presencia. Las 2 diferencias que encuentro son:

1. La atención plena (meditación informal) requiere poner todos tus sentidos en un estímulo externo, mientras que la meditación (formal) requiere apagar algunos de los sentidos para llevar la atención al estímulo interno.
2. La meditación requiere formalidad en cuanto a que necesita un momento específico, mientras que la práctica de la

atención plena no, ya que la puedes hacer de manera informal. Experimenta en presencia lo que sea que hagas con el suficiente tiempo para que tu mente descanse (aproximadamente 3 minutos): camina, báñate, disfruta tus alimentos, observa la naturaleza, haz las compras, etcétera.

Ambas prácticas construyen presencia.

Las 4 reglas de la meditación son:

1. Descansar tu mente en 1 cosa.
2. Regresa tu atención. Es la práctica de los mil inicios.
3. Respira despacio, gentil y profundamente.
4. Evita el juicio. No hay prácticas buenas o malas.

Recuerda que el objetivo es no tener un objetivo más allá de una profunda y honesta experiencia. La práctica contribuirá a tu higiene mental.

En lo personal, encuentro que el mayor valor de la meditación está en alcanzar estados de calma y creatividad, de manera rápida y sencilla porque la mente y el cuerpo no distinguen entre realidad e imaginación. Durante una meditación puedes visualizarte haciendo algo impensable desde tu consciente (como aventarte de paracaídas, hacer las paces con tu peor enemigo, viajar a lugares mágicos o una fantasía sexual con tu celebridad favorita) y experimentar las emociones y reacciones físicas, exactamente igual que si lo hubieras vivido en el mundo real. Para mí, **meditar es una forma de conectar con mi sabiduría de alma desde el consciente**. Incluso creo que ahí está el poder de la oración.

FELICIDAD

Mind full o Mindful
(Mente llena o Mente presente)

En ocasiones pensamos tanto la vida, que nos olvidamos de vivirla. En lo personal, conectar con mi respiración ha sido una herramienta muy poderosa para entrar en estados de presencia y calma. Es decir, cierro mis ojos y observo las características de mi respiración: temperatura, velocidad, ritmo, olor, textura, las partes de mi cuerpo que se mueven, etc. A esta práctica recurro como herramienta preventiva para preparar el ánimo o ambiente (por ejemplo, antes de un taller, sesión, conferencia, negociación o experiencia compleja), y como una herramienta reactiva para resolver una crisis, (por ejemplo, encontrar paciencia cuando ya no tengo, sacar las reservas de vitalidad cuando estoy exhausta, encontrar esos segundos para pensar con claridad en medio de un imprevisto, ser creativa, etc.).

Te comparto 3 ejercicios para construir presencia:

1. Imagina un cuadro. Visualiza que recorres el lado vertical izquierdo mientras inhalas, el lado horizontal superior mientras sostienes el aire adentro, bajas por el lado vertical derecho mientras exhalas, y te mantienes sin aire mientras visualizas que recorres el lado horizontal inferior. Si padeces asma evita este ejercicio.

2. Toma una flor con la mano derecha y una vela con la mano izquierda. Si no tienes a la mano, imagínalo. Cierra tus ojos e inhala mientras hueles el delicioso aroma de la flor y exhala mientras sopla la flama de la vela. Repíte 10 veces mínimo, o hasta que alcances el estado de calma que buscas.
3. Toma una galleta, fruta o pedazo de cualquier alimento que disfrutes. Cierra tus ojos y disfruta cada mordida pensando en el sabor, la textura y las partes de tu boca que se estimulan al contacto con el alimento. Hazlo despacio, sin prisa.

Te invito a respirar, vivir presente y conectar profundamente con tu experiencia humana.

Construyendo mi felicidad: **Viviendo en presencia**

1. ¿A menudo me encuentro pensando en el pasado o futuro?
2. ¿He intentado meditar antes? Si contestaste que sí a la pregunta anterior:
3. ¿Cuántas veces?
4. ¿He intentado construir el hábito de la meditación (mínimo 4 veces por semana)?
5. En caso de que hayas intentado: ¿Tuve éxito? ¿A qué se debe el resultado?
6. Observa: contempla lo que hay a tu alrededor y toma consciencia del momento presente. Regístralo. ¿Cómo me siento?
7. Siente: aproxímate a tu emoción actual con curiosidad y date permiso de sentirla, sin importar cuál sea. Regístralo. ¿Cómo me siento?

(8) Respira: inhala sintiendo la temperatura del aire y alarga tu exhalación. Observa qué partes de tu cuerpo se mueven. Regístralo. ¿Cómo me siento en una palabra?

(9) Acepta: reconoce quién eres en este momento, confía en tu progreso y evolución, y celébrate. Regístralo. ¿Cómo me siento?

(10) Absorbe: reduce la velocidad y absorbe lo que ves, escuchas, saboreas y tocas en un momento de tu día. Regístralo. ¿Cómo me siento en una palabra?

(11) ¿Qué rescato de mis respuestas?

(12) ¿A qué me comprometo conmigo?

SUEÑOS

> "El futuro pertenece a aquellos que creen en la belleza de sus sueños".
> ELEANOR ROOSEVELT

Tener sueños y proyectos de mediano y largo plazo da rumbo a tus decisiones en el día a día. Los sueños se materializan en la combinación con la ambición, la imaginación, el talento y el esfuerzo. Tener sueños es un signo de amor propio y bienestar porque implica un sentimiento de merecimiento, valía y sentido de pertenencia.

Tener sueños da rumbo, y aunque siempre podemos cambiar de opinión, los sueños nos mantienen en ruta. Es importante que tus sueños se ubiquen en un punto medio de dificultad. Es decir, que sean interesantes e impliquen reto, pero que a la vez los percibas alcanzables. Y muy importante, **¡NUNCA vas tarde!**

Para lograr los sueños, son importantes 4 cosas:

1. Que las oportunidades te encuentren preparado.
2 Tener un plan detallado, que especifique recursos, tiempos, responsables, riesgos, plan B, plan C y plan D.
3. Enfocar la mirada en el escalón que tienes enfrente, porque muchas veces, mirar la escalera completa puede resultar frustrante o abrumador.
4. Sentir pasión por tu sueño.

Es común que tus sueños te asusten, al punto de paralizarte. Pero recuerda que no hay nada grandioso en encogerte para no opacar a otros, o en no tener que justificar el fracaso. Equivócate mucho y equivócate rápido, siguiendo el consejo de mi maestro Tal Ben-Shahar. Lucha por tus sueños (con todo lo que implica), reinvéntate, disfruta el proceso, inspira… y así darás permiso a las personas a tu alrededor de luchar por los suyos.

Construyendo mi felicidad: **Acercándome a soñar**

1. ¿Me doy la oportunidad de soñar? Si contestaste que sí, ¿cuáles son mis sueños? Si contestaste que no, ¿a qué se debe? ¿Qué puedo hacer al respecto?
2. ¿Qué puedo hacer para estar más preparado para construir mis sueños?
3. ¿Cuento con un plan para construir mis sueños? Si no es así, ¿cómo lo hago?

(4) Si tuviera que enfocarme en el siguiente escalón sin mirar la escalera (más que para inspirarme) ¿Cuál sería ese escalón?

(5) ¿A qué me comprometo conmigo?

BIENESTAR FÍSICO Y SALUD

"En ocasiones, tu alegría puede ser la fuente de tu sonrisa, pero en ocasiones tu sonrisa puede ser la fuente de tu alegría".
THICH NAHT HAN

La mente y el cuerpo están conectados, tus pensamientos y emociones impactan el estado de tu salud física, lo que la voz calla, el cuerpo lo grita. Recuerda: tu longevidad está determinada un 75% por las decisiones que tomas. **Tu cuerpo es una herramienta y no un adorno.** Cuida tu cuerpo por ti y para ti, no le debes nada a nadie.

El bienestar **físico** consiste en construir hábitos de salud y autocuidado para llevar a nuestro cuerpo a un funcionamiento óptimo. Promovemos nuestro bienestar fisiológico y psicológico cuando hacemos ejercicio, comemos saludable, fomentamos el contacto físico, aprendemos a respirar adecuadamente, y damos al cuerpo tiempo para descansar y recuperarse.

Poco nos detenemos a pensar en que nuestro cuerpo es nuestro principal vehículo y armadura, y que nos ha acompañado desde el primer día en este planeta y estará con nosotros hasta el último suspiro. Más allá de los detalles específicos de tu cuerpo, relacionados a estereotipos de belleza y consideraciones culturales, es tu acompañante incondicional en tu camino por este mundo. Sin importar tu tipo de cabello, color de tus ojos, peso o complexión, altura, o si tienes o no las curvas y músculos que deseas, te invito a ser consciente de tu relación con tu cuerpo y que desde la gratitud (y no desde la crítica) restablezcan su vínculo y cercanía. Así podrás comunicarte con él de una manera más efectiva y armónica, entenderlo y darle lo que necesita en cada momento para que pueda estar en condiciones de seguir brindándote un excelente servicio.

¿Te ha pasado que tienes un malestar y no puedes pensar en algo distinto a ello? ¿Has escuchado la frase "no valoras la salud hasta que te falta"? La realidad es que necesitamos sentirnos saludables para funcionar en el día a día. Y sí, muchas veces damos por hecho nuestra salud y asumimos que estaremos sanos para siempre, sin darle la importancia que realmente tiene construir hábitos saludables para mantener a nuestro cuerpo con vitalidad y funcionando adecuadamente.

Antes se creía que la mente y el cuerpo estaban separados, íbamos al psiquiatra y psicólogo para atender situaciones del cuello para arriba, y al médico, fisioterapeuta, nutriólogo y demás especialistas para atender del cuello para abajo. Hoy existe basta evidencia científica que confirma lo contrario, **mente y cuerpo están íntimamente conectados**, por lo que es recomendable dar tratamiento integral en el caso de una aflicción.

Para sugerir, siempre es recomendable usar como referencia los mejores casos posibles, y es por ello que quiero hablarte de las "Zonas Azules", aquellas comunidades en las que vive la gente más saludable y longeva del mundo. En la investigación que realizó Dan Buettner y un equipo de National Geographic sobre ellas, buscaban contestar una pregunta: ¿Qué podemos aprender de ellos?

La respuesta se conforma por estos 3 aspectos:

1. Qué tanto vives está determinado 25% por tus genes y las experiencias de los primeros años (0 a 7 años de edad) y 75% por las decisiones que tomas y tu contexto.

FELICIDAD

2. Las relaciones profundas y significativas dan sentido de pertenencia y determinan tu salud y bienestar.
3. La cercanía con la naturaleza también favorece tu bienestar.

Una vez más, recuerda tu poder de elegir para construir una vida mejor. Son aquellas pequeñas elecciones que hagas respecto a tu nutrición, ejercicio, contacto físico, hábitos de sueño, respiración y manejo del estrés, las que determinarán la calidad del servicio que tu cuerpo pueda darte.

Construyendo mi felicidad: **Explorando mi autocuidado**

1. ¿Cuido mi cuerpo porque lo amo y estoy agradecido con él o porque lo odio y quiero cambiarlo?
2. ¿Qué reflexión me provoca saber que mi longevidad está determinada en 75% por las decisiones que tomo?
3. ¿He experimentado, de alguna manera, la conexión del cuerpo con la mente?
4. Si contestaste que sí: ¿De qué manera?
5. ¿Me ha pasado que después de vivir un momento de adversidad, me enfermo?
6. ¿A qué me comprometo conmigo después de estos hallazgos?

NUTRICIÓN Y MICROBIOTA

> "La nutrición tiene un profundo impacto en prácticamente todas las principales causas de padecimientos en las sociedades Occidentales".
> DAVID SERVAN-SCHREIBER

Una nutrición saludable contribuye significativamente al funcionamiento óptimo del cuerpo. Alimento no es sólo lo que comes, sino lo que ves, escuchas, sientes, hueles, así como las personas y energías que te rodean. Siempre puedes hacer pequeños ajustes en tu dieta diaria en favor de una mejor nutrición.

Recientemente, el intestino ha sido considerado el verdadero cerebro del cuerpo, debido a que se descubrió que la microbiota intestinal regula la actividad bioquímica del cerebro y, por ende, el estado de ánimo.

El cuerpo es el motor, y el alimento es el combustible. La calidad del desempeño del cuerpo dependerá en gran medida de la calidad del combustible con que lo recargues.

Si bien no soy nutrióloga, ni es la intención de este libro profundizar técnicamente en el campo de la nutrición, ni generar polémica al respecto entre las diferentes perspectivas o prácticas, sí pretendo traer tu atención a la importancia de una nutrición saludable y recordarte tu poder de elegir conscientemente qué introduces a tu cuerpo.

Todos los metabolismos son distintos, por ello no todos los alimentos nos hacen lo mismo a todas las personas. Así que jamás me atrevería a sugerirte una dieta específica, sólo me gustaría recomendarte algunos aspectos generales que puedes tomar en cuenta en tu camino para construir bienestar físico, si es que te interesa mejorar tu nutrición.

FELICIDAD

Estos pueden ser:

- Diversidad de alimentos = diversidad de nutrientes.
- Evita alimentos altos en grasas saturadas.
- Disminuye tu ingesta de azúcares, sobre todo refinadas.
- Procura comer alimentos frescos o sin conservadores.
- Para de comer cuando te sientas al 80%, no hasta sentirte lleno.
- Come despacio y sé consciente de los sabores y texturas de tus alimentos.

Y obvio, si padeces alguna condición física particular, tienes un trastorno de la conducta alimentaria o quieres un régimen detallado de alimentación, recurre a un especialista en nutrición.

Asimismo, existen investigaciones recientes sobre la microbiota, ese mundo de microorganismos que viven en tu cuerpo, en perfecto equilibrio entre ellos y contigo. La microbiota intestinal es el grupo más numeroso y por ende, el más importante para la salud. En número, los microorganismos del intestino superan la cantidad de nuestras células, por lo tanto, podemos decir que somos un "súper organismo".

La microbiota intestinal es muy importante porque existe una **estrecha relación entre la felicidad y las bacterias de nuestro cuerpo**, ya que el intestino se comunica constantemente con el cerebro. Estos bichos, a los que podemos llamarles nuestras pequeñas mascotas, como dice Nazareth Castellanos, actúan sobre el sistema nervioso, endócrino e inmune y regulan la actividad bioquímica de tu cerebro, por ende, tu estado de ánimo. Por ejemplo, ¿sabías que 90% de la serotonina, comúnmente llamada la hormona de la felicidad del cuerpo, se produce en el intestino, mientras sólo el 10% restante en el cerebro? En su mayoría los microbios son amigos, sin embargo, si crecen por encima de su rango normal pueden invadirte y causarte inflamación, depresión y otras enfermedades.

Podemos ayudar a tener un equilibrio en la microbiota cuidando la alimentación, siguiendo algunas de las sugerencias mencionadas, como evitar los alimentos ultra procesados e industrializados, los azúcares refinados y grasas saturadas porque suponen una trampa para la elección de nutrientes, ya que confunden a los receptores intestinales.

Recuerda que tu cuerpo es un sistema en el que todo está interconectado, por ello, las interacciones sociales sanas también influyen en la salud microbiana, así como el ambiente que respiras y tu calidad de descanso. Por otra parte, el ejercicio físico también produce cambios positivos en la diversidad microbiana y en la abundancia de bacterias.

Por último, considera que alimento no sólo es lo que comes, sino también lo que escuchas, ves, sientes, hueles, vibras, etc. Por tanto, te invito a que seas consciente de las ideas con que nutres a tu cerebro, qué sonidos y palabras eliges para nutrir a tus oídos, de qué energía y personas quieres rodearte considerando cómo te hacen sentir, de qué perfiles en redes sociales, programas de televisión, imágenes, etc. quieres nutrir a tus ojos (especialmente cuando despiertas y cuando cierras el día para irte a dormir), qué lugares eliges frecuentar... En fin, recuerda que al igual que puedes elegir llevarte a la boca una manzana fresca o un churro con chocolate, puedes elegir despertar viendo noticieros y tragedias o agradeciendo las bendiciones de tu vida. Tú eliges nutrir tu vida con cosas que te sumen en el largo plazo o cosas que no. Y cualquiera que sea tu decisión, sólo ¡por favor, hazla consciente! Sé responsable.

Construyendo mi felicidad: **Explorando mi nutrición**

1. ¿Creo que mi cuerpo cuenta con una vitalidad y funcionamiento óptimos de acuerdo a mi edad?

FELICIDAD

(2) ¿Considero que llevo a cabo una nutrición que contribuye a mi bienestar integral?

(3) ¿Cuál de las recomendaciones generales expuestas en este apartado resonó conmigo y me gustaría empezar a incorporar en mi vida?

(4) ¿Cómo voy a beneficiar a mi microbiota intestinal?

(5) ¿Cuál es la idea más significativa de este apartado?

EJERCICIO

> "Ejercitar no es como tomar antidepresivos, sino que no ejercitar es como tomar un depresivo. Tu cuerpo está hecho para moverse".
> **TAL BEN-SHAHAR**

Hay mucha investigación científica que demuestra los beneficios del ejercicio ya que reduce la propensión a la diabetes, afectaciones del corazón, inflamación, etc. Favorece la memoria, la creatividad, la concentración, la autoestima, la libido o deseo sexual, el sistema inmune, la longevidad, entre muchos otros aspectos.

Nuestra naturaleza humana nos pide movimiento. Desde la antigüedad recorríamos grandes distancias y cargábamos distintos materiales para sobrevivir. Nuestro cuerpo no está hecho para el sedentarismo, ni para días enteros sentados en una sala de juntas, ni para que la comida nos llegue por apretar un botón en una aplicación del celular. Te invito a que resignifiques el movimiento, y te actives físicamente por autocuidado, desde la gratitud y no desde el juicio o la crítica.

31% de los adultos en el mundo no realizan la actividad física recomendada, según datos de la OMS. Está demostrado que la inactividad física en adultos es un importante factor de riesgo de enfermedades cardiovasculares, diabetes tipo 2, demencia, y algunos tipos de cáncer, como de colon y mama.

Hacer del ejercicio un hábito puede ser todo un reto para algunas personas, especialmente si desde su infancia no participaron de una dinámica familiar o escolar que lo promoviera y resaltara su importancia. El reto se dificulta aún más cuando se distorsiona el objetivo y se prioriza el ejercicio como forma para seguir estereotipos de belleza inalcanzables, en lugar de ser un método para promover la salud en cualquier tipo de cuerpo.

Integrarlo a tus actividades diarias puede ser un buen inicio, como cargar tus compras del supermercado, estacionarte un poco más lejos de la entrada para caminar, adoptar una mascota para que te sientas acompañada para salir a caminar, tomar las escaleras en lugar del elevador, etc. O bien, decídete por practicar algún deporte o iniciar una rutina de ejercicio que te guste y sea fácil, para que así lo vuelvas costumbre con facilidad y no tengas que enfrentarte a una enorme resistencia cada que te dispongas a moverte, llevándote a tirar la toalla y perder la credibilidad en ti. Recuerda que antes de lograr un nuevo hábito, las personas lo intentamos, en promedio, 7 veces.

La realidad es que no necesitas dedicarle mucho tiempo, con 20 minutos al día es suficiente. Puedes explorar el famoso entrenamiento HIIT, por su acrónimo en inglés (High Intensity Interval Training), que consiste en generar contraste en tus pulsaciones cardiacas (subir y bajar), con el que en poco tiempo de actividad intensa puedes obtener todos los beneficios del ejercicio que tu cuerpo requiere.

El Profesor Michael Babyak, de la Universidad de Duke, ha concluído que **hacer ejercicio aeróbico durante 30 minutos por 3 veces a la semana tiene el mismo efecto que el mejor antidepresivo** del mercado, en cuanto al tratamiento de la depresión, y que incluso 6 meses después de la ejecución de la investigación, las personas que hicieron ejercicio ahora tienen 4 veces más probabilidades de mantenerse psicológicamente sanos que las personas que tomaron los antidepresivos. Incluso, como dice Tal, se ha llegado a considerar que hacer ejercicio no es como tomar antidepresivos, sino que no hacer ejercicio es como tomar depresivos, ya que el cuerpo está hecho para moverse. La realidad es que llevar una vida sedentaria es frustrar la necesidad natural de tu cuerpo a la actividad física. Y como la mente y el cuerpo están conectadas, pues también es frustrar una necesidad natural de tu mente.

Jamás me atrevería a sugerir abandonar un tratamiento antidepresivo por hacer ejercicio. Sólo el paciente en compañía de su especialista puede determinar el mejor camino. Sin embargo, hay basta evidencia científica que sugiere considerar la actividad física como una efectiva intervención psicológica y psiquiátrica para el tratamiento de la depresión, distimia (cuadro de depresión leve prolongada), déficit de atención, ansiedad, etcétera.

Hacer ejercicio frecuentemente favorece a la felicidad (bienestar de largo plazo), y la felicidad favorece el movimiento, creándose así un círculo virtuoso. ¿Es fácil? No. poer ello, ser feliz es para valientes.

Construyendo mi felicidad: **Explorando mi relación con el ejercicio**

1. ¿En mi infancia viví una cultura familiar o escolar orientada al ejercicio?
2. ¿Puedo reconocer el valor del ejercicio para mi bienestar?
3. ¿Cuál es el principal motivo por el que realizo/realizaría ejercicio?
4. ¿Qué revela mi respuesta anterior?

5. ¿Qué tipo de actividad o deporte me llama la atención?
6. Cuando llego a hacer algún tipo de ejercicio, ¿lo realizo porque me amo o porque me odio?
7. ¿Cómo podría resignificar el movimiento y activarme físicamente?
8. ¿A qué me comprometo conmigo respecto al ejercicio?

SUEÑO/DORMIR

El sueño es un pilar fundamental para la salud y el bienestar general de cualquier persona, y su importancia no puede ser subestimada. Un adulto sano en condiciones normales debe dormir entre 8 y 10 horas al día. Durante el sueño, el cuerpo se dedica a reparar y rejuvenecer los tejidos, sintetizar proteínas y liberar hormonas de crecimiento cruciales para el desarrollo y la recuperación. Además, el sueño es esencial para el funcionamiento óptimo del sistema inmunológico, lo que ayuda a combatir enfermedades y mantenernos saludables. La falta de sueño, por otro lado, puede debilitar el sistema inmunológico, haciéndonos más susceptibles a infecciones y enfermedades crónicas.

Desde una perspectiva cognitiva, el sueño juega un papel crucial en el procesamiento de la memoria y el aprendizaje. Durante las etapas de sueño profundo y REM (movimiento ocular rápido), el cerebro procesa y consolida la información adquirida durante el día, facilitando la memoria a largo plazo y mejorando nuestras habilidades de resolución de problemas y creatividad. Sin un sueño adecuado, nuestras capacidades cognitivas disminuyen significativamente, afectando la concentración, el juicio y la capacidad de tomar decisiones efectivas.

FELICIDAD

El sueño también tiene un impacto profundo en nuestra salud emocional y mental. Un descanso adecuado está asociado con un mejor estado de ánimo, mayor resiliencia, mejor manejo del estrés y una menor predisposición a trastornos emocionales como la depresión y la ansiedad. La falta de sueño puede llevar a cambios de humor, irritabilidad y una mayor reactividad emocional. Además, un sueño de calidad mejora la regulación emocional, permitiéndonos manejar mejor las situaciones difíciles y mantener una perspectiva positiva.

En el ámbito del bienestar físico, el sueño adecuado está vinculado a un mejor rendimiento y al incremento de energía. Los atletas y personas activas físicamente dependen del sueño para la recuperación muscular y la preparación para futuras actividades. Además, el sueño regula las hormonas que controlan el apetito y el metabolismo. Por lo tanto, priorizar el sueño y establecer hábitos de sueño saludables son acciones esenciales para mantener un equilibrio integral en los 5 tipos de bienestar del Modelo SPIRE, no sólo en el físico. Aquí te comparto un gráfico con algunos tips que pueden ayudarte a mejorar tu calidad de sueño:

Construyendo mi felicidad: Dormir mejor

1. ¿Duermo entre 8 y 10 horas diarias?
2. Describe tu rutina para irte a dormir, ¿qué puedo mejorar?
3. ¿Cuáles son mis creencias alrededor del sueño? ¿De dónde vienen?
4. ¿A qué me comprometo para mejorar mi calidad de sueño con base en mis hallazgos?

TACTO

"Un abrazo es una forma perfecta de demostrar el amor."
RICHELLE E. GOODRICH

El contacto físico consensuado requiere conectar con otro ser humano (sin importar el tipo de relación), lo cual toma tiempo. Pero en este mundo moderno de inmediatez y contacto digital (en lugar de contacto presencial), cada vez parece más complicado darnos el tiempo de conectar. Y si a eso le sumamos los efectos de trauma que dejó la pandemia, pues la cosa se complica aún más.

Los abrazos de más de 20 segundos o los besos de mínimo 6 segundos son una fuente maravillosa de oxitocina, la hormona de la conexión. Incluso, John y Julie Gottman manifiestan que las parejas que se besan antes de irse a trabajar viven 4 años más.

Los beneficios documentados científicamente del contacto físico consentido son irrefutables:

- Alivia el dolor porque hace que liberemos opioides que aumentan la circulación en el tejido blando.
- Fortalece el sistema inmune.
- Promueve de forma muy importante el desarrollo cognitivo y motor de los niños.
- Ayuda para cuadros de ansiedad, depresión, desórdenes de la conducta alimentaria y mejoramiento general del estado de ánimo.
- Promueve la confianza y, por lo tanto, mejora la comunicación.
- Ayuda a sanar sentimientos de desolación, aislamiento, miedo e ira, debido a la producción de oxitocina.
- Relaja los músculos, libera tensión, disminuye la presión arterial y las pulsaciones cardiacas.
- Te trae al momento presente y enfoca tu atención.

De los estudios que más me gustan son aquellos relacionados con la importancia del contacto físico, ya sea en forma de abrazos, masaje o relaciones sexuales. Al final, todos coinciden en la importancia del contacto físico para el bienestar del ser humano, ya que es un requerimiento más de nuestra naturaleza.

Uno de los eventos que detonó varios estudios en esta área fue que en un hospital de Estados Unidos se comenzó a observar que los neonatos (asignados aleatoriamente), de una de las dos salas de cuidados intensivos que tenía el hospital, ganaban peso y se fortalecían mucho más rápido que los bebés de la otra sala. Un doctor se interesó por el fenómeno, pero al observar los registros de cuidados todo parecía ir conforme a protocolo en ambas salas. Así fue que decidió espiar por la noche hasta descubrir qué estaba pasando. Cuál fue su sorpresa al presenciar que la enfermera de la sala en cuestión tomaba en brazos a cada uno de los bebés, les daba un masaje suave por algunos minutos y los arrullaba. Al ser sorprendida, la enfermera supuso que sería despedida por romper el protocolo de cuidados intensivos, pero fue lo contrario, su valentía de seguir su intuición amorosa dio paso a que se adoptaran estas prácticas como parte del protocolo en ese hospital, y muchos otros, impulsó futuras investigaciones en materia de contacto físico tanto en animales, como en humanos.

Virginia Satir, notable autora, trabajadora social y psicoterapeuta estadounidense, decía que se requerían 4 abrazos al día para sobrevivir, 8 para darnos mantenimiento, y 12 para crecer. La realidad es que sentirnos contenidos y reconfortados cuando las cosas se ponen difíciles hace una gran diferencia. Simplemente la magia al sobar una parte del cuerpo cuando te pegas deja de manifiesto el poder del contacto físico. Así que te invito a que de manera intencional y acorde a tu cultura o reglas sociales, busques tener ese contacto físico cómodo y reconfortante, frecuentemente.

Según Martin Seligman en su libro *Lo que puedes cambiar*, incrementar el contacto físico ayuda a tratar del 70% al 95% del total de disfunciones sexuales, y pasar más tiempo abrazados y haciendo cariños, incrementa los niveles de placer.

Te comparto que soy una amante de dormir y respeto el sueño de los demás como algo sagrado. Entonces me conflictuaba despertar a mis hijos todas las mañanas para ir a la escuela, pensé, ¿qué puedo hacer para disminuirles la incomodidad de tener que despertarse? Y se me ocurrió despertarlos 10 minutos antes de lo habitual para darles un masaje breve en todo el cuerpo, rascarles la espalda y la cabeza, y empezar a hablarles de lo hermoso y fuerte que es cada parte de su cuerpo. Hasta hoy creo que no me equivoqué. Si bien, no brincan de emoción cuando los despierto, al menos, los berriches y llantos terminaron. Mi apuesta es que ellos valoren lo que es empezar un día con armonía y amor, que sepan que merecen ser queridos y abrazados por el simple hecho de ser ellos y existir, que puedan distinguir entre un acercamiento físico bien intencionado y uno mal intencionado, y que puedan, al mismo tiempo, mostrar su afecto con contacto físico por que reconocen su valor.

> Construyendo mi felicidad: **Explorando mi contacto físico**
>
> 1. ¿Cuál es la forma de contacto físico que más experimento?
> 2. ¿Cómo se perciben los abrazos en mi cultura/familia?
> 3. ¿Abrazo habitualmente?
> 4. ¿Tendría a quien abrazar todos los días si quisiera hacerlo?
> 5. ¿Qué siento cuando alguien me abraza? ¿Me es agradable, incómodo, familiar, extraño, etc.? ¿Por qué?
> 6. ¿He explorado alguna terapia de masaje? En caso afirmativo, ¿cómo fue mi experiencia?
> 7. ¿Cómo podría incrementar mi vitamina de abrazos?

EL ESTRÉS ES TU ALIADO, SI...

> *"El mejor puente entre la desesperación y la esperanza es una buena noche de sueño".*
> **E. JOSEPH COSSMAN**

El estrés es la reacción automática del cuerpo ante situaciones de riesgo que lo pone en alerta y prepara para defenderse, gracias a ello la especie humana ha sobrevivido durante miles de años. Los 3 mecanismos de defensa del estrés son: pelear, huir y complacer. La realidad es que el estrés te fortalece porque te ayuda a tener mayor resiliencia ante la adversidad de la vida. Lo que realmente te enferma y te lleva a sentirte quemado es tener largos periodos de estrés intenso, sin tener periodos de recuperación. Evita sentirte quemado llevando a cabo un plan de recuperación formal que incluya pausas breves durante el día, respiraciones conscientes por 1 minuto, mínimo 3 veces al día, períodos de sueño de mínimo 8 horas, visitas a tus "islas de sanidad" (actividades relajantes) con frecuencia, experiencias compartidas con tus "personas vitamina" y pon atención a tu postura corporal.

¿Te sientes estresado? ¿Has escuchado que el éstrés mata? ¿Te has acostumbrado a vivir con estrés? En ocasiones el ritmo de la vida moderna que promueve la cultura de la inmediatez hace que integres el estrés a tu existencia y se vuelva crónico. Pero a pesar de que el estrés sea considerado una de las enfermedades más importantes del siglo, el estrés no es malo. El estrés es un mecanismo de defensa del cuerpo ante situaciones que tu cerebro identifica como peligrosas o dañinas.

La psicóloga Kelly McGonigal en su TEDtalk, "Cómo convertir al estrés en tu amigo", nos comparte un estudio realizado en 30,000 personas en Estados Unidos en el que hicieron 2 preguntas a los participantes:

1. Determina del 1 al 10 el nivel de estrés que has padecido en el último año.
2. ¿Consideras que el estrés es malo?

Dieron seguimiento a la salud de los participantes durante 8 años y descubrieron que las personas que consideraban que el estrés era malo, murieron o padecían problemas de salud mucho más graves que aquellos que sufrían mayor intensidad en sus niveles de estrés, pero que no lo consideraban malo. En conclusión, **cambiar tu perspectiva sobre el estrés puede salvar tu vida.**

FELICIDAD

El estrés funciona de forma similar como cuando vas al gimnasio y estás haciendo pesas o ejercicio, y no paras. Ya te arde el músculo pero sigues y sigues. ¿Qué va a ocurrir? Pues te vas a quemar, va a venir una lesión que te obligue a parar. ¿El ejercicio fue malo? ¡Claro que no! Fue el exceso de ejercicio y el no escuchar al cuerpo lo que te dañó. Lo mismo pasa con el estrés. Por ello, **la clave para evitar "sentirte quemado" (burn out) está en recuperarte**.

Las 12 etapas de "sentirte quemado" son:

1. Sientes una fuerte necesidad de demostrar y probarte a ti mismo.
2. Sigues trabajando cada vez más duro para lograrlo.
3. Postergas tus propias necesidades con más frecuencia.
4. Estás en conflicto y culpas a la situación o a otras personas por ello.
5. Cambias tus valores para enfocarte más en el trabajo.
6. Niegas los problemas que surgen debido a tu estrés laboral.
7. Renuncias a tu familia y vida social.
8. Tu comportamiento cambia, lo que molesta a tus seres queridos.
9. Te despersonalizas, ya no te sientes tú mismo.
10. Te sientes vacío y confundido, puedes abusar de sustancias tóxicas.
11. Te sientes deprimido, perdido y completamente agotado.
12. Estás totalmente quemado, estás ante un colapso físico y mental.

Actualmente "sentirte quemado" es una experiencia común en muchas personas, especialmente en las mujeres. Es indispensable reconocer que **está bien no estar bien**, incluso es el primer paso para iniciar un camino de autocuidado y recuperación que considere esfuerzos intencionales y conscientes que puedan hacer una diferencia significativa y te lleven poco a poco a volver a sentirte tú.

Puede ser que al inicio te sea incómodo dedicarte tiempo, te sea ajeno dedicar tiempo a tu cuidado, o sientas ansiedad porque sólo estás haciendo la mitad de tus pendientes, pero considera que estás haciendo lo mejor que puedes y ¡PARA! Piensa que si tú no estás bien, nada de lo externo, como trabajo, casa, coche, familia, jardín, pendientes, reportes, resultados, etc. lo estarán. La buena noticia es que cada día es una nueva oportunidad para volverlo a intentar.

La realidad es que **el alto rendimiento requiere descanso**, las mejores ideas, estrategias y productos no surgieron en un cerebro enredado y exhausto. Creer que si trabajas duro serás exitoso, implica que si no eres exitoso es porque no has trabajado lo suficiente. Por lo tanto, nunca te darás tiempo de descansar.

En los países occidentales, lamentablemente, tenemos una cultura que condena el descanso. Una amiga de origen europeo que vive en Estado Unidos me compartía cómo le cuesta trabajo justificar unas vacaciones de más de una semana con sus colegas estadounidenses, y por el contrario, para su familia en Europa es una locura que trabaje la mitad del mes de agosto. ¿Con cuál de las 2 visiones te identificas? ¿Y si replanteas tu concepto de éxito y empiezas a considerar que tener una vida balanceada es ser exitoso?

Te comparto algunas sugerencias si te "sientes quemado":

- Reflexiona sobre tus logros, bajar el ritmo no significa que no hayas logrado nada.
- Recuerda que no toda tu lista de pendientes debe hacerse en un día.
- Haz algo conscientemente que no requiera ningún tipo de esfuerzo intelectual o físico, como ver la televisión, obser-

var el paisaje, escuchar chistes o comedia para reír, escuchar música clásica, etcétera.
- Escucha tu mente, si te está pidiendo descanso, muy probablemente lo necesitas. Toma una siesta.
- Recuerda tomar un día a la vez.
- Pasa tiempo al aire libre y procura actividad física para resetear tu mente.
- Haz algo que sea únicamente por gusto o autocuidado, como pintar, darte un masaje, manicure, bailar, etcétera.
- Pide ayuda a tu red de apoyo o a un especialista en salud mental.

Asimismo, me gustaría traer a tu atención que el sueño es importante no sólo por la función de recuperación que significa para el cuerpo, sino porque también proporciona al cerebro la posibilidad de integrar la información y estímulos obtenidos durante la vigilia. El buen sueño, en la mayoría de los casos, es una habilidad que se entrena. El ser humano funciona con rutinas, ciclos y hábitos, así que conviene preparar al organismo unas horas antes de ir a dormir para gozar de un descanso profundo y reparador.

Con la salvedad de que visites a un especialista que trabaje contigo tu situación, en caso de presentar un cuadro complejo de insomnio, aquí te comparto algunas recomendaciones generales para beneficiar tus hábitos de sueño:

- La alarma es para dormir no para despertar.
- Depura tu mente. Suelta los pendientes, anotándolos en un papel.
- Ordena tu espacio físico.
- Activa tu sistema de relajación (considera luz, aromaterapia, música, etcétera).
- Analiza tus creencias alrededor del sueño.
- Atiende estas recomendaciones antes de ir a dormir:

Asimismo, te invito a que revises tu postura en este momento y reflexiones sobre las posturas que frecuentemente adoptas, ya que está comprobado que no sólo tu cerebro provoca tu postura, sino que ésta también manda información al cerebro sobre tu estado de ánimo, haciendo que segregue la química corporal correspondiente. Es decir, si cuando amaneces de bajo ánimo te levantas, estiras tu columna, elevas los brazos y alzas tu mirada al cielo, tu postura enviará al cerebro información de un estado de ánimo de alegría, plenitud o gratitud, haciendo que éste genere los químicos correspondientes a estas emociones. Si por el contrario, a pesar de estar de buen ánimo, pasas la mayor parte de tu día con la cabeza abajo viendo el celular y la espalda jorobada, tu postura enviará a tu cerebro información de derrota, fracaso, pesadez, cansancio, etc., generando una química corporal acorde.

FELICIDAD

Te comparto 3 de mis ejercicios favoritos para la recuperación diaria:

1. Pon una alarma para que a media mañana te regales: 1 minuto de respiración consciente. 5 minutos de estiramientos físicos. 10 minutos de limpiar y ordenar, y 15 minutos de leer.
2. Promueve lo que mi maestro llama "Islas de sanidad", que es dedicar 15 minutos a una actividad que no te demande mayor esfuerzo, ni físico ni mental, y que capture tu atención al grado que sientas que el tiempo se "detuvo" o "voló", como armar un rompecabezas, escuchar música con atención, colorear mandalas, bailar o ver una serie de televisión.
3. Pasa tiempo con quien, Marian Rojas Estapé llama, tus "personas vitaminas", aquellos individuos con quienes prácticamente siempre puedes ser tú mismo, la pasas muy bien, y te sientes tan seguro que te ayudan a liberar oxitocina y a bajar tus niveles de cortisol.

Construyendo mi felicidad: **Explorando mi relación con el estrés y el descanso**

1. ¿Me siento estresado? Si tu respuesta fue afirmativa, evalúa del 1-10 tu nivel de estrés.
2. ¿Me he acostumbrado a vivir con estrés o considero padecer estrés crónico?
3. ¿Qué me está causando estrés?
4. ¿En qué parte de mi cuerpo se refleja el estrés?

5. Antes de leer este apartado, ¿consideraba que el estrés era bueno o malo para mí?
6. ¿Cómo me siento al conocer que el estrés me ha protegido durante años y fortalecido para enfrentar la vida?
7. ¿Me siento o he sentido "quemado"? Si es así, ¿hasta qué fase del proceso de "sentirme quemado" (Burn out) llegué?
8. ¿Considero que mi valor depende de mi éxito laboral?
9. ¿Me permito descansar habitualmente?
10. ¿Siento culpa si descanso o creo que lo merezco?
11. ¿Cómo puedo integrar el balance a mi concepto de éxito?
12. ¿Tengo problemas de insomnio?
13. ¿Tengo una rutina diaria para prepararme para dormir?
14. ¿Sé escuchar a mi cuerpo, y leer las señales de cansancio que me envía antes de enfermar y exigirme que pare? Si contesté que no, ¿a qué creo que se debe?
15. ¿Soy consciente de mi postura corporal a lo largo del día?
16. ¿Cómo puedo incorporar un plan de recuperación realista para disfrutar de los beneficios del estrés, sin necesidad de pagar costos altos o sentirme "quemado"?
17. ¿A qué me comprometo conmigo?

RESPIRACIÓN

La respiración es una herramienta poderosa, accesible y gratuita, muy devaluada en la vida moderna. La forma adecuada de respirar es a través de la nariz; la respiración consciente es la base de la recuperación del cuerpo, mantener los niveles de dióxido de carbono en un rango adecuado es importante para el funcionamiento óptimo del cuerpo.

Según Anders Olsson, maestro, autor y fundador del concepto "Respiración consciente", algunos de los beneficios documentados son:

- Baja el ritmo en el pulso cardiaco.
- Disminuye la sudoración.
- Reduce estrés, bajando los niveles de cortisol en el cuerpo.
- Ayuda al manejo de la ansiedad y emociones incómodas.
- Promueve una mejor concentración.

Siendo la respiración una función automática del cuerpo, todas las personas respiramos (tanto que seguimos vivas), pero no todas lo hacemos adecuadamente. Debido a que esto significa una merma importante en el funcionamiento de nuestro cuerpo y por tanto en la vitalidad que gozamos, consideré oportuno traerlo a tu atención.

Los 3 pilares de una buena respiración son:

1. Consciencia en la respiración: observar intencionalmente tu respiración.
2. Conocimiento de la respiración: saber cuál es la forma adecuada de respirar.
3. **Aplicación de ese conocimiento: llevar el conocimiento a la acción**.

La forma adecuada de respirar es a través de la nariz, tanto inhalación como exhalación, ya que así se prepara el aire para que pase por nuestras vías respiratorias y llegue a los pulmones. Es decir, cuando va entrando por la nariz se limpia, humedece, regula temperatura, etc. y al exhalar por la nariz se prepara a la nariz para la siguiente inhalación.

Muchas veces pensamos que el oxígeno es bueno y el dióxido de carbono es malo, y que para mejorar nuestra respiración necesitamos más oxígeno, pero en realidad lo que necesitamos es más dióxido de carbono, porque cuando el dióxido de carbono sube en el cuerpo entonces los niveles de adrenalina bajan. Es decir, hacer exhalaciones prolongadas puede favorecer un estado de calma y nos ayuda a lidiar mejor con las situaciones adversas y de estrés. Cabe mencionar que, efectivamente, el exceso de dióxido de carbono en el cuerpo es tóxico, pero la escasez también es poco conveniente.

Si bien no es la intención de este texto profundizar en tecnisismos sobre la respiración, sí pretende ofrecerte información útil para que puedas echar mano de una herramienta gratuita, accesible en todo momento, que no requiere ningún tipo de material, y que ha estado contigo desde tu primer suspiro en este planeta. Así que con un poco de voluntad puedes elegir construir bienestar si experimentas alguna de las siguientes recomendaciones:

- Hacer actividad física con la boca cerrada.
- Hacer un programa de respiración que incluya de 3 a 5 respiraciones con exhalación alargada cada 3 o 4 horas.
- Poner una cinta adhesiva en tu boca al dormir para favorecer el sueño profundo, la relajación y la recuperación (existen unas especiales en plataformas de venta en línea que no lastiman la piel).
- Inhalar mientras pones la comida en tu boca ayuda a la digestión.
- Meditar al caminar al aire libre (para absorber mayor oxígeno) tomando el doble de pasos al exhalar de los que tomas al inhalar.
- Cuando te encuentres en estrés, enfócate en tu nariz y pulmones, y tarda el doble en exhalar de lo que tardas en inhalar, mientras imaginas que un ancla se va cada vez más profundo.

FELICIDAD

Aquí te comparto un ejercicio de 3 pasos que aprendí en una clase con el doctor Olsson, recomendado para asegurarte de que estás respirando adecuadamente:

1. Pon tus manos en los costados de tu cintura debajo de las costillas.
2. Inhala hasta que tus manos se muevan.
3. Exhala despacio.

Otros ejercicios de respiración que puedes intentar son:

- **Respiración consciente:** suelta todo lo que estás haciendo y simplemente observa tu respiración. ¿Cómo se siente el aire al entrar y salir de tu cuerpo? ¿Qué partes de tu cuerpo se mueven? ¿Qué pasa en tu nariz, pecho y garganta? ¿Cuál es la temperatura del aire al entrar y cuál al salir? ¿Algo cambió?
- **Respiración con mantra:** al inhalar repite una frase de tu elección, como "confío en la vida", y al exhalar otra frase como "estoy bien y a salvo aquí y ahora".

Construyendo mi felicidad: **Explorando mi respiración**

1. ¿He observado mi respiración?
2. ¿Respiro por la nariz o por la boca la mayor parte del tiempo?
3. ¿Cómo me siento al intentar que mis exhalaciones sean más prolongadas que mis inhalaciones?
4. ¿Cuál es mi mayor hallazgo a partir de haber leído esta sección?
5. ¿A qué me comprometo conmigo?

LONGEVIDAD

No importa tanto cuántos años vives, sino cómo los vives. La longevidad consiste en tener una vida larga y de calidad, el ambiente en el que te desarrollas es clave para facilitar decisiones y hábitos en favor de un estilo de vida sano y de bienestar.

Es inevitable mencionar a Dan Buettner cuando hablamos de longevidad. Como compartí, Dan es autor de *The Blue Zones. The Secrets for Living Longer* y creador de la serie en Netflix *Vivir 100 años*. Él ha estudiado las zonas del mundo con mayor densidad de humanos mayores a 100 años para entender qué hacen y así descifrar cómo sus dinámicas y hábitos los han llevado a ser tan longevos. En marzo de 2024 tuve la fortuna de conocer y entrevistar a Dan en el Festival de las Ideas en Puebla, México. Un evento de 3 días de conferencias sobre diversos temas que para mí fueron alimento para el cerebro y el alma como ningún otro. Dan es un hombre sencillo, alegre y enormemente generoso, tiene un profundo interés en contribuir a que las personas construyan un ambiente favorable que les permita vivir mejor. Él cree que si construyes un ecosistema adecuado puedes vivir bien, sin ni siquiera esforzarte.

Dan comparte un modelo de 9 elementos clave que identificó en su investigación alrededor del mundo y que agrupa en las siguientes 4 categorías:

1. Muévete naturalmente.
2. Ten una perspectiva correcta.
3. Aliméntate sabiamente.
4. Conecta.

También, en dicho evento, tuve la oportunidad de conocer al doctor David Sinclair y escuchar su conferencia. Él es profesor de genética en la Escuela de Medicina de Harvard y codirector del Centro Paul F. Glenn para la Biología de la Investigación del Envejecimiento. Asimismo, lidera una investigación de epigenética enfocada en mejorar la funcionalidad de los órganos humanos a partir de rejuvenecerlos. Incluso, compartió durante su charla el gran logro que fue devolverle la visión a unas ratas ciegas a partir de rejuvenecerles los tejidos de sus ojos. El doctor Sinclair plantea que **el envejecimiento es una enfermedad** porque de manera natural merma la funcionalidad del cuerpo, pero no se considera así debido a que es muy común y afecta a todas las personas.

Durante años ha trabajado con su padre en el rejuvenecimiento de su cuerpo, quién a pesar de tener una edad biológica de más de 80 años, reporta una edad celular y un estilo de vida de una persona de 60 años.

La tecnología epigenética (más allá de la genética) consiste en cambiar la expresión génica (que no implican alteraciones en la secuencia del ADN) y se centra en cómo los genes son activados o desactivados, y la forma en que esto afecta la función celular y la salud.

Algunas de las recomendaciones que compartió el doctor Sinclair son:

- No comer 3 comidas al día
- Moverse y estirar
- Construye músculo
- Poner tu cuerpo en modo de adversidad
- Dormir bien
- Comer plantas que hayan sido estresadas (crecidas en condiciones naturales)
- Evita azúcares y granos refinados
- Lleva una dieta mediterránea
- No comas botana, mejor toma una bebida caliente
- Mide, cambia y optimiza
- Cambia tu estilo de vida paulatinamente

Sinceramente, escuchar al doctor Sinclair me generó emociones encontradas. Por un lado, mucho asombro de las capacidades del ser humano para entender y mejorar el cuerpo y su funcionalidad, y esperanza porque implica un alivio para muchas personas con distintos padecimientos y dolor. Pero por otro, siento un poco de miedo y angustia por las implicaciones que pueden tener estos avances en la humanidad. Sobre todo creo que pueden intensificar la obsesión que existe por mantenerse jóven y el menosprecio por la edad, la experiencia y la sabiduría que implica el paso de los años. Tengo amigas de 30 años que comentan sentir que van tarde en el uso del botox, y muchas personas que se sienten halagadas por escuchar que son "traga-años", como si vivir el proceso inevitable del paso del tiempo fuera malo, cuando en realidad yo lo considero un logro y un privilegio al mismo tiempo. ¡Estás vivo!

Recuerdo la historia de Benjamin Button, en la que el protagonista nació viejo y con el paso de los años rejuvenecía hasta convertirse en bebé y morir, me pregunto: ¿Qué pasaría si pudiéramos rejuvenecer tomando un suplemento? ¿Cuáles serán los efectos secundarios de rejuvenecer? ¿Cuál sería el objetivo de vivir 150 o más años? ¿Está el humano jugando a ser Dios al desafiar los procesos naturales del cuerpo? ¿Podría soportar el planeta una población humana creciente y que duplicara su estancia en la Tierra?

Claramente, es mi deseo tener un cuerpo sano y funcional mientras viva, pero de ninguna manera quiero vivir más de 100 años. Y siendo congruente con la idea de que la adversidad, en todas sus manifestaciones (incluido el envejecimiento), es simplemente una oportunidad para aprender, expandirte y evolucionar, no sé qué tan conveniente sea privarnos de la adversidad del envejecimiento. Además, si consideramos la vida como un viaje, puedo asegurar que 100 años "bien" viajados son más que suficiente. En la vida, menos no es más, ni tampoco más es más, necesariamente. Pero aquí sí, la forma es fondo.

FELICIDAD

Evitemos la melancolía por la vida y la obsesión por la juventud. Vivamos intensamente, construyendo una vida que amemos, en la que el foco esté en la calidad y no en la cantidad.

Y para cerrar este apartado, te comparto una fase de *La Odisea* de Homero, la obra famosa sobre la mitología griega, que engloba mi pensar y sentir sobre la longevidad: "Héctor, no insistas, los dioses nos envidian porque somos mortales y todos nuestros momentos son únicos e irrepetibles".

Construyendo mi felicidad: **Reflexionando sobre la vida**

1. ¿Cuántos años me gustaría vivir? ¿Para qué?
2. ¿Considero que le doy mucha importancia/valor a la juventud?
3. ¿Qué opino sobre envejecer? ¿Me da miedo?
4. ¿Creo que mis hábitos hasta hoy me permitirán vivir más de 100 años con buena calidad de vida? ¿Por qué?
5. ¿Considero que el ambiente en el que vivo me permite un estilo de vida saludable? ¿Por qué?
6. ¿Qué ajustes puedo hacer hoy para mejorar mi ambiente?
7. ¿Considero que el envejecimiento es una enfermedad? ¿Por qué?
8. ¿Qué costos estaría dispuesto a pagar para rejuvenecer 20 años? ¿Por qué?
9. ¿Qué emociones percibo al hacerme la pregunta anterior? ¿Con qué creencias creo que está relacionada mi percepción sobre la edad, la juventud y el envejecimiento?

10. ¿Siento melancolía al pensar en la posibilidad de vivir menos de 100 años? ¿Por qué?

11. ¿Cuál de las recomendaciones del doctor Sinclair me hizo sentido y me comprometo a implementar?

BIENESTAR INTELECTUAL - APRENDIZAJE

> "El aprendizaje es un tesoro que seguirá a sus dueños a todas partes".
> PROVERBIO CHINO

Se requiere de un ambiente positivo que potencie el aprendizaje. Ten la valentía de darte permiso de ser malo en algo nuevo y explora: una **actitud curiosa y abierta** es la clave para la construcción del bienestar intelectual. Para comprometerte con lo que es significativo aprender para ti, es necesario que te conozcas y sepas cuáles son tus fortalezas, dedica tiempo a actividades en las que experimentes un estado de fluidez. El aprendizaje más significativo es el vivencial, aprender debe ser divertido, por eso, improvisa, abraza el error y el fracaso como parte del proceso. **Equivócate mucho y rápido**.

El bienestar **intelectual** está relacionado con el aprendizaje, con satisfacer esa curiosidad innata del ser humano y esa inquietud de querer explicarse los fenómenos que ocurren a su alrededor. Para maximizar tu bienestar intelectual y tu aprendizaje del mundo y de ti mismo, debes estar abierto a las posibilidades y permitirte ser sorprendido.

Aprender una idea nueva es crear nuevas conexiones neuronales, y debes saber que si no revisitas esa idea en los próximos 3 días las conexiones desaparecerán. Por ello, sé constante, cuestiona, investiga, repite, reflexiona, indaga y dále vueltas a esas ideas que sientas como píldoras de sabiduría, veintes que te caen, momentos ¡Ajá! o momentos ¡Eureka!

Lo valioso de aprender es adquirir herramientas para enfrentar la vida de una manera más efectiva y armónica. Es decir, cuando sabemos más nos sentimos más capaces y empoderados para hacer frente a la diversidad de situaciones que se nos presentan.

Construyendo mi felicidad: **Sintiéndome experto**

1. ¿En qué soy experto o me considero buenísimo? Si te cuesta trabajo encontrar la respuesta, piensa en lo que contestaría tu mejor amigo si le preguntaran eso sobre ti.
2. ¿En qué áreas de mi vida he obtenido reconocimiento, felicitaciones, premios o medallas?
3. ¿Qué temas o actividades considero que domino?

ESTADO DE FLUIDEZ (FLOW)

> "El mejor momento de nuestras vidas no es el momento pasivo, receptivo, relajado... Los mejores momentos suelen ocurrir cuando el cuerpo o la mente de una persona se estiran al límite en un esfuerzo voluntario por lograr algo difícil y valioso".
> MIHALY CSIKSZENTMIHALYI

El estado de gratificación en el que nos encontramos cuando nos sentimos totalmente involucrados en lo que estamos haciendo, se llama

Estado de Flujo o Fluidez (Flow). En este estado psicológico te encuentras completamente inmerso y concentrado en una actividad, las distracciones se desvanecen, tu cerebro entra en un ritmo y armonía tales que pierdes la noción del tiempo y de ti mismo. Como comparte Mihaly Csikszentmihalyi en su libro *Flow* en el que habla sobre la psicología detrás de las experiencias óptimas, **no es lo que te pasa lo que determina tu realidad, sino la manera en la que haces sentido de ello y lo integras a tu experiencia de vida.**

Cuando los desafíos de la tarea coinciden con tus habilidades, experimentas una sensación de fluidez y control, lo que genera un sentido de satisfacción y disfrute profundo. Así es como este estado de fluidez es altamente conveniente para aumentar la productividad y el bienestar emocional.

Cuando el reto es mayor que tus habilidades experimentarás frustración, y cuando tus habilidades son mayores al reto experimentarás aburrimiento. Sin embargo, cuando desarrollas una actividad que tiene la dificultad perfecta para tus habilidades mantendrás absoluto interés por un período significativo y tu mente descansará.

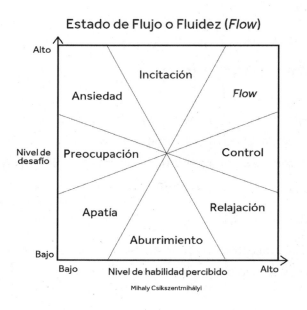

Mihaly Csíkszentmihályi

FELICIDAD

Es importante promover estados de flow para optimizar nuestro bienestar intelectual. Por ello, nuevamente, la autoobservación y el autoconocimiento son muy importantes, ya que todos tenemos habilidades e intereses diferentes. ¿Cuándo se detiene el tiempo para ti? ¿En qué momento te encuentras haciendo exactamente lo que quieres y no deseas que la situación se acabe? ¿Se trata de pintar, hacer el amor, jugar tenis, armar rompecabezas, hablar frente a un grupo, escalar montañas, o escuchar con empatía los problemas de otra persona?

Construyendo mi felicidad: **Explorando mis estados de fluidez**

1. ¿Qué actividad realizo cuando siento que el tiempo vuela sin darme cuenta?
2. ¿Qué me genera frustración?
3. ¿Puedo identificar de qué habilidades carezco respecto a mi respuesta anterior que detonan ese enojo por sentirme incapaz de enfrentar ese reto específico?
4. ¿Cómo puedo desarrollar esas habilidades?
5. ¿Qué me aburre?
6. ¿Cuáles son esas habilidades que tengo en exceso que hacen que el reto sea insignificante y pierda el interés?
7. ¿Cómo puedo aumentar la dificultad de la actividad para mantener mi interés en ella?
8. ¿Qué implica un reto para mí, pero sé que podré resolverlo?

IMPROVISACIÓN

Recuerda que puedes pensar que eres imperfecto o perfecto en tu imperfección. **¡Diviértete equivocándote!** Y para ello te recomiendo intentar la improvisación porque justo te ayudará a perderle el miedo al error. "Equivocarse seguido" es una de las 6 máximas de la técnica, según Patricia Ryan Madson (las otras 5 son: di sí, pon atención, aprecia, cuida y diviértete).

La improvisación es una técnica que implica la creación espontánea y sin guion de música, diálogo, actuación o cualquier forma de expresión. La clave es crear y responder en el momento, sin una planificación previa detallada, por lo que requiere habilidades como la creatividad, la espontaneidad, la escucha activa y la capacidad de adaptación, al tiempo que también las desarrolla.

Un aspecto importante para construir bienestar intelectual es perder el miedo a equivocarte. En mi experiencia, la improvisación comenzó cuando mi amiga Tania Rincón me invitó a un taller y acepté asistir sin saber a qué iba. Esto debido a que tengo por política personal incomodarme a menudo y darme la oportunidad de que la vida me sorprenda, como forma de fortalecer mi músculo de la valentía. Para mí asistir a sesiones de improvisación durante varios meses fue abrazarme completa, reír, conectar y vivir en 2 horas una analogía de la vida en su totalidad. **Para mí aprender a improvisar es aprender a vivir**.

FELICIDAD

Construyendo mi felicidad: **Explorando mi improvisación**

1. ¿Cuándo sentí la necesidad de responder sin estar preparado?
2. ¿Qué emociones generó en mí esa experiencia?
3. ¿Cuál fue el resultado de mis acciones?
4. ¿Me gustaría asistir a un taller de improvisación? ¿Por qué?

PREGUNTA Y JUEGA

> "Las preguntas crean nuestra realidad al enviarnos en un viaje. Ellas determinan el tiempo del viaje que vamos a iniciar, a lo que pondremos atención y el tipo de vida que tendremos".
> TAL BEN-SHAHAR

Tus explicaciones del mundo fueron determinadas por tu capacidad de hacerte preguntas e indagar. Lo importante de las preguntas no son las respuestas, sino las siguientes preguntas que generan. Las preguntas determinan dónde pones tu atención y qué caminos atiendes para irte explicando el mundo y la vida.

Plantearte una pregunta, en cualquier tema, puede abrir un mundo de posibilidades nuevas para ti. Incluso en la investigación científica lo que determina los hallazgos y las conclusiones son las preguntas. Y en la vida, son las preguntas las que crean la realidad al definirla.

El aprendizaje surge a partir de las preguntas. Un día Isaac Newton se preguntó por qué las manzanas caen del árbol y emprendió un viaje que lo llevó a descubrir la Ley de la gravedad. Subestimamos el poder de las preguntas, y creo que se debe a nuestra absurda necesidad de querer controlarlo todo, de tener certidumbre inmediata, de sentirnos seguros y sabios, de enfocarnos en el resultado... cuando en realidad creo que aprender a navegar la incertidumbre de las preguntas te permite viajar en un proceso incierto con muchísimas posibilidades de ser sorprendido gratamente y de aprender.

Por ejemplo, ¿qué pasaría si a partir de hoy me considero valiente? ¿Qué pasaría si hoy elijo perseguir una carrera profesional distinta? ¿Qué pasaría si hoy empiezo a cuestionarme y a redefinir mis valores? ¿Cómo se sentiría empezar a poner límites sanos? ¿Qué pasaría si me deshago de esas relaciones que conservo a pesar de que me intoxican? ¿Por qué siento lo que siento cuando lo siento? ¿Quién soy yo hoy realmente?

Puedes aprender no sólo del mundo, sino de ti mismo, regalándote el tiempo de hacerte preguntas, sencillas y complejas, directas o abstractas y filosóficas, no hay reglas. Y recuerda, cómo formules la pregunta va a determinar el viaje, ya que no es lo mismo preguntarte: ¿Qué siento? vs ¿Por qué me siento deprimida? No es lo mismo preguntarle a tu hijo ¿Qué tal estuvo tu día en la escuela? vs ¿Qué fue lo que más te gustó y lo que menos te gustó de tu día en la escuela? vs. ¿Te fue mal en la escuela o por qué traes esa cara? Cada uno de los cuestionamientos detona conversaciones y procesos distintos. **La curiosidad afirma la vida** y te ayuda a no sólo vivir más feliz, sino más años y más sano. Así que, ojo, con tu forma de hacerte y hacer preguntas.

Por otro lado, si eres de los que sobreanaliza su vida y el mundo permanentemente, te invito a que pares, descanses y te concentres en la calidad de las preguntas y no en la cantidad. La psicóloga Sonja Lyubomisrki y sus colegas hicieron un estudio sobre "Los costos y beneficios de escribir, hablar y pensar sobre los triunfos y derrotas de la vida" y descubrieron que mientras hablar y escribir sobre las situaciones dolorosas o negativas traía efectos positivos porque implicaba analizarlas, sólo rumiarlos traía efectos negativos porque era como volverlos a vivir. Por otro lado, pensar las situaciones positivas generaba efectos positivos porque era como vivirlos nuevamente, mientras que escribir o hablar de ellas no, porque implicaba analizarlas. Así que cuando quieras compartir tus experiencias positivas se recomienda que lo hagas a manera anecdótica y de descripción, sin analizar.

¿Y si juegas a preguntar o preguntarte? El juego promueve el aprendizaje más significativo por ser vivencial. Estoy convencida que una de las mejores formas de aprender es el juego, porque no sólo vives el conocimiento y eso hace que no lo olvides, sino que al promover emociones agradables de sentir como la alegría, la diversión, la conexión, etc. quieres continuarlo y aprender más, siendo un motivador en sí mismo.

El juego no es sólo para los niños, ya que promueve el aprendizaje y trae beneficios físicos, mentales y emocionales a todos los seres humanos. Aquí te comparto algunos de ellos:

- Desarrollo cognitivo: ayuda a la resolución de problemas, la creatividad y la toma de decisiones.
- Habilidades sociales: fomenta la cooperación, la comunicación, la empatía, la negociación, el trabajo en grupo y la construcción de relaciones.
- Desarrollo emocional: permite expresar, explorar y gestionar emociones.
- Fomenta la actividad física.
- Reduce el estrés y la ansiedad.
- Mejora de la concentración y la atención.
- Fomenta la autoestima y autoconfianza.
- Diversión y entretenimiento.
- Conexión social.

En la década de los 50, Benjamín Bloom desarrolló un marco educativo muy utilizado aún en la actualidad, para organizar los objetivos de aprendizaje en 6 niveles, siendo el más alto el de "Crear" por ser vivencial, ya que en este nivel el individuo ya conoce la información, la procesa, evalúa, incluso es capaz de crear, planear, proponer, diseñar, etc. a partir de ella. El juego es un aprendizaje vivencial debido a que para llevarlo a cabo tuviste que haber pasado los 5 primeros niveles de la taxonomía, y en él ya integras la información a tu vida.

Aquí te comparto una gráfica sobre la Taxonomía de Bloom para referencia:

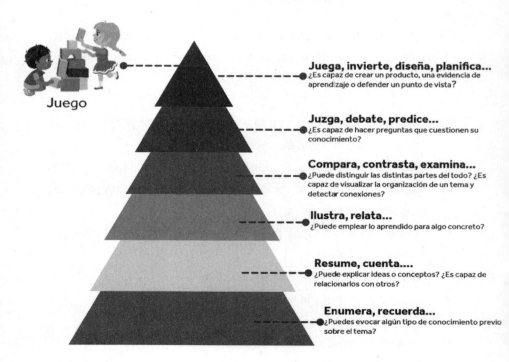

FELICIDAD

Hay muchas teorías del aprendizaje y lo que rescato en común es el **valor de la acción**. Esa acción consciente e intencionada (ya sea leyendo, observando, hablando o enseñando), cuando se combina con la pasión, cosas mágicas suceden. En lo personal, lo he experimentado con Valentinamente Feliz. Si bien el comportamiento humano es lo que más me apasiona en el mundo, cuando comencé a estudiar formalmente las Ciencias de la Felicidad en 2019, en la Academia en Estudios de la Felicidad (HSA por sus siglas en inglés) y lancé en 2021 Valentinamente Feliz en redes, en medio de la pandemia, con la intención de compartir lo que yo me siento afortunada de saber para que las personas tuvieran herramientas científicas para navegar mejor la pandemia, la magia ocurrió. Desde entonces, toma fuerza en vida un espiral ascendente y positivo de querer aprender más y más para compartir/enseñar, y así contribuir a un país y un mundo mejores.

Enseñar requiere dominar el tema, así que entre más te involucras y profundizas en compartir lo que te apasiona más aprendes. Aquí te dejo una imagen con algunas acciones y el porcentaje de aprovechamiento del aprendizaje de cada una:

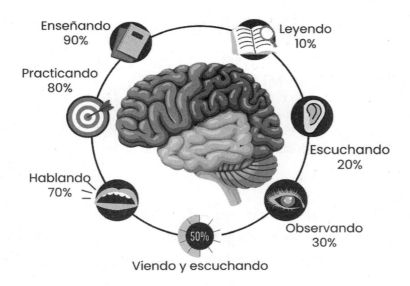

Construyendo mi felicidad: **Cuestionando mientras me divierto**

1. ¿He observado qué tipo de preguntas hago a menudo?
2. ¿La mayoría de mis preguntas tienen buena intención o traen su carga de enojo?
3. ¿Qué resultados me traen esas preguntas?
4. ¿Qué áreas de mi vida y del mundo me pregunto a menudo?
5. ¿Qué asumí como real y jamás me he cuestionado?
6. ¿Qué pregunta loca me gustaría hacerme hoy? Probablemente, sientas miedo sólo de pensarla... y está bien. Por ejemplo: ¿Qué pasaría si vendo todo y me voy a vivir a otro país?
7. ¿Me permito jugar? ¿Por qué?
8. ¿Qué tipo de juegos me llaman más la atención?
9. ¿Qué aprendo cuando juego?
10. ¿Qué emociones surgen a menudo mientras juego?

INTELIGENCIAS MÚLTIPLES

> "La inteligencia consiste no sólo en el conocimiento, también en la destreza de aplicar los conocimientos en la práctica."
> ARISTÓTELES

La inteligencia no es una característica genérica, sino que hay muchas formas de inteligencia. Hoy la apreciación de que alguien es muy inteligente debe ir acompañada de la pregunta, ¿inteligente para qué? Conocer esto es importante para entender que la inteligencia no es blanco o negro, sino que tiene muchos matices para enfocar tu esfuerzo de construcción de bienestar intelectual asertivamente. Es decir, la cuestión no es si eres inteligente o no, sino ¿en qué eres inteligente? Lo que abre un mundo de posibilidades.

En 1983, Howard Gardner, psicólogo y educador estadounidense, desarrolló la "Teoría de Inteligencias Múltiples", que es un modelo de entendimiento de la mente. Para él, la inteligencia no es un conjunto de capacidades específicas que se pueda medir de forma unitaria, sino una red de conjuntos autónomos interrelacionados. Por ello, cada individuo tiene una combinación única de estas inteligencias. Hay 9 tipos, y cada uno se desarrolla dependiendo de tres factores:

- Factor biológico.
- Factor de la vida personal.
- Factores culturales e históricos.

Inteligencia	Descripción	Actividades y oficios relacionados
Lingüística	Uso de palabras de manera efectiva, ya sea en el habla o la escritura.	Lectura, escritura, oratoria e interpretación de lenguajes.
Lógico-Matemática	Resolver problemas lógicos y matemáticos.	Razonamiento abstracto, el análisis numérico y la solución de problemas complejos.
Visual-Espacial	Crear e interpretar imágenes. Percepción y manipulación del espacio y los objetos en él. Pensamiento en 3D.	Navegación, la orientación espacial, el diseño gráfico y la resolución de rompecabezas visuales.
Corporal-Kinestésica	Controlar el movimiento del cuerpo y utilizarlo de manera coordinada.	Deportistas, bailarines y cirujanos.
Musical	Apreciar, componer y entender la música.	Oído musical agudo y pueden destacar en instrumentos, canto y composición.

Interpersonal	Comprender y relacionarse eficazmente con otras personas.	Empatía, comunicación interpersonal y la formación de relaciones sólidas.
Intrapersonal	Autoconciencia y la comprensión de uno mismo.	Consciencia de los propios sentimientos, metas y motivaciones, lo que permite tomar decisiones autónomas y comprender el propio comportamiento.
Naturalista	Observar y comprender la naturaleza, sus patrones y sistemas. Reconocer y clasificar diferentes especies.	Amantes de los animales y la naturaleza, biólogos, aventureros, deportistas al aire libre.
Existencial	Profundizar en el propósito de la vida y lo desconocido, interés por los debates filosóficos y las grandes preguntas existenciales.	Filósofos, escritores, líderes espirituales, conferencistas, oradores, guías de meditación.

A pesar de que esta teoría ha sido polémica entre la comunidad científica generando debate y críticas, me parece asertada e importante porque ofrece una perspectiva incluyente sobre las diferencias humanas y propone que la inteligencia no puede medirse de la misma manera. Si quieres hacer el test sin costo (te tomará menos de 10 minutos) ve aquí: https://www.idrlabs.com/multiple-intelligences/test.php

Aquí te comparto una imagen con mis resultados. Me encantó verme reflejada, y como siempre te digo, este tipo de ejercicios no te determinan como persona, simplemente te ayudan para tener consciencia y reconocer cierta información.

FELICIDAD

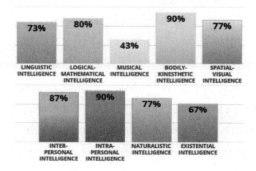

Construyendo mi felicidad: **Conociendo mis verdaderas inteligencias**

1. ¿Me he considerado inteligente a lo largo de mi vida? ¿Por qué?
2. ¿Me ayudó a cambiar mi perspectiva sobre mi inteligencia la Teoría de Inteligencia Múltiples de Gardner? ¿Por qué?
3. ¿En cuáles de los 9 tipos de inteligencia considero que soy fuerte?
4. ¿Cómo he aplicado esas inteligencias de mi respuesta anterior a lo largo de mi vida?
5. ¿Cuál de los tipos de inteligencias me gustaría desarrollar/fortalecer y cómo lo haría?

6 ¿A qué me invita esta información como padre, amigo, jefe, colega, etcétera?

BIENESTAR EN LAS RELACIONES - VÍNCULO

"Da más fuerza sentirse amado que sentirse fuerte".
GOETHE

La relación contigo es la base de tus relaciones con los demás. La calidad de tus relaciones significativas impacta tu bienestar más de lo que crees, incluso es el predictor #1 de tu felicidad. Tus relaciones son parte de tu identidad, para el bienestar en las relaciones **es más importante la calidad que la cantidad.** Si alguna relación te roba tu paz, te sale muy cara. Sí se puede estudiar para ser un padre o madre efectivo y amoroso, igualmente para mejorar tu relación de pareja. **¿Eres consciente de cuántas veces intercambias autenticidad por conexión?** Las buenas relaciones benefician la salud mental y física. Tener una relación incondicional (pareja, familiar o amigo) puede agregarte de 8 a 10 años de vida. Todas las relaciones, por buenas que sean, tienen fallos y malas rachas, recuerda, las expectativas excesivas condenan las relaciones al fracaso. Invertir en tus relaciones es una gran decisión en términos de felicidad, elige conscientemente aquellas relaciones que te acercan a tu mejor versión, y que por ello merecen que inviertas tiempo, recursos y energía en construirlas.

Ser familia no es motivo suficiente para que una persona sea parte de la lista de tus relaciones importantes, cualquier relación sana requiere comunicación efectiva, solidaridad y amabilidad. Los 4 comportamientos que condenan tu relación al desgaste o fracaso son: criticismo, desprecio, defensividad y evasión. Responder activa y constructivamente cuando alguien te comparte una buena noticia influye más en su relación que la forma en la que respondes cuando te comparte una mala noticia. El bienestar en las **relaciones** tiene que ver con que somos seres sociables. Se enfoca en el vínculo que construimos con nosotros y con los demás.

Tu cerebro ha interpretado que satisfacer expectativas ajenas es cuestión de vida o muerte. Los seres humanos estamos hechos fisiológicamente para conectar porque pertenecer a una tribu o comunidad es lo que nos ha permitido sobrevivir durante más de cientos de miles de años como especie. Por ello, hemos desarrollado como mecanismo de supervivencia el complacer para pertenecer, aunque ello implique traicionarnos.

Dicho comportamiento repetido durante los años que tienes de vivir ha fortalecido tu desconexión de alma, tu desconexión contigo, al grado que, muy probablemente sientas un vacío profundo y no sepas hoy quién eres realmente, y qué proporción del personaje que creaste para sobrevivir está realmente alineada con tu esencia. Profundizaremos de este tema en el siguiente capítulo, "Libertad", cuando hablemos de la autenticidad o libertad del ser. Sólo quiero que recuerdes esta idea, porque en ella reside la importancia de que **fortalecer tu valentía es el detonador de tu felicidad**. En general, las personas necesitamos 2 cosas: Sentido de pertenencia y amor/conexión. Tus relaciones te hacen sentir que perteneces a cierto grupo y eso es muy importante para ti porque fisiológicamente estás hecho para conectar. Incluso **el predictor #1 para superar una depresión es contar con una comunidad, es decir, una red de apoyo**. Es utópico y equivocado pensar que puedes obtener todo lo que necesitas en términos de bienestar en las relaciones de una sola relación. Las relaciones nos ofrecen todo tipo de cosas, beneficios u oportunidades, pueden ser diversión, ayuda, verdad, impulso, cuestionamientos y debates de ideas, enfrentamientos, conflicto, compañía, seguridad, aprendizaje, escucha activa, reto, crecimiento, en ocasiones intimidad, etcétera.

Tus relaciones te dan identidad. Son parte de quien tú eres. Recuerda la sabiduría popular, "dime con quién te juntas y te diré quién eres". Por ahí dicen que si te rodeas de 5 amigos que hagan ejercicio o les guste la música, muy probablemente tú serás el sexto. También podemos explicarlo desde la física cuántica que nos explica cómo energías de frecuencias similares se atraen y conectan. Es decir, tú no te relacionas con quién deseas, sino con quiénes son parecidos a ti. De ahí que la mejor forma de manifestar una pareja sana, sea trabajando en tu sanación y amor propio. "Todos somos espejos". Es decir, las personas a tu alrededor son el medio para que percibas el reflejo de lo que hay en ti, ya sea agradable o desagradable. **Lo que ves en los demás, es simplemente, lo que hay en tu interior, pero te cuesta trabajo verlo.**

Invertir en tus relaciones es una gran decisión en favor de tu felicidad o bienestar integral de largo plazo. Para que goces de buenas relaciones hay que dedicar tiempo, tener detalles, usar recursos, escuchar con los oídos, los ojos y el corazón, y simplemente, ser y estar presente y disponible en la relación, sin importar el tipo de relación en cuestión, ya sea de amistad, crianza, laboral, pareja, etcétera.

En las relaciones es clave tener una rutina, es decir dar periodicidad a los encuentros en donde no se haga otra cosa más que conectar y disfrutarse mutuamente. En el estudio antropológico más largo que se ha hecho en la historia de la humanidad, que ha durado 80 años y sigue en curso, dirigido en la Universidad de Harvard por el doctor Robert Waldinger la conclusión es que todas las personas, sin importar en qué parte del espectro de la personalidad estemos, entre introvertidos y extrovertidos, debemos tener al menos 1 persona incondicional, alguien en quién confiar y con quién contar, con quien podamos expresarnos y tener honestidad emocional para regresar nuestros niveles de estrés y de cortisol a la normalidad. De ahí que las buenas relaciones tengan un impacto directo en nuestra salud, no sólo mental y emocional, sino también física. Incluso se ha concluido que tener buenas relaciones puede aumentar tu vida 8 años más.

Uno de los retos más importantes para construir bienestar en las relaciones es entender que la vida es individual. En ocasiones amamos tanto, que nos gustaría apropiarnos del proceso de aprendizaje de la otra persona y decidir por ella para evitarle dolor, pero entender que la experiencia es suya y que el dolor es parte del proceso de aprendizaje también es amar.

Por ejemplo, cuando nuestros hijos tienen alguna situación incómoda o dolorosa en la escuela o con los amigos y lo primero que hacemos como padres es apropiarnos del problema e intervenir para "resolverlo" con la mejor intención de minimizar su frustración y sufrimiento. Sin darnos cuenta de que estamos quitándoles la oportunidad de que en un ambiente "seguro" y controlado:

- Practiquen y pongan a prueba sus habilidades de comunicación.
- Pongan límites sanos.
- Desarrollen herramientas de gestión emocional, es decir, contactar con sus emociones incómodas, perderles el miedo, aproximarse a ellas con curiosidad y saber que son parte de su naturaleza humana.
- Se sientan capaces y confiados de enfrentar las adversidades de la vida.
- **Practiquen y fortalezcan su valentía, para sentirse cómodos en la incomodidad.**

Distorsionar las demostraciones de amor, es peligroso porque construye dinámicas tóxicas en las relaciones, que resultan contraproducentes posteriormente. Eso sería tanto, como presentarte en la escuela de tu hijo o ser querido a presentarle su examen.

Construir relaciones sanas es todo un reto y requiere trabajo, por ello mi sugerencia es que elijas de manera consciente aquellas relaciones a las que les quieres invertir tu tiempo, recursos, esfuerzo, energía y emociones. Aquellas relaciones que valen lo suficiente y se han ganado el derecho de ser parte de esa lista exclusiva. Y recuerda que ser familia no es razón suficiente para considerar a alguien en la lista y estar cerca. Conserva únicamente relaciones que te sumen y que te acerquen a tu mejor versión. Quien saque lo mejor de ti, ahí es. Con quien no tengas que "parecer" y puedas simplemente "ser tú", ahí es.

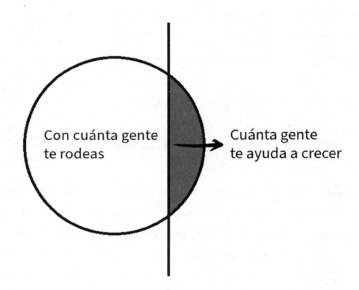

Una de las herramientas más efectivas para nutrir tus relaciones es tener, lo que Barbara Fredrickson llama **micro momentos de conexión**, es decir momentos breves de resonancia positiva: espacios para validar, escuchar sin distracciones, mostrar interés, reconocer, etc. sobre alguna idea, comentario o experiencia relacionada con la otra persona.

Algunas ideas que nos comparte para crear micro momentos de conexión con cualquier persona son:

FELICIDAD

- Usa tu lenguaje corporal.
- Conoce y déjate conocer.
- Juega con diversión y humor.
- Parafrasea.
- Responde de manera activa y constructiva.
- Involúcrate con respeto.
- Expresa empatía.
- Haz preguntas.
- Evita hacer juicios y dar consejos.
- Toma turnos.

En cualquier tipo de relación sana hay 3 ingredientes claves:

- **Comunicación**: existe un intercambio de información efectivo, y un entendimiento verbal y no verbal, para lo cual la escucha activa (con oídos, ojos y corazón) es indispensable.
- **Solidaridad**: ambas partes dan y reciben de la relación, construyendo una dinámica de confianza y certidumbre de apoyo.
- **Amabilidad**: las dinámicas e interacciones se caracterizan por ser amorosas, compasivas, empáticas y optimistas.

Dentro del ingrediente de la comunicación me gustaría compartirte la siguiente tabla, que habla de la investigación realizada por la psicóloga social Shelly Gable sobre los tipos de respuestas que puedes tener ante una buena noticia que te comparte una persona con entusiasmo, y cómo dicha respuesta contribuye o afecta su relación.

¿Cómo Respondes a las Buenas Noticias?

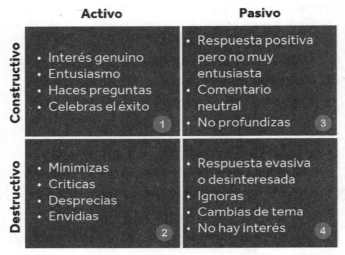

Por Psic. Shelly Gable

Los números indican el orden en el que cada tipo de respuesta podría beneficiar su relación. Obviamente, tener una respuesta activa y constructiva, mostrar interés y celebrar el éxito, hará sentir a la persona que comparte la buena noticia: vista, reconocida y apreciada.

En tu relación de pareja, la manera en que respondas cuando tu pareja te comparte eventos o noticias positivas será un mejor predictor del éxito de su relación que cómo respondas cuando comparte eventos negativos. Esto es debido a que las respuestas activas constructivas (1 en el diagrama) construyen resiliencia para enfrentar lo negativo, que también es una parte importante e inevitable de cualquier relación.

De manera personal, he llegado a pensar que incluso podría ser menos dañino tener una respuesta activa destructiva que una pasiva constructiva, ya que en la primera opción la otra persona, al menos, se siente vista y atendida.

FELICIDAD

Tener relaciones saludables, positivas y fuertes favorece:

- Bienestar emocional.
- Estado de salud.
- Sentido de comunidad y empatía.
- Sentido de pertenencia.
- Reducción de estrés.
- Sistema de soporte para navegar los tiempos difíciles.
- Longevidad (vivir más tiempo).

Por otro lado, tus relaciones importantes también pueden ser una fuente de desdicha y estrés en tu vida si son destructivas. Los doctores Julie y John Gottman identifican comportamientos que condenan las relaciones al desgaste o el fracaso, los llaman "los 4 jinetes del apocalipsis" y son:

- Criticismo.
- Desprecio.
- Defensividad.
- Evasión.

Los Gottman proponen que cada uno de ellos tiene un antídoto o cura como se describe a continuación:

1. **Criticismo** – Enfócate en el comportamiento y no en la persona. Habla sobre tus sentimientos usando afirmaciones en primera persona y luego expresa una necesidad. No ataques.
2. **Desprecio** – Respeta y construye una dinámica de aprecio.
3. **Defensividad** – No tomes todo personal y acepta tu responsabilidad.
4. **Evasión** – Retírate 20 minutos, cálmate y vuelve a conversar.

SER FELIZ ES PARA VALIENTES

Las relaciones emocionalmente comprometidas perfectas o libres de conflicto no existen, porque al final son dos personas, dos cerebros y dos mundos interactuando, no uno. **El conflicto es aceptable, y hasta necesario, si se aborda de manera positiva.** El conflicto en un nivel razonable te puede enriquecer, te ayuda a aprender cosas ajenas, a poner límites sanos, a conocerte mejor y a desarrollar empatía, tolerancia y respeto.

Construyendo mi felicidad: **Conociendo mis relaciones**

1. ¿Tengo al menos una persona incondicional en mi vida hoy? Si contestaste que sí, escribe su nombre...
2. ¿Cuántas relaciones importantes tengo en mi vida hoy?
3. ¿Cuáles son esas relaciones más significativas en mi vida hoy? ¿Cómo están?
4. ¿Considero que suman o restan a mi bienestar?
5. ¿Puedo identificar las cosas positivas que aporta o ha aportado cada una de esas relaciones a mi vida?
6. ¿Cuáles son esos familiares que he mantenido en la lista sólo por tener lazos de sangre y ser familia?
7. ¿Considero que invierto lo suficiente (tiempo, recursos, energía, detalles) a mis relaciones?
8. ¿Cómo elijo hoy construir micromomentos de conexión con esa persona importante?
9. ¿Cuál de los 3 ingredientes claves de las relaciones sanas me gustaría trabajar?

10. ¿Qué tipo de respuesta doy generalmente cuando me comparten una buena noticia?
11. ¿Qué tipo de respuesta recibo de _____ (persona importante para ti) cuando le comparto una buena noticia?
12. ¿Cuál de los 4 jinetes del apocalipsis de las relaciones es a la que recurro con más frecuencia? ¿Por qué creo que ese sea mi mecanismo de respuesta?
13. ¿Qué hacer para tener un 2% más de bienestar en mis relaciones?

RELACIÓN CONTIGO

> "El Amor Propio no es un lugar al cual se llega, es un lugar del cual se parte".
> GABO CARRILLO

Construir una relación saludable contigo es muy importante porque determina todos los aspectos de tu vida: el éxito profesional, tus ambiciones, los trabajos a los que aplicas, tu capacidad de negociación, tu desempeño, tu percepción de los demás, tu valentía, tu salud e imagen, tu facilidad para aprender, tu sentido de propósito, la efectividad al poner límites, el tamaño de tus sueños, tu confianza en ti... y obviamente determinará el tipo de relaciones que tienes con los demás, partiendo de una simple reflexión: ¿Estás con ciertas personas porque quieres o porque necesitas?

Desde hace muchos años me he interesado por la relación conmigo y entender cómo impacta ésta al resto de los aspectos de mi vida. Incluso, mi trabajo de titulación de la licenciatura en Relaciones

Industriales en el año 2007 se llamó *La importancia de la Autoestima en el desempeño laboral de los empleados*, en la que expresé por qué era una excelente inversión para las empresas hacer esfuerzos para promover el bienestar de los integrantes de su equipo, idea que no sólo sigue vigente, sino que toma mayor relevancia con el paso del tiempo y la investigación reciente.

Así que me alegra mucho que actualmente esté muy de moda hablar de amor propio, autoestima, autoaprecio, autoconcepto y autoamor. Este último es un concepto que recientemente escuché en el podcast de la doctora Margarita Tarragona "Psicología y Felicidad" en conversación con Laura Chica. Más que profundizar sobre las diferencias de los términos y definiciones según los autores, lo realmente útil es entender la importancia de construir formal y conscientemente una relación sana y amorosa contigo porque impacta sobre tu desempeño en todas las áreas de tu vida.

En este apartado te hablaré brevemente de la autoestima y el diálogo interno, y más adelante en este capítulo hablaremos a profundidad del Amor Propio.

Para construir tu autoestima requieres satisfacer 4 necesidades psicológicas básicas:

1. Desarrollo de competencia - Yo puedo.
2. Autonomía - Yo decido.
3. Vínculo - Yo pertenezco.
4. Valía - Yo valgo.

Existen dos tipos de autoestima:

1. **Autoestima dependiente:** depende del reconocimiento positivo de otras personas. Está ligada al resultado y a la comparación. Protege la imagen que piensas que los demás tienen

de ti. Se basa en caracteristicas que comprometen a la persona como, guapo, inteligente, visionario, creativo, etc. Estas etiquetas no ayudan a construir la verdadera autoestima.
2. **Autoestima independiente:** depende de las mejoras, del aprendizaje, del desarrollo, se construye con las fortalezas. Está ligada al esfuerzo y al proceso, al viaje, independiente del resultado, por eso: cultiva tus pasiones y la confianza en ti.

Creo que en ocasiones perdemos de vista que al promover la excelencia en nuestros hijos e inculcar en ellos la ambicion y necesidad de ser "los mejores" dejamos de ver que en nuestro mensaje va incluída la idea de que no es suficiente lo que hoy son, y que cuando logren ser "el/la mejor en algo" serán realmente dignos de valor y amor. La realidad es que la autoestima y el amor propio no consisten en que seas mejor que los demás, sino en **no necesitar compararte para sentirte valioso y amado**.

Hoy percibo una generación de adultos fracturados que se valoran por su puesto, sus títulos académicos, las marcas de la ropa que visten o el costo del coche que conducen, y no por quiénes son. Es decir, "yo valgo en tanto los demás me reconozcan y aplaudan", y por ello están dispuestos a muchas cosas con tal de conseguir el aplauso, incluida la posibilidad de traicionarse a sí mismos.

El **diálogo interno** es esa voz en nuestro cerebro con la que platicamos una gran parte del tiempo y que determina nuestra creación de la realidad. Es decir, la forma en la que te hablas refuerza la imagen que tienes de ti, y te lleva a manifestar situaciones y eventos que te hagan comprobar que tenías razón. Con la repetición, esa voz interior toma fuerza.

Es decir, si constantemente te repites que estás feo, que te es difícil conseguir dinero, que no eres valioso, capaz o interesante para agradarle a la chica que te gusta, etc. seguramente seguirás manifestando situaciones y eventos que te convenzan de que estás en lo correcto, generando un círculo vicioso. Por el contrario, si te dices constantemente que eres atractivo, abundante, valioso, capaz e interesante, seguramente manifestarás situaciones que te ayuden a comprobar que estás en lo correcto, generando un círculo virtuoso.

Ya sea que tengas una imagen de ti positiva o negativa, serás capaz de recabar la suficiente evidencia (resultados y acciones) para convencerte una y otra vez de que tus creencias sobre ti son absolutamente verdaderas. Conclusión, como decía Henry Ford, "tanto si crees que puedes, como si crees que no puedes, estás en lo cierto".

Todos tenemos un diálogo interno. En total se calcula que las personas tenemos en promedio 60,000 pensamientos al día y 87% de ellos son negativos. ¡Sí, leíste bien! Es probable que seas tu más grande crítico y juez. ¿Y ahora, cómo me vuelvo mi mayor fan? Es más, ¿será posible?

FELICIDAD

Muchas veces, esa voz interior es inconsciente y ha sido programada y reforzada desde la infancia. Puede ser que en tu niñez, un adulto cercano te comparó, te puso una "etiqueta" o hizo un comentario despectivo que tomaste como verdad, o que alguna situación te llevó a interpretar una parte de ti como negativa, y eso originó que crearas una imagen de ti negativa, poco valiosa o capaz, y con el paso del tiempo te lo has repetido tanto y reunido tanta evidencia, que llegas a creer que es una verdad incambiable.

Yo identifico 3 tipos de diálogo negativo:

1. **Víctima:** esa persona que se percibe indefensa ante la vida, poco poderosa, nunca tiene responsabilidad de nada, la vida le debe, sufre y sufre.
2. **Catastrófica:** siempre piensa en los peores escenarios, tragedias, adversidades y peligros. Y con frecuencia se hace bolas con pensamientos negativos que son imparables.
3. **Autoexigente o criticona:** todo es imperfecto, todo tiene errores, todo pudo estar mejor... constantemente siente inconformidad y frustración por no satisfacer jamás sus expectativas de perfección.

Según la psiquiatra Marian Rojas Estapé, la voz interna negativa es más frecuente e intensa en personas sensibles, obsesivas, con depresión, ansiedad, baja autoestima, enfermedades físicas, o heridas emocionales sin sanar.

Por el contrario, si desde tu infancia se ha alimentado tu imagen de piropos, aprecio y reconocimiento, muy probablemente hayas construido una imagen de ti positiva, te crees capaz, valioso y valiente, lo que te ha permitido reunir a lo largo de los años la evidencia suficiente para considerar que es una verdad irrefutable que nadie puede cambiar. Esto, obviamente no implica que seas perfecto o bueno en todo (es imposible), ni que tengas que vivir en arrogancia o soberbia, sino que simplemente tienes una autoimagen positiva que fortalece tu autoestima, lo cual es totalmente sano y recomendable. De hecho, **la autoestima se nutre del autoconocimiento**, de conectar con tu luz y tu sombra, y de la aceptación amorosa de todo tu ser (con fortalezas y debilidades).

Cualquiera que sea tu situación, ya que pasas tanto tiempo conversando en tu mente, es recomendable hacer de ello una experiencia agradable. La buena noticia es que **ese diálogo interno o voz interior se puede entrenar**. ¿Cómo? Viviendo en el presente, observando esa voz, y corrigiéndola amablemente, así como haríamos con alguien a quién queremos. Tú, adulto hoy, eres responsable de crear una imagen positiva de ti, reafirmarla constantemente con palabras y emoción, hasta que logres los resultados que esperas.

Aquí te comparto algunas ideas para convertirte en tu mejor porrista:

- Identifica cómo te hablas. ¿Te atreverías a hablarle a tu mejor amigo como te hablas a ti?
- Siempre que tengas un pensamiento negativo, pregúntate: ¿Quién te dijo eso? o ¿según quién? Así podrás separarte de él y cuestionarlo.
- Observa qué es lo primero que te dices cuando te ves al espejo.
- Reflexiona cuándo fue la última vez que reconociste algo maravilloso de ti.
- Pregúntate: ¿Si un amigo te hablara como te hablas tú, te seguirías llevando con él?
- Agradece a tu cuerpo al verte al espejo por ser tu principal armadura y vehículo durante tantos años, en lugar de criticarlo.
- Imagina tu éxito y conecta con la emoción como si estuviera pasando ahora mismo.
- Celebra el mérito propio y ajeno.
- Preséntate para ti en todo aquello que consideres importante.
- ¿Qué tal si en lugar de ser tu peor juez y enfocarte en lo que debes mejorar, celebras lo que sí haces bien y te llena de ti?

FELICIDAD

Construyendo mi felicidad: **Fortaleciendo la relación conmigo**

1. ¿Me amo? ¿Creo que tengo una relación saludable conmigo? ¿Por qué?

2. ¿Qué calificación me pondría del 1 al 5 en cada una de las 4 necesidades psicológicas de la autoestima?

    - Desarrollo de competencia: Yo puedo _____

    - Autonomía: Yo decido _____

    - Vínculo: Yo pertenezco _____

    - Valía: Yo valgo _____

3. ¿Con cuál de los 2 tipos de autoestima me identifico más? ¿Puedo identificar por qué?

4. ¿En general lo que pienso de mí y mis resultados depende de lo que otros opinen?

5. ¿Me siento suficiente sólo cuando otros me reconocen?

6. ¿Cuándo entro a un salón o evento con mucha gente tengo la costumbre o necesidad de compararme?

7. ¿Me atrevería a hablarle a mi mejor amigo como me hablo a mí?

8. ¿Cómo es mi diálogo interno?

9. ¿Qué frases me digo en cuanto me veo al espejo?

10. ¿Qué opinión tengo de mí? ¿Quién creo que soy?

11. ¿Qué evidencia he podido recabar sobre lo que opino de mí es verdad?

12. ¿De dónde creo que vienen esas ideas sobre mí? ¿Puedo identificar alguna situación o persona que haya contribuido a que construyera esa autoimagen?

(13) ¿Qué acciones puedo llevar a cabo para convertirme en mi mejor porrista y construir un diálogo interno positivo?

(14) ¿Cuál de las afirmaciones del diagrama me comprometo conmigo a transformar para cambiar mi diálogo interno?

RELACIONES DE PAREJA

> "El amor no es sólo un sentimiento sino un acto de voluntad".
> MARIAN ROJAS ESTAPÉ

Tener una relación emocionalmente comprometida o vivir en pareja es absolutamente una elección (aunque pueda parecer una obligación). Una relación exitosa no es aquella que dura toda la vida, sino aquella en la que las 2 personas que la conforman son felices y plenas, sin importar cuánto dure. No existe una relación emocionalmente comprometida sin conflicto, y ¡qué bueno! Porque el conflicto es necesario para prosperar. Según el Instituto Gottman, casi 70% de los problemas en una relación son perpetuos (nunca se van a resolver). Creer que siempre se va a sentir lo mismo es uno de los grandes problemas del amor de pareja, es crucial romper con la idea de que una relación exitosa depende en su mayoría del reclutamiento y la selección de la pareja, cuando en realidad recae en la disposición de ambos integrantes en trabajar intencionadamente para construir una vida con bienestar a largo plazo, basada en acuerdos, valores e intereses en común, tiempo compartido de calidad, intimidad saludable, seguridad emocional, etc. Cuando salgas al "mercado" de las relaciones asegúrate de ser consciente de tu valor (lo que ofreces), tus expectativas (lo que pides) y tus "no negociables".

FELICIDAD

Esperar que tu pareja te haga feliz es condenar tu relación al fracaso al pedirle un imposible. Y si tu pareja te ha ofrecido hacerte feliz, no le creas. No puede, por más que sus intenciones sean buenas, es imposible que te cumpla. Conocer tu lenguaje del amor y el de tu pareja puede contribuir a una comunicación más asertiva; querer cambiar a tu pareja no sólo es frustrante, sino un acto de soberbia. Si te gusta tener verde para volverlo morado, mejor busca morado... ah, y ve a terapia. ¿Te sientes incompleto o insuficiente y estás buscando a tu media naranja? Es decir, crees que sólo encontrando una pareja te sentirás completo y suficiente. Buscar una pareja es como comprar zapatos... me explico: ¿Cuando entras a una zapatería pides que te muestren el par que llevaba mucho tiempo en el aparador y se decoloró, aquel que está defectuoso, le falta la agujeta o está roto, para llevártelo a tu casa y repararlo? Pues claro que no, siempre entramos a las zapaterías esperando llevarnos los zapatos más bonitos y cómodos, aquellos de última temporada que creemos nos harán sentir muy bien cuando los usemos. Lo mismo pasa cuando buscamos pareja, ¿qué te hace pensar que alguien querría vincularse con una persona que se siente rota, decolorada, defectuosa y pasada de moda? Te invito a que reflexiones, trabajes en tu amor propio, y después busques pareja desde tus ganas de compartir la vida con alguien, no desde la dependencia, toxicidad, baja autoestima y un sentimiento de insuficiencia, esperando a que otra persona venga a hacer el trabajo que tú no fuiste capaz de hacer por ti mismo.

¿Crees que en tu relación tu pareja debe hacerte feliz? ¿Crees que la única clave para tener una pareja exitosa consiste en encontrar a tu media naranja? ¿Crees que el amor es lo único que se necesita para tener una pareja sana? ¿Crees que por haberte casado ya la hiciste y serán felices por siempre? Si contestaste sí a estas preguntas, te tengo noticias: ¡Crees TODOOOO MAL!

Probablemente, creciste pensando que una pareja exitosa es aquella que dura toda la vida, sin considerar que probablemente esos integrantes en realidad fueron miserables siempre bajo el mismo techo. Afortunadamente, cada día más personas son capaces de ver la vida en pareja como una opción y cuestionarse el objetivo de ello, y llegar a la conclusión que **no es la duración, sino la plenitud y las posibilidades de florecimiento de sus integrantes lo que hacen que una pareja sea considerada exitosa**.

Una pareja sana y funcional es aquella en la que ambas personas obtienen y aportan valor, sintiendo que permanecer en la relación suma a su vida y contribuye a incrementar sus niveles de felicidad o bienestar a largo plazo. Es decir, les conviene seguir siendo parte de la relación.

De acuerdo con las investigaciones del doctor John Gottman, 69% de los problemas de pareja no tienen solución. Es decir, tendrás que aprender a vivir con ellos si decides permanecer en la relación. Por ello, aunque cambies de relación encontrarás otro 69% de problemas con tu nueva pareja que no se van a resolver. La clave está en que tus NO negociables no caigan en ese 69%.

No existe la media naranja, y si bien la atracción es necesaria, no es suficiente para mantener la relación si no existe una intención deliberada de cultivar el vínculo. Con la pareja que escojas ambos tendrán que trabajar muchoooo para comunicarse, llegar a acuerdos, negociar, evolucionar, compartir, hacer actividades nuevas juntos, poner límites sanos, criar (en caso de que elijan tener hijos), etcétera.

Es importante eliminar el pensamiento mágico o idealista en las relaciones de pareja, ya que la clave no está únicamente en encontrar a esa media naranja o única persona designada para ti desde el inicio de los tiempos, sino que tanto tú como la persona con la que te comprometas emocionalmente estén dispuestos a trabajar duro en construir una relación armónica, sana y duradera. Es decir, **hacer de su relación una prioridad**.

FELICIDAD

Lo que se está construyendo es una relación con un socio de vida que convenga a ambos. Entonces para evitar desencuentros o desamores son importantes 2 cosas:

1. Hacer ciertas reflexiones personales:

- ¿Me hace ser mejor persona?
- ¿Es lo que siempre he pensado que va con mi forma de ser y ver la vida?
- ¿Me conviene?
- ¿Me imagino en el día a día viviendo con paz, armonía y emoción?
- ¿Coincidimos en valores fundamentales?
- ¿Está dentro de mis criterios?

2. Tener conversaciones incómodas con anticipación, sobre temas como:

- ¿Cuáles son las expectativas de cada uno en la pareja?
- ¿Cómo se llevan con su familia y cuál es la expectativa de la interacción familiar?
- ¿Qué traumas tienen de la infancia?
- ¿Cuáles son sus expectativas financieras y sus hábitos de gasto?
- ¿Qué tan importante es la religión?
- ¿Cómo ven los cambios, como reto u oportunidad?
- ¿Son comunicativos?
- Si quieren tener hijos, ¿cómo sería la crianza?
- ¿Cuáles son sus expectativas de la sexualidad?
- ¿Existen algunas enfermedades importantes en la familia?
- ¿Cuáles son sus sueños, sus deseos y sus aspiraciones profesionales?

Actualmente, se rompe una pareja cada 4 minutos. La efectividad del proceso de reclutamiento y selección de la pareja es importante, en tanto la compatibilidad facilita los acuerdos y dinámicas, pero no garantiza que la pareja se mantenga unida. Por ello, es muy importante también que ambos integrantes sean conscientes de la imperante necesidad de invertirle permanentemente a la relación para que madure, evolucione y florezca, y que estén dispuestos a hacer el trabajo, sabiendo que las emociones también cambian con el tiempo. Incluso, la psiquiatra Marian Rojas Estapé, en su libro *Encuentra tu persona vitamina* sugiere que el verdadero amor surge cuando se termina el enamoramiento, ya que las hormonas no intervienen.

Nadie puede, ni tiene por qué hacerte feliz. Ser feliz es tu responsabilidad, la más importante. En ocasiones, suena abrumador lo que requiere construir una vida propia plena y feliz, imagínate lo abrumador que sería cargar adicionalmente con la responsabilidad de hacer el trabajo de alguien más, y peor aún, agrégale la frustración por pretender hacer un trabajo imposible.

Si bien, todas las relaciones requieren negociar y ceder en algunas cosas, **es muy importante no perderse a uno mismo**. Buscar complacer y ceder en extremo, te llevará a sentir frustración y desconexión, y a acumular créditos emocionales a tu pareja, que tarde o temprano querrás cobrarte. Si tú y tu pareja deciden trabajar en su felicidad personal e impulsarse mutuamente, serán sumamente afortunados por compartir sus caminos de consciencia, aprendizaje y evolución, y estarán nutriendo de manera adecuada a ese tercer ente que conforma su relación.

Respecto al amor, existen autores que incluso recomiendan no casarte enamorado, ya que este sentimiento nubla el buen juicio, respecto a la compatibilidad y capacidad que tiene la pareja de llegar a buenos acuerdos.

FELICIDAD

Gary Champman, autor de *Los 5 lenguajes del amor* nos comparte en su libro una teoría que permite preguntarnos, ¿cómo me gusta recibir amor y cómo me gusta expresarlo?

Él nos dice que hay 5 lenguajes:

- **Tiempo de calidad**: se comparten momentos de forma consciente y se busca vivir experiencias nuevas juntos.
- **Palabras de afirmación**: se escucha activamente, se aprecia lo positivo y se reconoce el esfuerzo verbalmente.
- **Contacto físico**: se muestra cariño por medio del contacto físico.
- **Actos de servicio**: se conocen rutinas, se anticipan algunas necesidades y se ayudan.
- **Regalos**: se dan obsequios y se piensa en los detalles que tu pareja disfruta.

La idea es que al identificar tu lenguaje y el de tu pareja, puedan comunicarse mejor. Peter Fraenkel, del Ackerman Institute, en Nueva York, habla de los puntos de placer de 60 segundos, que consisten en tomarte 60 segundos para tener un gesto de aprecio, interés o cariño con tu pareja, ya sea mediante un abrazo antes de ir al trabajo, un cumplido sobre su imagen, un mensaje de texto a media mañana, ofrecer tu ayuda en una tarea simple, enviar alguna información de su interés, etc. La idea es tener muestras de afecto periódicamente para nutrir la relación. **Amar es un verbo y por lo tanto es acción**.

El conflicto en las relaciones emocionalmente comprometidas es necesario porque las hace evolucionar y prosperar, especialmente cuando existen los mecanismos para comunicar las diferencias y llegar a acuerdos que convengan a ambos. Recuerda que **un acuerdo dura sólo si es bueno para las dos partes**.

La mayoría de los conflictos en las parejas se deben a alguno de estos 4 temas: dinero y forma de gasto; crianza de los hijos; relación con la familia política; sexo y fidelidad.

Si tu relación tiene disparadores (situaciones o frases que los hacen explotar) no creas que es una relación nociva y disfuncional. La diferencia entre una relación sana y una disfuncional es cómo se manejan y trabajan esos disparadores, si se validan y se usan para crecer la relación. Todas las relaciones tienen disparadores, no tengas miedo por ello; a menos que los disparadores sean repetitivos, si alguno los está reprimiendo, si no se solucionan o si llevan a la violencia. De hecho las relaciones que transforman los disparadores en crecimiento, elevación, introspección y sabiduría son las relaciones sanas y valiosas que debemos conservar.

En lo personal, la relación más significativa, profunda y retadora que he tenido es con el papá de mis hijos, Antonio, con quien llevo 17 años compartiendo camino, y a quien considero mi socio de vida y el amor de mi vida. Sin duda, mi gran maestro, con quien me reflejo a cada instante, mi agudo crítico y porrista optimista, lo que Emerson llama mi "bello enemigo" (alguien que te alienta y desafía). Hace unos años pasábamos por una crisis severa, en la que después de buscar e intentar múltiples cosas y esfuerzos, y sentirme exhausta y sin esperanza, prácticamente pensé que lo mejor sería que llegáramos a un buen acuerdo sobre la crianza y manutención de nuestros 2 hijos (al final, Lázaro y Simón son nuestro gran tesoro que compartiremos de por vida) y que cada uno siguiera su propio camino por separado.

Ya habíamos intentado muchas cosas, habíamos ido a terapia individual y de pareja, yo ya había hecho *journaling*, meditado, leído libros, escuchado podcasts, trabajado con constelaciones familiares, tomado cursos, en fin... Pero, ¿qué evitó que nos divorciáramos?

Recuerdo que un día me dormí entre llanto y sollozos de tristeza, ira y desesperación, la verdad no veía la salida. Pero a la mañana

FELICIDAD

siguiente, con la cabeza fría, queriendo ser congruente con la idea que predico mucho: "Enfócate en lo que sí puedes impactar y controlar", y dispuesta a agotar cualquier alternativa antes de decidir separarnos, me pregunté: ¿Qué puedo hacer distinto a todo lo que he hecho? ¿Qué sí está en mi control y campo de acción? ¿De qué soy responsable? ¿Cómo hacer que mi 50% de contribución a esta relación sea diferente?

Y como un rayo iluminador, entró en mi mente la idea de hacer un diario de agradecimiento a Antonio. Es decir, me propuse todos los días durante un año, que antes de dormir escribiría al menos una cosa por la que estaba agradecida con él.

No te voy a mentir, hubo días en que lo alucinaba y lo menos que quería era conectar con una emoción agradable respecto a él, pero honrando mi compromiso conmigo tomaba mi cuaderno y pluma. Aunque me quedara pensativa por unos minutos, siempre, siempre me obligaba a encontrar un motivo para sentirme agradecida con él. En ocasiones, escribía "gracias por ser un gran padre o un gran proveedor", algo relativamente común, en otras, "gracias por criticarme y juzgarme tan duramente porque me recuerdas que la opinión de mí que más me importa es la mía", tratando de darle la vuelta y capitalizar comportamientos que hasta ese momento habían sido causa de mucho dolor, queja y discusiones. Finalmente, poco a poco, logré adueñarme totalmente de mi rol y contribución en la relación, y poner mi atención en lo bueno, en lo que sí hay, en lo que sí recibo, en lo que sí me gusta, en la magia que creamos juntos, en el gran equipo que somos como padres y socios de vida, en los grandes amigos que podemos ser si dejamos las luchas de poder, las expectativas y las quejas que tanto daño hacen a las relaciones. Poco a poco, dejé de llorar en las noches, empecé a dormir en paz, dejé de acumular rencor por días y a ver cada nuevo amanecer como una nueva oportunidad. Si bien no todos los días me dormía contenta, al menos sí en paz.

Podría sonar como magia, o cliché del hombre perfecto o la pareja perfecta... y pues no, Antonio sigue siendo Antonio, y yo sigo siendo yo. Pero la realidad es que la herramienta del diario de gratitud a Antonio, lo que hizo fue reconectar mi cerebro para poner mi atención en lo que sí había. Me ayudó a ver un vaso con la mitad de agua medio lleno y no medio vacío. A poner mi atención, y por lo tanto mi energía, en el maravilloso ser humano que es (con su luz y su sombra, con sus fortalezas y áreas de oportunidad), y en las cosas únicas que aporta a mi vida y a la vida de mis hijos.

Y desde ese lugar, empecé a elegir mis batallas, a dejar pasar muchísimas cosas con poca o nula importancia, a renunciar a frases como "es que deberías" o "es que si tan solo", que implican inherentemente juicio y crítica, a dejar de enviar un mensaje de expectativas de una relación perfecta que desgastan y extrangulan cualquier convivencia. Puse mi atención y energía en lo que sí había y no en lo que nos faltaba, abrazando la perfecta imperfección de nuestra relación y amor, abrazando nuestra humanidad, y sin saberlo, nos liberé.

Y así fue como una herramienta tan sencilla, que sólo requiere voluntad, pluma, papel y disciplina, salvó mi matrimonio. Y vuelvo a citar a la maravillosa Esther Perel: "Para construir un patrón se necesitan dos, para romperlo sólo se necesita uno".

Al final del año, desde un lugar totalmente diferente, en el que ya había visto la luz y reconectado con todos los motivos maravillosos que me hacen, hasta el día de hoy, seguir en esta relación, decidí regalárselo. No fue fácil, porque al haber sido un ejercicio personal, no lo escribí para complacer ni agradar, por el contrario, estaba lleno de honestidad y franqueza. Dudé mucho porque si bien tenía cosas que estaba segura de que le llenarían el alma, también podría encontrar cosas desconcertantes o dolorosas. Pero al final, elegí ser valiente y entregárselo como un regalo, la mayor muestra de desnudez de mi alma, explicándole el poderoso impacto que había tenido en nuestra relación y esperando que lo viera con madurez.

Hoy tener esa lista de cosas buenas y positivas que recabé durante un año, también constituye un bálsamo para la relación en momentos difíciles. Y obvio, continúo con el ejercicio, recordando que el bienestar en mi relación no es un destino, sino una forma de viajar.

Así que, si pasas por momentos difíciles en una relación de pareja emocionalmente comprometida, te invito a que intentes usar la herramienta, a que te permitas salir de tu zona cómoda de queja, sufrimiento y toxicidad, y explores un diario de gratitud a tu pareja. Yo creo que para marcharte en paz de una relación que no suma más a tu vida, es importante agotar las instancias de mejora. Y con esto no me refiero a que hagas más del 50% que te toca poner en ese tercer ente que es la relación, sino a que dentro de tu 50% te responsabilices y adueñes de tu participación, te muevas de lugar, observes tus patrones, reconozcas tus detonadores, asumas la toxicidad que aportas, identifiques si vives en el personaje de la víctima, entiendas y atiendas tus emociones, etc. Nadie está obligado a lo imposible. Al final, sólo puedes hacer lo que está en tu control y tu actitud. Donde pones tu atención, energía, y las historias que te cuentas de lo que te pasa, caen en esa zona.

Las relaciones perfectas no existen. Tener claridad de lo que te hace permanecer o marcharte de una relación te ayuda a sentirte satisfecho con tu decisión. Así que en las buenas rachas se vuelve muy útil escribir una lista de aspectos positivos, cualidades y satisfacciones, para que cuando vengan las malas rachas, tengas un taque de gasolina del cual echar mano. O, por el contrario, en momentos de crisis escribe todos aquellos motivos por los que consideras que la relación no cumple con lo que tu quieres y esperas. Así, si decides marcharte tendrás muy presentes las razones, y será menos probable idealizar o confundirte en momentos en los que la soledad invade.

Y para cerrar este apartado de relaciones de pareja te invito a reflexionar:

1. Lo que te enseña la sociedad que es importante para que tu relación prospere:
- Citas románticas en la noche.
- Tener un hogar y empezar una familia.
- Profesarse amor y tener grandes detalles.

2. Lo que en realidad es importante para que tu relación prospere:
- Apreciar y agradecer lo bueno constantemente.
- Sanar el pasado.
- Adueñarse de sus botones o detonadores.
- Tener conversaciones complicadas.
- Hacer y honrar acuerdos.
- Compartir actividades cotidianas simples, nuevas y divertidas.
- Tener planes y proyectos en común a largo plazo.

Construyendo mi felicidad: **Trabajando mi relación de pareja**

1. ¿Me gustaría casarme conmigo?
2. ¿Qué características me gustaría que tuviera mi relación?
3. ¿Qué tipo de zapato me siento en la analogía de la zapatería: último modelo o el saldo de la temporada pasada?
4. ¿Creo que una pareja exitosa es aquella que, sin importar las circunstancias, dura toda la vida? ¿Por qué?

FELICIDAD

5. ¿Tengo claro mi objetivo de vivir en pareja, en caso de que así lo desee?

6. En caso de vivir en pareja, ¿considero que mi relación actual me conviene? Es decir, ¿me hace vivir mejor?

7. En caso de vivir en pareja, ¿identifico cuáles son los problemas perpetuos de mi relación? Si es así ¿alguno coincide con un aspecto mío no negociable?

8. ¿Considero que, tanto mi pareja como yo, estamos conscientes de que nuestra relación requiere trabajo voluntario permanente para nutrir la relación?

9. ¿He tenido alguna de las conversaciones incómodas sugeridas? ¿Por qué?

10. ¿En general, siento que mi relación me permite florecer o que anula mi escencia y libertad de ser?

11. ¿Cuál de los 5 lenguajes del amor identifico como el mío, y cuál es el de mi pareja? ¿Qué puedo hacer para comunicarme mejor?

12. ¿Qué punto de placer (acto de 60 segundos) pienso implementar para nutrir mi relación de pareja?

13. ¿Cuál es el motivo de mayor conflicto en mi relación? ¿A qué acuerdos puedo llegar al respecto?

14. ¿Qué situaciones o frases son disparadores en mi relación? ¿Sé de dónde vienen? ¿Qué puedo hacer al respecto?

15. ¿Hacerle un diario de gratitud a mi pareja me ayudaría a poner mi atención y energía en lo bueno, y sumaría a mi relación de pareja?

16. ¿Con qué contribuyo a mi relación y con qué contribuye mi pareja? ¿Cómo podríamos mejorar nuestras contribuciones?

17. ¿Tengo claridad de lo que me hace permanecer o de lo que me haría marcharme?

18. ¿Cuál de las ideas que me enseña la sociedad son importantes para que mi relación prospere, y cuáles de las ideas que realmente son importantes, resonaron conmigo?

BIENESTAR EMOCIONAL

Tú no eres tus emociones, y puedes aproximarte a ellas con curiosidad. **Cada persona es responsable de sus emociones**; hay más de 1,500 emociones según Marc Bracket. **La única forma de dejar de sentir una emoción es atravesándola**. La inteligencia emocional consiste en identificar, entender y atender lo que sientes para usarlo en tu favor. El bienestar emocional requiere autoconocimiento, valentía y mucho trabajo, darte permiso de sentir es aceptar tu humanidad. Sentir dolor pareciera una muestra de enfermedad, pero en realidad es una muestra de salud (en tanto no lo disfrutes); negar o ignorar tus emociones hace que crezcan en intensidad, duración y frecuencia.

Las emociones, E-MOCIONES, son energía en movimiento. La realidad es que, cómo te sientes, afecta todo en tu vida, incluso cómo se siente tu familia y cómo te desarrollas en tus actividades. Es importante aprender sobre tus emociones para evitar ser víctima de ellas y habitar tu propia piel de manera cómoda y armónica.

Tus emociones son sumamente importantes, no sólo porque definen tu estado de ánimo y, posteriormente, tu personalidad y lo que el famoso doctor Joe Dispensa llama el estado del ser, sino también porque impactan todas las áreas de tu vida: el tipo de relaciones que construyes, cómo cuidas tu cuerpo y mente, tu desempeño laboral, niveles de energía, tus actividades en general... en fin, determinan la calidad de tu experiencia en esta vida.

Es importante que conozcas el mundo emocional, tu mundo emocional, para que no seas víctima de él y que habitarte sea agradable. Incluso John Gottman, psicólogo líder en el campo de la inteligencia emocional, nos resume la importancia del bienestar emocional en el siguiente breve párrafo: "En la última década, la ciencia ha descubierto una tremenda cantidad de información sobre el papel que las emociones juegan en nuestras vidas. Los investigadores han descubierto que, incluso más que el coeficiente intelectual (CI), **la conciencia emocional y las habilidades para manejar los sentimientos determinan el éxito y la felicidad en todos los ámbitos de la vida**". De ahí que valga toda la pena dedicar tiempo y esfuerzo para aprender a desarrollar este súper poder.

En un mundo anestesiado por las pantallas, las drogas, el hacer sin pausa y la inmediatez, es muy fácil pensar que sentir dolor es una enfermedad, cuando en realidad es una muestra de salud. Sentir dolor es parte de ser humano, pero estás tan desconectado, que el dolor te es tan ajeno que cuando aparece te asusta... especialmente por las pocas herramientas que tienes para gestionarlo. A la mínima muestra de alguna emoción incómoda, la percibes insostenible. Crees que la emoción es un monstruo que se apodera de ti y que no volverás a ver la luz jamás.

Desafortunadamente, cuando éramos niños no se enseñaba inteligencia emocional en las escuelas, y raramente las conversaciones en casa trataban de cómo nos sentíamos. Así fue como la mayoría de los que somos adultos hoy, crecimos en total obscuridad, emocionalmente hablando.

Se me ocurren 2 breves ejemplos (cualquier parecido con mi realidad es mera coincidencia); cuando eras pequeña y asistías con la familia a una fiesta, tu mamá te pedía que saludaras de beso (en la sociedad mexicana es lo común) a un señor que en tu vida habías visto y que no te vibraba para nada bien, tu reacción automática era esconderte atrás de ella y evadir la solicitud. Obviamente ella te jalaba de atrás de sus piernas y prácticamente te obligaba a acercarte a dicha persona y tener contacto cachete con cachete para saludarlo, y que así, tanto ella como tú, obtuvieran el reconocimiento de los presentes debido a las "buenas costumbres" aprendidas y practicadas en la familia.

O cuando asistías al pediatra a vacunarte, y si al recibir la inyección te dolía, soltabas en llanto... de pronto, la enfermera corría por una paleta, el doctor pretendía que no pasaba nada, y tu mamá en el mejor de los casos te abrazaba y decía que dejaras de llorar, y en el peor te decía que no era para tanto, que ya había pasado y te amenazaba que si no te callabas habría un castigo.

En ambas situaciones, la incomodidad de los adultos ante la reacción natural de la niña terminaba orillando a la pequeña a ignorar lo que sentía y a traicionarse para dar gusto a los demás y cumplir las "buenas costumbres". Y es así como desde pequeños aprendemos a desconectarnos de lo que sentimos y fomentamos el desarrollo de mecanismos que "controlen" (o bloqueen) nuestras emociones. Priorizamos ser socialmente aceptados sobre conectar con nuestra esencia, entender lo que sentimos y atender el mensaje de nuestras emociones.

Las emociones son todo aquello que sientes, y tienen 2 componentes, el fisiológico que son las sensaciones corporales como sudoración, tensión en los hombros, postura del cuerpo, hoyo en el estómago, apretar la mandíbula, etc. y el cognitivo, que son los pensamientos asociados.

FELICIDAD

Componentes de las Emociones

Cognitivo - pensamientos

Fisiológico - sensaciones

Las emociones no son buenas ni malas sino placenteras y cómodas, o dolorosas y desagradables de sentir. Sí, leíste bien, el miedo, la envidia, el enojo, la tristeza, etc. no son malos. Sólo tienen mala fama porque no se sienten rico y están asociados, generalmente, a comportamientos inadecuados.

Todas las emociones tienen un lado de luz y otro de oscuridad, por ejemplo, es gracias al miedo que la especie humana ha sobrevivido miles de años, el miedo en su lado de luz te protege y permite que respondas oportunamente ante el peligro y la adversidad, por el contrario, en su parte de oscuridad el miedo te paraliza. La envidia aparece cuando observas en alguien más aquello que desearías tener en tu vida, en su parte de luz te invita a trabajar para obtenerlo, pero en su lado de obscuridad te lleva a destruir o dañar al otro. Por otro lado, la alegría en su lado oscuro puede llevarte a trivializar la vida y a caer en un optimismo tóxico, mientras que en su lado de luz te invita a celebrar y experimentar júbilo.

Así es como la frase: "las emociones no son buenas ni malas" no es una simple teoría, sino práctica. Las emociones sólo son información, y para descifrar esa información mejor, te recomiendo muchísimo el libro de *The Field Guide to Emotions* de Dan Newby y Curtis

Watkins, el cual es un compendio de todas las emociones, con preguntas de indagación, el cómo se manifiestan en las posturas del cuerpo, las emociones relacionadas, el tiempo en el que se enfocan (pasado, presente o futuro), etc. Es como un diccionario práctico de las emociones al que puedes acudir para consultar qué te quiere decir tu emoción y entender por qué sientes lo que sientes.

Imagina que las emociones son un mensajero o un repartidor de productos que tiene un sobre con información por entregarte, y en tanto lo ignores, tocará el timbre intensamente, gritará, pateará la puerta, te mandará mensaje de texto, te llamará por teléfono, y hará lo necesario para ser atendido. Así pasa con las emociones, entre más las ignoras, más aumentan su intensidad (el nivel o fuerza con que las sentimos), duración (por cuánto tiempo las sentimos) y frecuencia (qué tan seguido las sentimos).

Por ello cuando te detienes a entender y atender lo que sientes, las emociones pierden intensidad, duración y frecuencia. Es decir, cuando acusas recibo y te preguntas ¿qué me quiere decir mi emoción? Y ¿para qué siento lo que siento, a qué me invita?, el mensaje ha sido recibido y la invitación a trabajar en ello ha sido leída. Digamos que el objetivo del mensajero o repartidor ha sido cumplido y su presencia pierde razón de ser.

Todas las emociones son temporales. Es decir, tooooodas pasan. De hecho, te comparto que esas dos palabras son un gran mantra de vida para mí. Cuando experimento emociones dolorosas o incómodas, lo primero que hago es darme permiso de sentirlas sin juzgarme y recordarme que no son eternas: **Todo pasa**. Asimismo, es importante reconocer que nosotros no somos la emoción, aunque así llegue a parecer. En ocasiones, sentimos tanto una emoción y durante tanto tiempo, que pudiéramos pensar que esa emoción es parte inherente de nosotros. La realidad es que no es así, y separarnos de nuestra emoción nos ayuda a aproximarnos a ella con mayor objetividad, verla

FELICIDAD

con curiosidad y ser capaces de identificar las sensaciones y pensamientos asociados, y hacer las preguntas necesarias para trabajarlas.

La realidad es que todos los seres humanos sentimos dolor y emociones incómodas, solamente los psicópatas no, y ellos sí están enfermos. Buscar bloquear nuestras emociones incómodas o dolorosas es un espejismo, no sólo porque es casi imposible, sino que en caso de lograrlo estarías pagando precios altísimos. La maquinaria de nuestro cuerpo (sistema nervioso) que hace que sintamos ese dolor, es la misma que permite que sintamos las emociones agradables, como el amor o la alegría. Al anestesiar la maquinaria bloqueas ambos tipos de emociones. Ya sea que anestesies tu vida con drogas, apuestas, pornografía o cualquier otro producto condenado socialmente, o que la anestesies con celulares, redes sociales, trabajo, o vivir aprisa cosas permitidas por la sociedad, los efectos son los mismos. **Adormecer la obscuridad de tus emociones, también adormece tu luz**.

El aspecto emocional es como un súper GPS con el que venimos equipados los humanos, pero hay quien decide usarlo y quien no. Las emociones siempre nos dan información y lo importante es conocernos y estar al pendiente de ellas para saber **interpretar esa información y ayudarnos de ella para tomar decisiones en el día a día**.

Cuando hablamos anteriormente de la diferencia entre "estar feliz" y "ser feliz" exploramos la posibilidad de sentir emociones aparentemente contradictorias al mismo tiempo. Esto no sólo es completamente normal, sino bastante común, y desde mi punto de vista es fascinante porque muestra la complejidad de la especie humana que encarna las infinitas posibilidades. Por ejemplo, cuando alguien te cuenta una tragedia, puedes sentir angustia, tristeza y enojo por lo sucedido, pero también paz, alegría y gratitud porque no te ocurrió a ti. O cuando te ocurre algo desagradable o peligroso como un accidente de auto, puedes estar molesto por el inconveniente, pero sentirte afortunado porque no pasó a mayores.

Superposición de emociones

	1 Alegría	2 Tristeza	3 Disgusto	4 Miedo	5 Enojo
1 Alegría	Éxtasis 1+1	Nostalgia 1+2	Desdén 1+3	Excitación 1+4	Fervor 1+5
2 Tristeza	Melancolía 2+1	Desesperanza 2+2	Desprecio 2+3	Intimidación 2+4	Resentimiento 2+5
3 Disgusto	Ironía 3+1	Aversión 3+2	Aborrecimiento 3+3	Horror 3+4	Indignacion 3+5
4 Miedo	Protector 4+1	Ansiedad 4+2	Repugnancia 4+3	Terror 4+4	Venganza 4+5
5 Enojo	Empeño 5+1	Traición 5+2	Odio 5+3	Hostilidad 5+4	Furia 5+5

El mundo emocional es complejo, y desde mi punto de vista, fascinante, porque te hace **un ser en constante cambio** y por tanto con infinitas posibilidades de aprendizaje siempre. En general, y durante años, la educación se ha centrado en transferir conocimientos y no en desarrollar habilidades, y menos emocionales, lo cual es muy desafortunado.

Es importante reconocer que explorar el mundo de las emociones requiere valentía, porque para muchos implica aceptar su humanidad (imperfección) y adentrarse en lo desconocido, incierto, riesgoso y poco controlable; algo así como destapar una coladera, no sabes qué saldrá de ahí. En pocas palabras, no tienes una disposición natural a permitirte ser vulnerable.

Aquí te dejo algunos tips para trabajar tu bienestar emocional:

- Escribe o platica con alguien.
- Identifica la historia causante de tu emoción.
- Aproxímate a tu emoción con curiosidad y observa.
- Respira y recuerda que lo que sientes es temporal.
- Agradece tu emoción.
- Responsabilízate de tu emoción.
- Amplía tu vocabulario emocional.

Una de las razones por las que evitas reconocer tus emociones es porque temes quedar estancado. Sientes que sería como adentrarte voluntariamente a unas arenas movedizas de las que muy probablemente no podrás salir, sin darte cuenta que es justamente la elección de dar ese paso el inicio de la liberación. **Rechazar o ignorar tus emociones incómodas hace que se intensifiquen y se prolonguen**. Observar tus emociones con curiosidad es un ejercicio de salud mental muy poderoso, porque cuando observas tus emociones estás dando el primer paso para sanar.

Construyendo mi felicidad: **Conociendo mi mundo emocional**

1. ¿Considero tener consciencia/inteligencia emocional? ¿A qué se debe?

2. ¿En mi infancia aprendí a contactar con mis emociones? ¿Cómo fue mi educación emocional? ¿Hablábamos en casa de lo que cada quién sentía?

3. ¿Cómo creo que mi respuesta anterior impacta mis habilidades emocionales hoy?
4. ¿Cómo evalúo la calidad de mis emociones?
5. ¿Cómo impacta mi respuesta anterior en la calidad de mi vida?
6. ¿Qué me dice el gráfico de las emociones?
7. ¿A qué me comprometo conmigo a partir de mis hallazgos? ¿Puedo hacer un plan de acción?

ABRAZA TUS EMOCIONES

Cuando reconoces que parte de tu humanidad es experimentar todo el abanico de emociones, no sólo las que te gustan, abrazas tu esencia y te colocas en una buena posición para desarrollar habilidades emocionales que, por un lado te permitan cultivar y promover las emociones que sí te gustan y por otro gestionar y atender las emociones difíciles, dolorosas o incómodas. Recuerda que las emociones no son buenas ni malas, sólo son.

Es real que puedes construir hábitos emocionales nuevos y para ello son indispensables 3 cosas: vivir en el presente, conocerte y trabajo intencional y constante. Es decir, detente para observar con compasión y entender qué sientes, cuándo lo sientes, por qué lo sientes y para qué lo sientes, y ya que tengas un plan de acción pasa a la ejecución. Considera que hay 3 ámbitos que juegan un rol en cómo interpretamos y expresamos las emociones: universal, cultural y personal. Es decir, dependiendo de tus creencias, el contexto social y familiar en el que creciste y te desenvuelvas, y el momento de la humanidad en que vivas, será la forma en la que observes y analices tus emociones.

FELICIDAD

Aquí te comparto un breve y sencillo de explicar (no tanto de ejecutar) método de 5 pasos para procesar tus emociones y construir bienestar emocional:

1. **Diagnóstica y entiende tu emoción:** ponle un nombre a lo que sientes. Intenta no juzgar y permítete sentirlo. Identifica cuándo aparece, cómo se manifiesta en tu cuerpo y a qué pensamientos se asocia. Aquí, ampliar tu vocabulario emocional previamente, puede ser muy útil. ¿Cómo te sientes ahora? ¿Cuál es la emoción que más sientes? ¿Es placentera, dolorosa, incómoda? ¿Qué piensas cuando la sientes? ¿Qué le pasa a tu cuerpo? ¿Qué te quiere decir esta emoción? ¿Por qué sientes esta emoción? ¿De dónde viene esto que te pasa, con qué creencia o situación del pasado está relacionado?
2. **Planea:** define actividades puntuales con fecha, ¿a qué te invita esta información? ¿Qué debes hacer para trabajar esta información? ¿Para qué sientes esa emoción?
3. **Ejecuta el plan y atiende tu emoción:** Genera un compromiso contigo que te traiga 3% de bienestar y ejecútalo por 30 días ¿Cómo vas a medir tus avances? ¿Cómo te vas a reforzar o corregir?
4. **Evalúa:** mide, ¿cuáles han sido tus avances en relación a cómo empezaste tu proceso? ¿Qué tan lejos estás de tu objetivo?
5. **Decide:** elige si continúas, ajustas o cambias drásticamente el plan ¿Tus acciones te han traído los resultados esperados? ¿Por qué? ¿Qué te conviene ahora?

Cuando trabajé en una empresa mexicana paraestatal del sector energético, en aquel entonces, uno de los principales generadores del PIB y un emblema de progreso para el país, tuve la oportunidad de capacitarme con el método Senn Delaney, que buscaba construir una cultura de crecimiento y éxito al interior de la organización. Recuerdo que una de las herramientas más útiles para mí fue el "elevador del estado de ánimo", que ordenaba una serie de 19 emociones de menor a mayor conveniencia, siendo "depresión" la menos conveniente, "gratitud" la más conveniente, y "curiosidad" la que estaba en medio. Esta herramienta proponía que el simple hecho de ser consciente de cómo te sentías al llegar a la oficina era un acierto, y sugería que te elevaras algunos niveles a lo largo del día, como a flexible, paciente, optimista, recursivo, creativo, reflexivo o sabio, siendo el estado mínimo necesario la **curiosidad**. Recuerda: Sólo atravesando nuestras emociones, podemos dejar de sentirlas.

Si bien la mayoría de las herramientas para construir bienestar emocional se enfocan en ayudarnos a procesar las emociones incómodas como son, el miedo, la tristeza, la ansiedad o el enojo, también es sumamente importante concentrar esfuerzos en promover aquellas emociones que nos encanta sentir. Por ello quiero compartirte una herramienta de James O. Pawelski llamada "Portafolio positivo". Los 3 pasos son:

1. Elige una emoción placentera que quieras promover en tu vida, por ejemplo, amor, alegría, serenidad, paz, valentía, inspiración, interés, gratitud, etcétera.
2. Arma un portafolio (digital o físico) con fotos, poemas, canciones, libros, frases, imágenes, películas, objetos, etcétera.
3. Úsalo durante 10 a 15 minutos por 10 a 15 días y observa qué sientes.

Te sugiero te regales tu portafolio positivo, especialmente si lo que te llevó a comprar este libro y llegar hasta esta página fue sentirte desganado, inconforme con tu vida y falto de sentido.

FELICIDAD

Sólo me queda decirte que usar el GPS interno de última generación que son tus emociones, es una decisión. Todos tenemos esa posibilidad, incluso tú, y cada quién elige usarla o no. Esta vida es tuya para decidir, y tú eliges si lo ignoras y evades (con sus implicaciones asociadas) o si hoy reflexionas y trabajas conscientemente en aprender a usarlo, reeducarlo y sacarle el mayor provecho para transitar tus días de manera armónica y ligera, por y para ti.

En ocasiones, no es fácil hacer el trabajo, y como muchas otras cosas valiosas, construir inteligencia emocional requiere esfuerzo. Recuerda que **quien no reprime, no se deprime**. Expresar las emociones, ya sea en una conversación honesta con alguien de confianza, en terapia con un especialista de la salud mental, escribiendo, llorando, haciendo actividad física explosiva (como box o correr), creando una manualidad o meditando, es la mejor forma de evitar que se intensifiquen o se manifiesten en una aflixión física. Todos somos diferentes y nos sentimos inclinados por algunas de las opciones, y está bien. Elige la tuya y actúa.

A veces, expresar las emociones inmediatamente después de un evento traumático puede incrementar el Desorden de Estrés Post-traumático (DEPT), por eso, probablemente para algunas personas sólo convenga estar en calma y permitirse ser. Es sorprendente cómo siendo algo tan normal, nos cuesta tanto trabajo acompañar a un ser querido a sentir emociones dolorosas. En seguida tendemos a querer resolverle o ayudarle, minimizar su dolor con el famoso "no es para tanto", distraer su atención (cambiando de tema), etc. Cuando lo importante es sólo crear un ambiente seguro psicológicamente en el que la persona pueda ser auténtica, honesta y real, expresar a su propia forma y ritmo, y dejar que las emociones fluyan sin expectativas. Abrazar las emociones propias y ajenas es todo un reto, al que vale la pena entrarle para abrazar tu humanidad y sentirte verdaderamente libre. Por eso, ser feliz es para valientes.

Construyendo mi felicidad: **Cultivando y promoviendo las emociones agradables**

1. Haz una lista de emociones agradables que sientes frecuentemente (mínimo 5 emociones).
2. ¿Cómo puedo cultivar o promover las emociones que me gustan sentir, para no esperar que simplemente ocurran?
3. ¿Con qué emoción agradable me gustaría hacer el ejercicio de James Pawelski llamado "Portafolio positivo"?

Construyendo mi felicidad: **Gestionando las emociones desagradables**

1. ¿Me siento víctima de mi mundo emocional? ¿Me ha sucedido que siento que mis emociones son un monstruo del que no puedo escapar?
2. ¿Cuál es esa emoción que me cuesta trabajo sentir y que, en ocasiones, siento que se apodera de mí? ¿Cómo la proceso?
3. ¿Creo que consciente o inconscientemente he tratado de bloquear lo que siento para protegerme del dolor? ¿Cuándo? ¿Qué consecuencias he tenido?
4. ¿Con cuál de los 3 requisitos (vivir en el presente, conocerte y trabajo intencional) quiero empezar a trabajar para construir hábitos emocionales nuevos?

FELICIDAD

(5) Haz una lista de emociones incómodas que sientes frecuentemente (mínimo 5 emociones). Elige las 2 emociones que con más frecuencia sientas o aquellas que quieras trabajar, y aplica el método de los 5 pasos (diagnostica, planea, ejecuta, evalúa y decide) contestando las siguientes preguntas:

- ¿Cuándo la siento? – Describe la situación.
- ¿Cómo se manifiesta en mi cuerpo? – Efecto fisiológico.
- ¿Qué pensamiento tengo cuando la siento? – Componente cognitivo asociado.
- ¿Por qué la siento? ¿Qué me quiere decir esta emoción? – Información.
- ¿Para qué la siento? ¿A qué me invita? – Motivos o razones.
- ¿Qué debo trabajar o cambiar? – Beneficios.

(6) ¿Con qué anestesio mis emociones incómodas (pantallas, compras, sexo, drogas, trabajo, redes sociales, etc.)?

(7) ¿Cuál de las opciones de expresión de emociones incómodas resonó más conmigo?

(8) ¿Cuál es mi reacción cuando una persona que quiero mucho se muestra vulnerable y expresa su dolor o emociones incómodas conmigo? ¿Me incomoda? ¿Por qué?

ASÍ CREAS TU REALIDAD

"Cuida tus pensamientos, porque se convertirán en tus palabras.
Cuida tus palabras, porque se convertirán en tus actos.
Cuida tus actos, porque convertirán en tus hábitos.
Cuida tus hábitos, porque se convertirán en tu destino".
MAHATMA GANDHI

Las emociones sólo son eso, emociones. Y son impermanentes. La realidad es que TODAS pasan, aunque a veces son tan intensas y duraderas que crees que se quedarán contigo para siempre hasta matarte. **Tu emoción no te define** (aunque así lo creas), pero lo que haces con ella sí. Tus emociones pueden cambiar si cambias el pensamiento que las generó.

Como ya mencionamos las emociones no son buenas ni malas, lo que sí tiene un juicio de valor y es calificable son los comportamientos que asociamos a ellas. Por eso quiero compartirte el modelo de creación de realidad que mi maestro Tal Ben-Shahar llama las 3 E: Evento – Explicación – Emoción, y que a mí me gusta adicionar una A al final, correspondiente a Acción, misma que da pie a un nuevo evento, creando así un ciclo. En este diagrama te puede quedar claro:

Modelo de Creación de Realidad 3E + A

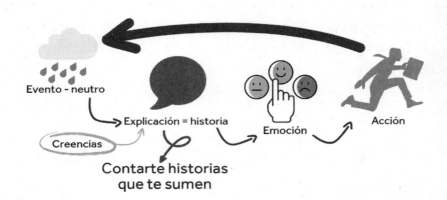

FELICIDAD

¿Sabes cómo creas tu realidad? Te lo explico brevemente: todos los eventos son neutros, y desde tu observador tú les das una explicación. La explicación va a depender de 3 cosas, tu sistema de creencias (ideas que vives como verdades), tu estado de ánimo (en ese momento) y tu capacidad para filtrar lo importante (Sistema reticular activador ascendente). Dependiendo de esa explicación o historia que te cuentes, se detonan emociones en ti que te gustan sentir o emociones incómodas y dolorosas, que a su vez te llevarán a cierto comportamiento o acción, detonando así un nuevo evento.

Por ejemplo, la lluvia es un evento neutro. Si tú la interpretas como amenaza porque cuando llueve te mojas, y eso hace que enfermes, que faltes al trabajo, aparte hace mucho tráfico, y la ciudad es un caos, etc. se detonarán en ti emociones como enojo, frustración, preocupación, ansiedad, miedo... llevándote a acciones que se convertirán en un nuevo evento. Pero si tú interpretas la lluvia como un fenómeno maravilloso de la naturaleza que quita el calor, limpia el ambiente y las calles, nutre las plantas, y hasta hace que se te baje el recibo del agua, se detonarán en ti emociones, como contento, paz, asombro, gratitud... llevándote a tomar ciertas acciones que se convertirán en un nuevo evento. Hay un espacio entre tu emoción y tu acción, en el que libremente (de forma consciente: respuesta, o inconsciente: reacción/impulso) eliges cómo enfrentar el evento, y es ahí donde la consciencia juega un papel fundamental.

Y así es con todo... **tu vida es el resultado de las interpretaciones e historias que te has contado de lo que te sucede durante años**. Por eso, eres lo que aprendiste de las cosas que te ocurrieron. La buena noticia es que tienes la capacidad de resignificar tus historias, aunque los eventos hayan pasado. ¡Sí!, tú puedes contarte historias que te sumen, que generen emociones que te guste sentir, y te lleven a comportamientos positivos que te ayuden a vivir mejor.

SER FELIZ ES PARA VALIENTES

Si te vives hoy en desamor propio, te sientes desconectado de tu alma, estás enojado con la vida, te inunda una tristeza profunda o tienes miedo de vivir, es el resultado de las historias que te has contado sobre lo que te ha pasado en la vida. Y como te dije anteriormente, la buena noticia es que siempre, SIEMPRE, puedes resignificar tu historia, incluso cuando las experiencias sean pasadas. HOY es un buen día para que elijas empezar a ser responsable de construir tu felicidad y te recuentes las historias de otra manera en la que seas tú el protagonista, te responsabilices de tu participación y desafíes el final. Y no se trata de negar la realidad y vivir en fantasía, sino de construir una objetividad compasiva y conveniente.

En ocasiones, llevas tanto tiempo sintiendo una emoción que se convierte en tu forma de ser. Es decir, pareciera que sentirla es inevitable. Lo que ocurre es que te volviste adicto a los químicos que esa emoción genera en tu cuerpo, y es éste el que ocasiona que sobrerreacciones al mínimo estímulo para que generes ese químico que requiere tu cuerpo para funcionar como tú le has enseñado. Por ejemplo, si has sentido enojo o ira durante mucho tiempo, al grado que pareciera que es parte de tu personalidad… aunque tú te decidas a hacer grandes esfuerzos por no enojarte, tu cuerpo hará que te enojes porque vuela la mosca para que produzcas los químicos de la ira qe necesita para funcionar como tú lo has acostumbrado. Igualmente pasa con la tristeza, la ansiedad, la gratitud… Aquí te dejo un QR para que escuches las 2 partes del episodio "Eres adicto a tus emociones" de mi podcast Valentinamente Feliz y hagas los ejercicios que te propongo al final.

FELICIDAD

Construyendo mi felicidad: **Resignificando mis historias**

1. Escribe el modelo 3E+A con una situación adversa para ti. Es decir, escribe un evento, la explicación que le diste, las emociones que te generó y los comportamientos que sucedieron.
2. ¿Qué más necesito saber sobre esta situación?
3. ¿Qué suposiciones estoy haciendo?
4. ¿Qué necesito aclarar?
5. ¿Qué siento realmente?
6. ¿Cuál fue mi papel?
7. ¿Cuál es el aprendizaje clave aquí?
8. Ahora escribe el modelo resignificando la historia/explicación de la misma situación. Asumir la buena intención de otros y reconocer que (como tú) todos hacemos lo mejor que podemos con lo que tenemos, puede ayudarte.
9. ¿Qué cambió? ¿Qué efecto tuvo en tus emociones?

CREENCIAS

> "Cuando reconozcamos de una vez por todas que nuestras creencias son así de poderosas, estaremos en posesión de la llave a la libertad".
> BRUCE H. LIPTON

Tus pensamientos resultan de tus creencias. De los 60,000 pensamientos al día que tiene una persona, 87% son negativos. Por ello, es tan importante observarlos y hacer esfuerzos para entrenar a la mente a que, de forma automática, se enfoque en lo que sí hay, construya conceptos positivos, se cuente historias que le sumen, filtre información y tome decisiones con base en valores y prioridades.

Trabajar tus creencias no es tan fácil porque, en general, no eres consciente de ellas. Simplemente a lo largo de tu vida has ido absorbiendo y asumiendo ciertas ideas o formas de hacer las cosas como verdaderas y únicas. Y de repente vives experiencias que te hacen darte cuenta de que no es la única verdad absoluta. Pero también puedes **trabajar tus creencias haciéndolas conscientes y cuestionándolas, tratando de traer a la mesa evidencia que las desafíe**. Eligiendo creencias sustitutas que te ayuden a crear una vida más libre y feliz.

Por ejemplo, yo crecí pensando que el papá de una familia es el proveedor, la mamá cría a los hijos, se encarga de la casa y en caso de que trabaje es como un pasatiempo, lo que genere es un adicional para sus gastos. Y como quién tiene el dinero manda pues la opinión de la mamá es escuchada pero realmente lo que determina planes, compras, inversiones, etc. es la palabra del papá. Esas eran mis creencias porque yo eso viví. Asumí esa dinámica como la forma única y verdadera en que una familia debe funcionar.

Yo siempre he amado trabajar, sentir que aporto. Para mí el trabajo es alimento para el alma, es una cuestión de propósito de vida, no de dinero. Por eso, el modelo de vida de casarme y tener hijos me parecía extremadamente poco atractivo.

Así que cuando a los 20 años fui a vivir a Connecticut, Estados Unidos, por más de un año con los Feiner, una familia judía en la que ambos trabajaban, proveían, criaban hijos, y llegaban a acuerdos justos para funcionar, ¡Uf! se me abrió el mundo. Definitivamente lo que creía posible hasta ese momento cambió. Mi realidad desafió mis creencias y pude ampliar mi visión. Experimenté que en una pareja sí

FELICIDAD

es posible que ambos se desarrollen profesionalmente y construyan una dinámica equitativa para hacer frente a las responsabilidades del hogar y la crianza. Mis conceptos de pareja y familia se derrumbaron para reconstruirse.

En lo personal, me hacía más sentido este nuevo concepto de equipo, creía que las renuncias o mermas en términos de libertad y propósito eran mucho menores para mí. Yo estaba dispuesta a absorber las responsabilidades, pero también quería los derechos. Fue hasta que conocí un ejemplo vivo de una dinámica de pareja justa y acorde con mis valores que me cuestioné mis creencias y conceptos, y me di permiso de reinventarlos, sin pensar en complacer.

Yo sabía que este modelo innovador era muy disruptivo y hasta cierto punto conflictivo para los hombres (y las mujeres) de provincia, pero también sabía que jamás sacrificaría mi felicidad. Así que estaba dispuesta a no casarme y no tener hijos. Sabía que aceptar un modelo tradicional de pareja y familia, que no se alineaba con mis expectativas y valores personales me haría sumamente desdichada. Aclaro que no es que el modelo tradicional esté mal, simplemente no era el adecuado para mí.

Pero bueno, afortunadamente, para no extenderme... cuando sabes lo que quieres y lo que no quieres, el Universo conspira a tu favor. Y fue así, como unos 3 años después en un viaje relámpago a la hoy Ciudad de México conocí a un hombre valiente, dispuesto a inventar una nueva fórmula, nuestra fórmula. Conocí a quien hoy es mi compañero de vida, y con el que después de 17 años, sigo eligiendo todos los días crecer, negociar, abrazar, ajustar la fórmula, hacer planes, compartir inversiones, conversar, discrepar, espejearme, lograr acuerdos, criar 2 torbellinos, amar en la imperfección, conocer el mundo, contenernos, y construir nuestra mejor versión individual para compartirla mutuamente, simplemente vivir en equipo, bajo la circunstancia que la vida nos presente, sea cuál sea.

Obviamente, no tienes que esperar a que la vida te dé un puñetazo en la cara o vivas una experiencia extraordinaria para ampliar tu mirada y ver que existen otras formas de vivir, cuestionar tus creencias, reflexionar sobre su utilidad y su origen, reinventar tus conceptos, resignificar tus historias. Para mí las preguntas claves en este ejercicio son 3: ¿Por qué? ¿Desde cuándo? y ¿Según quién?

Así que manos a la obra. Puede ser que te dé miedo trabajar tus creencias porque sientas que estás siendo desleal a tu origen, a la sociedad a la que perteneces, a tu historia, pero recuerda 2 cosas: **la lealtad es primero contigo y ser feliz es para valientes**.

Casualidades o sincronicidades... hoy en la mañana escribí este apartado, y en la tarde me invitaron a ver la película *Intensamente 2* al cine. ¡Sorprendente! La verdad me pareció altamente recomendable y útil para tener una explicación visual de las creencias. ¡No te la pierdas!

Construyendo mi felicidad: **Cambiando mis creencias**

1. ¿Qué creo de los siguientes conceptos y por qué?
   - La felicidad - La pareja - La familia - El trabajo - El dinero
   - Los amigos - La salud - La diversión - Dios - Tu país - La vida
   - Tu casa - El orden - El amor propio - Los hombres - Las mujeres
   - Tu palabra - La integridad - El compromiso - La libertad - La valentía
2. ¿Mis conceptos sobre esas palabras me han ayudado a vivir pleno?
3. ¿De dónde vienen esos conceptos y desde cuándo los tengo?
4. ¿Cuáles me gustaría cambiar? Si tienes muchos, elige 2 para empezar.

FELICIDAD

5. ¿Qué evidencia (datos o historias) puedo encontrar que me demuestren lo contrario a mis creencias para desafinarlas?
6. ¿Cómo puedo redefinir mis creencias para tener una vida más plena?

ALGUNAS EMOCIONES...

> "Las emociones son el timón de nuestras vidas".
> **DOMINIC O'BRIEN**

Te voy a decir algo que tal vez te suene fuerte: somos estúpidos emocionales. Aprender a entender y aprovechar las emociones es un súper poder que todos podemos desarrollar si trabajamos en ello. Es importante **ampliar el conocimiento** y aprender a identificar qué tipo de información tiene cada emoción para trascender la perspectiva cavernícola de que las emociones incómodas son malas, condenándote a rechazar muchas emociones valiosísimas para tomar decisiones asertivas que te permitan ser más efectivo en tu día a día.

Como mencioné, las emociones simplemente son información, ni buena ni mala. Los comportamientos que asocias a la emoción sí pueden ser buenos o malos, de ahí que cada emoción tenga un lado de luz y uno de sombra. Ojalá siempre pudiéramos elegir el compartimiento racionalmente, pero la realidad es que muchas veces nos gana el impulso y actuamos sin pensar. Por eso, se dice que **la diferencia entre reaccionar y responder es la consciencia**. Ese espacio en el que puedes usar tu libertad interior para actuar de acuerdo con tus valores. Asimismo, las emociones se reflejan en el cuerpo de distintas maneras (componente fisiológico), y se enfocan en diferentes tiempos (pasado, presente o futuro), a pesar de ser todas momentáneas. Es decir, todas pasan. TODAS.

SER FELIZ ES PARA VALIENTES

Aquí te comparto la información de algunas de las más comunes, a manera de ejemplo:

Emociones	✓ Luz	✗ Sombra
Alegría: Celebración	Te da espacio para el gozo.	Trivializa la vida.
Miedo: Protección	Te vuelve competente, capaz e inteligente.	Te paraliza y no actúas.
Enojo: Injusticia	Crea límites y te protege.	Lastima y destruye.
Tristeza: Pérdida	Te ayuda a soltar, reflexionar y renovar, o a recuperar lo perdido.	Te aisla y deprime.
Culpa: Error. Rompiste un valor personal (algo importante para ti)	Te invita a reflexionar, cuida tus valores, te predispone a pedir perdón y enmendar el error, cuestionar tus creencias (y decidir si las quieres conservar o cambiar).	Auto-castigo.
Vergüenza: Insuficiencia. Rompiste un valor social (algo importante para tu comunidad)	Cuida tu identidad pública, busca mantener el orden, y se hace cargo de los valores colectivos.	Te lleva a querer evitar ser juzgado, visto o calificado por otros, haciendo que quieras desaparecer. Te hace sentir incompleto, defectuoso, indigno o que no perteneces, te lleva a complacer aunque te traiciones.
Envidia: Admiración/ Falta de autoestima	Te ayuda a poder admirar a otros, aprender de ellos y ser consciente de tus deseos.	Resentimiento, quieres todo para ti porque lo "mereces".
Celos: Deslealtad	Te reconecta con lo que valoras, quieres para ti y puedes perder (relación).	Te genera paranoia. Dañas.
Amor: Aceptación	Es la base de la conexión, teje las relaciones.	Al aceptar a otros tal cual son, podrías estar permitiendo formas de ser o conductas no saludables. Podría ser usada para manipular.
Aburrimiento: Desinterés	Te invita a explorar nuevas posibilidades y ser creativx.	Te lleva al estancamiento y al ocio.

Así es como el amor, que es una emoción considerada "positiva", te puede llevar a manipular a otra persona, o el enojo, que es considerado "negativo", te puede llevar a poner límites sanos y fortalecer una relación. Así que no se trata de rechazar las emociones incómodas o resignarse a ellas sino de iniciar un proceso de aceptación activo donde se elige conscientemente el curso de la acción a seguir para entender la emoción y atenderla, y por ende, aprovecharla.

El mundo de las emociones es fascinante e inmenso, y creo que justamente nuestro desconocimiento hace que rechacemos explorarlo. Por ejemplo, ¿tú sabías que hay emociones primarias y secundarias? ¿Y que la ira frecuentemente es una emoción secundaria que oculta miedo o tristeza? Es muy clara esta información en los adolescentes.

La incertidumbre que aguardan las emociones hace que nos asuste entrarle al mundo emocional, sentimos que sería pisar arenas movedizas, que no tenemos control y por ello nos sentimos en peligro, entonces mejor disfrazamos nuestro miedo con apatía o desinterés, diciendo "hay qué flojera" o "qué cursilería" o "eso es de niñas", renunciando a la posibilidad de entender y fortalecer una de las 5 áreas del SPIRE, el bienestar emocional, y por tanto mermando 20% nuestras posibilidades de vivir plenos. Por eso, ser feliz es para valientes.

El aprendizaje emocional requiere esfuerzos formales para construir autoconocimiento, autorregulación, mentalidad de crecimiento, empatía, humildad, gratitud, conocimiento científico, auto-compasión, etc. **Es un viaje que una vez que tienes la valentía de emprender, te hará vivir intensa y apasionadamente.**

Construyendo mi felicidad: **Entrándole a mis emociones**

1. ¿Qué emoción de la tabla siento con más frecuencia?
2. ¿Cómo podría aplicar la información de la tabla para asociar a mis comportamientos el lado de luz de la emoción que seleccioné en la pregunta anterior?
3. Si te identificas viviendo el lado de sombra de una emoción, reflexiona a qué estás renunciando en tu vida hoy debido a ello.
4. ¿Qué me ha detenido a explorar mi mundo emocional?
5. ¿Cuál es el hallazgo o idea más significativa que me deja este apartado?
6. ¿A qué me comprometo conmigo para construir bienestar emocional en mi vida?

RESILIENCIA Y OPTIMISMO

> "La vida no se trata de esperar a que pase la tormenta, sino de aprender a bailar bajo la lluvia".
> VIVIAN GREENE

El bienestar emocional consiste, en términos generales, en construir por un lado resiliencia ante la adversidad inherente de la vida, y por el otro optimismo ante ella. Esto es importante para **construir confianza** y saber que aunque vengan desafíos, no te romperás, sino crecerás a partir de ellos.

FELICIDAD

Trabajar en las distintas áreas del SPIRE te vuelve resiliente, ya que si tienes claro lo que trae propósito a tu vida, estás sano, tienes conocimientos amplios, una red de relaciones sólida y conoces tus emociones: estarás mucho mejor preparado para enfrentar las malas rachas de la vida y crecer.

En lo personal, creo que el ejercicio ha sido mi gran aliado en construir resiliencia. Justo un día grababa una historia para redes sociales en la que compartí que, si bien no todos los días amanezco con muchas ganas de ejercitarme, cuando lo hago a pesar de no sentirme motivada, se fortalece mi carácter y mi confianza. El deporte no sólo te hace más saludable sino también más resiliente. La fortaleza física se traduce en fortaleza mental. Y así todos los elementos del SPIRE sirven para construir felicidad, pero también resiliencia en momentos de adversidad y trauma.

Algo que también mejora tu resiliencia es fortalecer tu optimismo, ya que depende del tipo de explicaciones que le das a lo bueno y malo que te sucede en la vida, según el doctor Martín Seligman, padre de la psicología positiva. Él dice que si eres de las personas que constantemente ven lo negativo, se quejan de la vida, construyen en su mente tragedias que nunca pasan en la realidad, viven con miedo permanente y altos niveles de estrés, etc. es momento de que elijas hacerlo diferente y resignifiques tu historia desde el optimismo y la gratitud.

Los optimistas ven las adversidades como retos temporales, saben que todo pasa y tienen esperanza, es decir, confían en que el futuro será mejor. La buena noticia es que **el optimismo se puede aprender y fortalecer** como un músculo. Como leíste, no importa qué consideres como fuente de desdicha o si ya haya pasado, SIEMPRE, siempre puedes resignificar tu historia para construir una vida con mayor bienestar, felicidad y plenitud.

La mejor oportunidad para trabajar el optimismo realista es cuando la adversidad (en cualquiera de sus manifestaciones) se hace presente. Para ello se recomienda llevar a cabo estas acciones:

1. **Determina la duración**: analiza si la situación indeseable es permanente o temporal.
2. **Pon en perspectiva**: identifica qué áreas de tu vida afecta la situación indeseable.
3. **Mide riesgos**: piensa en qué es lo peor que podría pasar, y haz una lista. Evalúa con claridad el nivel del impacto/daño y la probabilidad de que sí ocurra cada cosa de tu lista.
4. **Filtra y enfoca tu atención**: de la lista anterior, separa qué cosas están en tu control y qué cosas no.
5. **Implementa controles**: de las cosas que sí están en tu control, piensa qué puedes hacer para prevenirlas.
6. **Haz un plan de acción y ejecútalo**.
7. Finalmente, **reconoce qué aprendiste** y sacaste de bueno de esta situación indeseable.

Así como puedes aprender, por repetidas experiencias, la indefensión (lo que haces no impacta significativamente en tu realidad), también puedes aprender el optimismo (actitud mental de una perspectiva positiva que, al esperar resultados favorables, incluso frente a los desafíos, te lleva a la acción). Y obviamente, no se trata de caer en idealismos o fantasías. Por ello, el optimismo es absurdo si no está acompañado de planes de acción que se lleven a cabo, y aquí es clave para enfocarte en lo que sí está en tu control.

En lo personal me gusta preguntarme todas las noches: ¿Qué fue lo mejor del día? ¿Qué hizo que vivir este día valiera el esfuerzo? Esas 2 preguntas me premiten recordar que los días no tienen que ser extraordinarios, especiales o "perfectos" para que valgan la pena ser vividos, y capitalizar así los malos días enfocándome en sus aprendizajes y beneficios.

FELICIDAD

Construyendo mi felicidad: **Fortaleciendo mi resiliencia y optimismo**

1 Piensa en una situación adversa que estés viviendo y aplica el ejercicio de los 7 pasos.

2 ¿Qué hallazgos tienes?

3 ¿A qué te invita tu respuesta anterior?

4 ¿Qué fue lo más valioso de tu día? (Así todos los días.)

DAR GRACIAS vs SER AGRADECIDO

"La gratitud puede transformar días comunes en «días de acción de gracias», convertir trabajos rutinarios en alegría y cambiar oportunidades ordinarias en bendiciones".
WILLIAM ARTHUR WARD

La gratitud no implica sólo dar gracias, va mucho más allá, es una emoción (e-moción = energía en movimiento) profunda, de fortuna y aprecio por algo específico presente en tu vida. **La gratitud es uno de los tantos músculos que se fortalece y se puede volver una forma de vivir.** La gratitud en su máxima expresión conlleva acciones de correspondencia.

La palabra "gratitud" proviene del latín "gratia" que significa gracia. Es decir, cuando alguien recibía algo de otra persona, ésta correspondía deseándole el bien, la gracia. La gratitud implica un sentimiento de aprecio por lo que recibiste, ya sea tangible o intangible, y te ayuda a conectar con algo más grande al reconocer la bondad y fortuna en tu vida.

Para agradecer algo tuviste que notarlo y haberlo considerado valioso, tuviste que conectar con eso. Es decir, tu Sistema Reticular Activador Ascendente (SRAA) se enfocó en eso específico y eliminó muchos otros estímulos e información que consideró menos relevante, creando un antecedente en tu mente (un mensaje como: "esto importa") y desarrolló una capacidad de "velcro" o "magnetismo" para detectar situaciones o hechos similares en el futuro. Así es como tu mente registra que algo es importante. Por ejemplo, una mujer no ve tantas embarazadas como cuando está embarazada, un hombre no ve tantos autos de un modelo y color específico, sino hasta que decide que ese modelo y color es el que quiere comprar, no te encuentras tantos mensajes de un producto, sino hasta que decides que eso te hace falta o lo quieres, etc. Es así **cuando agradeces, pues enfocas tu atención y entrenas tu mente**. Por eso la gratitud crea también una espiral ascendente, un círculo virtuoso. Esta idea simple es la base de la famosa "Ley de atracción" compartida en el libro *El Secreto* de Rhonda Byrne. **La gratitud desarrolla tu observación, consciente e intencionada (ves más de eso) al mismo tiempo que eleva tu vibración por percibirte afortunado y bendecido.**

Investigaciones han demostrado que practicar conscientemente la gratitud puede reducir los sentimientos de estrés y ansiedad. Incluso, estudios han encontrado que un solo acto de gratitud reflexiva produce un aumento del 10% en el sentimiento de alegría y una disminución del 35% en los síntomas depresivos.

Algunos investigadores consideran que las personas tenemos un sesgo de negatividad porque durante miles de años la especie humana ha puesto su atención en los peligros y problemas para sobrevivir. Es decir, si el hombre antiguo se enfocaba en un amanecer, llegaba el jaguar y se lo comía... Es por ello que desarrollamos ese mecanismo de defensa que nos hace tener "teflón" para lo bueno y "velcro" para lo malo. Y si bien nos permitió sobrevivir, si lo llevamos al extremo también nos hace vivir desde la carencia, la insatisfacción, la queja, el descontento, el peligro del estrés...

Aunque existe polémica en esta idea, con algunos autores e investigaciones en contra y otros a favor, creo que lo importante es traer a la consciencia la posibilidad que tienes de **elegir en qué situaciones pondrás tu atención predominantemente**. ¿Eliges enfocarte en lo que sí hay o en lo que falta? La gratitud es una herramienta sumamente poderosa para construir felicidad/bienestar de largo plazo ya que nos obliga a ver el vaso con la mitad de agua medio lleno, a poner la atención en lo que sí fue agradable y suficiente, y por tanto a generar más de eso. Asimismo, fortalecer tu hábito de la gratitud impacta directamente en tus niveles de esperanza y optimismo, y por lo tanto, aumenta tu felicidad. **La esperanza y la gratitud construyen un círculo virtuoso** y se alimentan mutuamente.

¿La gratitud es obvia o elusiva? La gratitud puede parecer obvia, pero al mismo tiempo imposible en ocasiones. Es muy fácil ser agradecido cuando las cosas van bien, se siente natural y es fácil de sostener. ¿Pero qué pasa cuando las cosas van mal? ¿Se puede ser agradecido? La respuesta es corta: ¡Sí!

La gratitud te invita a abrazar la adversidad de la vida, porque te ayuda a encontrar la utilidad incluso en las cosas desagradables y a replantearnos situaciones como retos en lugar de problemas. Por ejemplo, agradezco el conflicto con tal persona porque me ayudó a poner límites, agradezco el malestar que tuve porque me ayudó a escuchar mi cuerpo y a descansar, agradezco el comentario de mi colega que me incomodó porque me ayudó a darme cuenta que debo trabajar un aspecto específico en mí, agradezco tal contratiempo porque me recuerda que la aventura de vivir conlleva vulnerabilidad e incertidumbre, agradezco, agradezco, agradezco... **La gratitud, al igual que la esperanza, requiere un compromiso personal**.

La ciencia dice que las personas que expresan gratitud experimentan mayor:

- Felicidad.
- Éxito.
- Optimismo.
- Amabilidad.
- Generosidad.
- Salud.
- Conexión consigo mismas.

En septiembre de 2021 conocí a Masouma, mujer nacida en Afganistán, entonces refugiada en México. Más allá de su historia de valentía, esfuerzo y esperanza realmente extraordinaria e inspiradora, Masouma me regaló una de las "cubetadas de agua fría" más grandes que he tenido en mi vida. Un "tómala" como dirían mis hijos...

Una amiga me pidió reunirme con ella con el objetivo de conocerla y apoyarla en lo que pudiera necesitar durante su estancia en la Ciudad de México. Quedamos de vernos en un café para conocernos y desayunar. Después de contarme su historia con detalle, teniéndome al filo de la silla y limpiándome las lágrimas por varias horas, le pregunté: "¿Qué es lo que más te gusta de mi país (México) ahora que llevas algunas semanas aquí?" Obvio yo esperaba que me dijera lo típico: la gastronomía, su cultura, la calidez de la gente, etc. Pero su respuesta estuvo muy alejada de ello. Tomó un respiro y con una cara pensativa me dijo: "Sentir que mi pelo se mueve con el viento. Y lo segundo, caminar con tacones en Reforma" (una calle emblemática de la ciudad). Me quedé atónita, no pude pronunciar palabra.

En ocasiones, vivimos con tanto privilegio que **olvidamos apreciar las pequeñas grandes cosas del día a día**. Y son justo esas probaditas de fortuna que están al alcance de todos (sin excepción), casi

FELICIDAD

todos los días, las que podemos capitalizar para fortalecer nuestros músculos de esperanza, optimismo, gratitud y, por tanto, felicidad. Entrenar a tu mente a que ponga su atención en esas "minucias" es un gran impulso para construir una vida con bienestar de largo plazo y plenitud. Esas minucias ahí están, pero si no las aprecias, es tanto como si no estuvieran. ¿Por qué esperar a que te falten para valorarlas y agradecerlas?

¿Te cuesta trabajo empezar a construir un hábito de gratitud? ¿Te suena ajeno y raro? Si no sabes por dónde empezar, creo que conviene pensar en todo aquello que hay en tu cuerpo, relaciones y vida que si no lo tuvieras te haría mucha falta.

La gratitud cura, energiza, cambia vidas y magnifica emociones. La gratitud es una de las herramientas más poderosas para construir bienestar de largo plazo y tener resultados tangibles pronto. Incluso puedes empezar agradeciendo-TE todo lo que has hecho y elegido para llegar hoy hasta aquí... ¡No des por hecho nada!

Y tú, ¿de qué estás agradecido?

Te comparto varias herramientas para que empieces a fortalecer tu músculo de la gratitud:

Descarga sin costo en mi página un ejercicio rápido de agradecimiento.

¡Empieza tu diario o alcancía de gratitud ya! Todos los días, a la misma hora, escribe 3 cosas que agradeces de tu día. A mí me gusta hacerlo en la noche para revisar mi día, y preguntarme ¿Qué hizo que mi día valiera la pena?

Escucha el episodio 10 "Gracias totales" de la primera temporada de mi podcast *Valentinamente Feliz* en cualquier plataforma de audio, estoy segura que encontrarás ideas valiosas.

Escríbete una carta de agradecimiento. Empieza poniendo: "Hoy, yo (tu nombre), me doy gracias a mí por..." y arráncate durante 10 minutos agradeciéndote TODO lo que eres, has hecho, tienes, puedes hacer, vives, etcétera.

Milagro de los dos minutos: date dos minutos del día para agradecerle a alguien lo que ha hecho por ti, viéndole a los ojos.

Carta de agradecimiento: escribe una carta a alguien desde el profundo agradecimiento, no importa si la entregas o no.

Construyendo mi felicidad: **Fortaleciendo mi gratitud**

1. ¿Qué idea relacionada con la gratitud resonó más conmigo?
2. ¿Qué me comprometo a hacer para fortalecer mi músculo de la gratitud?

FELICIDAD

DIAGNÓSTICO: QUÉ TAN FELIZ SOY

> "Lo que no se puede medir no se puede mejorar".
> PETER DRUCKER

¿Qué tan feliz consideras que eres hoy? Es importante que conozcas cómo estás en tus niveles de felicidad para tener un referente de tu punto de partida, y si te decides a trabajar formalmente en construir tu felicidad, puedas posteriormente medir tu avance y celebrarte. Por ello, te invito a hacer el siguiente ejercicio, considerando que los resultados no te determinan como persona, sólo son una fotografía de tu percepción actual de tu vida.

Trabajar formalmente en tu bienestar de largo plazo es el mayor acto de amor propio, por ello, como siempre recomiendo, puedes acompañarlo de un ritual. Es decir, si se te antoja, puedes poner música tranquila que promueva un estado de reflexión, servirte tu bebida favorita y prender una vela o algún difusor con aroma. La intención es poner a todos tus sentidos en un estado de comodidad, apertura e introspección. ¿Estás listo para empezar tu diagnóstico de felicidad?

Instrucciones:

1. **Califica/evalúa** cómo te encuentras hoy en cada área del SPIRE; en la primer columna - ¿Cuánto?
2. **Analiza y describe** brevemente los motivos, situaciones y características para poner esa calificación en cada área SPIRE; en la segunda columna - ¿Por qué?
3. **Prescribe** o enlista las acciones que podrías llevar a cabo

para mejorar tu nivel de bienestar en cada área; en la tercer columna - ¿Cómo?
4. **Elige una acción/esfuerzo** de entre todos los que escribiste en el paso anterior, y comprométete contigo a ser constante.

Te sugiero que no sólo te enfoques en detallar las áreas que evaluaste con las menores calificaciones, ya que una de las estrategias de la psicología positiva es apalancarse de las fortalezas para atender las áreas de oportunidad. Aquí te dejo una imagen y ejemplo (del primer tipo de bienestar) para fácil referencia, así como un QR con el PDF y las instrucciones.

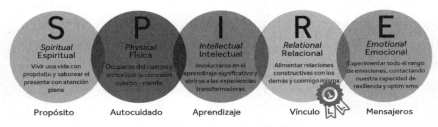

Área vida	#	Motivos/ Razones ¿Por qué?	Opciones de mejora ¿Cómo voy a mejorar?
Propósito (S)			
Autocuidado (P)			
Aprendizaje (I)			
Vínculo (R)			
Mensajeros (E)			

FELICIDAD

¿QUÉ DETERMINA TU FELICIDAD?

¿Qué porcentaje de tu felicidad depende de ti? Los académicos e investigadores Sonja Lyubomirsky, Ken Sheldon y David Schkade en 2005 hicieron un estudio para contestarse esta pregunta, y a la conclusión que llegaron fue, que en condiciones promedio (no situaciones de supervivencia como guerra, pobreza extrema, desastre natural, etc.), 50% de la felicidad depende de tu biología o tu genética y de tus experiencias en los primeros años (0-7), 40% depende de tus actividades intencionales o lo que podemos llamar tu actitud, y el 10% restante está totalmente fuera de tu control y no depende de ti, por ejemplo, lo que hace tu vecino, el clima, las decisiones que toma el gobierno en turno, etcétera.

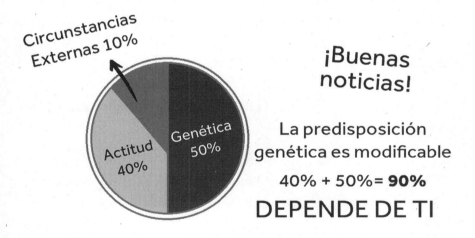

Pero aquí la buena noticia, gracias a la neurociencia que nos ofrece información sobre la plasticidad neuronal del cerebro humano, es que el 50% que refiere a la genética puede ser modificable. Es decir, construyendo buenos hábitos físicos, mentales y emocionales puedes generar nuevas estructuras en tu cerebro que contrarresten esa predeterminación genética con la que naciste.

Si bien la genética y el contexto son un ingrediente importante, no son determinantes. Es como en un juego de cartas, la mano que te toca sí influye indiscutiblemente, pero lo que tú haces con esas cartas determina el resultado. Es decir, si en tu familia existe una predeterminación genética a la depresión o a la ansiedad, hay muchas medidas que puedes tomar desde temprana edad para contrarrestar las implicaciones de ello en tu vida, como tener hábitos de actividad física, desarrollar habilidades de optimismo, construir resiliencia, etcétera.

Entonces, si sumamos el 50% que puedes modificar, más el 40% que es tu actitud, el 90% está en tu poder. Conclusión: **la felicidad no es un camino fácil, pero definitivamente puede ser construida con éxito.** Espero te regales esa resignificación de tus historias y emprendas esos pequeños esfuerzos intencionales y conscientes para ir construyendo todos los días un poquito más de bienestar en tu vida… y así vayas poniéndole piezas al Leggo de tu vida.

Construyendo mi felicidad: **Eligiendo mis verdades sobre la felicidad**

1. ¿Cómo es mi genética? ¿Qué características observo que se repiten en las generaciones de mi árbol genealógico?
2. ¿Cuáles creo que me suman y cuáles no tanto?
3. ¿Qué me comprometo a hacer para mejorar la predeterminación genética que no me suma?
4. ¿Cómo ha sido mi actitud ante la vida y ante esos eventos significativos?
5. ¿Qué definitivamente está fuera de mi control y debo aceptar?
6. ¿Qué me comprometo a hacer con base en mis hallazgos?

FELICIDAD

ES UN PROCESO, NO UNA DECISIÓN

Plantear que la felicidad es una decisión es falso. Yo me puedo decidir a ser feliz, pero si no he hecho todo el trabajo que requiere construir una vida plena, no lo seré. Es muy importante hacer esta aclaración (por cruda o cruel que suene) por si te decides a ser feliz sepas que construir plenitud es un camino que durará toda la vida, y no tires la toalla creyendo que la felicidad no es para ti, porque ya te decidiste con toda tu alma a ser feliz y sigues sin serlo. **No será fácil, pero valdrá cada esfuerzo, duda, incomodidad y desafío, te lo garantizo.**

No creas en falsas expectativas seducido por la inmediatez y la comodidad de la vida moderna. Por eso, la felicidad no es para todos. Sólo para los valientes que no se resignan a una vida mediocre y que están dispuestos a hacer el trabajo incómodo o aterrador, por abrumador que parezca.

Si no encuentras sentido, sientes que la ola te revuelca o estás harto de tu día a día, la verdad es que no tienes mucho que perder. Hoy, creo que es una excelente oportunidad para regalarte un espacio de reflexión sobre tu vida, pregúntate si vives o sobrevives, y en caso de sobrevivir, te propongo que consideres la posibilidad de decidir ser feliz, como el primer paso de una aventura que durará toda tu vida. ¡Pero recuerda, tendrás que ponerle empeño y paciencia, porque con decidirlo no basta! ¡Un maratón se inicia con el primer paso!

Durante muchos años, incluso yo creí verdadera la idea de que ser feliz era una decisión. Pensarlo así me daba cierta sensación de empoderamiento, autonomía y sentido de agencia, de que bastaba una elección para ser feliz. Hoy sé que estaba equivocada, y que es mucho más complejo que eso.

En mi caso, yo me decidí por trabajar para construir mi felicidad desde que era una adolescente y les puedo decir que tengo más de 25 años en el proceso, y creo que seguiré los años que me queden de vida. Hoy sé que **la felicidad no es una decisión, pero sí un proceso que empieza por una decisión consciente**, que va acompañada de muchas más decisiones vinculadas a la valentía, disciplina, compromiso, esfuerzo, manejo de emociones, constancia, intención, etc. que forman parte de la aventura de vivir.

La felicidad es un estilo de vida, al que sólo los valientes tienen acceso. Cuando decides ser feliz y estás dispuesto a esforzarte para construir un poco de bienestar todos los días, empiezas a transformar tu presencia en este planeta.

Para mí la felicidad no es un concepto lejano y abstracto que sólo los "iluminados" pueden entender y alcanzar, sino una idea concreta, práctica y ambiciosa que cualquier persona que se lo proponga puede materializar en su vida siendo valiente.

Construyendo mi felicidad: **Decidiendo ser feliz**

1. ¿En algún momento creí que la felicidad no era para mí? ¿Por qué?
2. ¿Me decido hoy a ser feliz, dispuesto a hacer el trabajo que ello implica?
3. ¿Cómo puedo recordarme que la felicidad es un proceso de largo plazo para no desesperarme o impacientarme?
4. ¿Cómo puedo obtener pronto algunos resultados puntuales para construir la confianza que me impulse a seguir?

FÓRMULAS

¿Existe una fórmula de la felicidad? Sí, y según los científicos Lyubomirsky, Sheldon, Schkade y Seligman (todos ellos referentes en el campo de las Ciencias de la Felicidad) es la siguiente:

$$F \text{ (felicidad)} = R \text{ (rango fijo/genética)} + C \text{ (circunstancias)} + V \text{ (voluntad)}.$$

Fórmula de la Felicidad

$$F = R + C + V$$

Rango fijo (genética) — Circunstancias — Voluntad

Lyubomirsky, Sheldon, Schkade and Seligman

Así, la fórmula establece que la felicidad es la suma de nuestra predeterminación genética a la felicidad, la situación contextual en la que vivimos y el esfuerzo discrecional que estemos dispuestos a llevar a cabo. Esta **fórmula genérica** explica a grandes rasgos los componentes de la felicidad. Sin embargo, aunque ayuda a entender qué factores intervienen, no sirve mucho como una guía o receta genérica para empezar a construir tu felicidad.

Por ello, hay que considerar una **fórmula personal** de la felicidad, que es la definición o combinación que cada persona hace según el momento de vida que atraviesa. No existe una fórmula mágica que aplique a todo el mundo, o a una persona durante toda su vida.

Estoy convencida de que definir tu fórmula personal de felicidad de manera consciente, reconociéndote como ser integral (espiritual, físico, intelectual, relacional y emocional) y ajustada al fluir de la vida es indispensable para ser estratégico en tu construcción de felicidad en las distintas etapas de tu camino.

Para esta definición es muy útil la **calculadora de la felicidad**, una herramienta para designar nuestros recursos (energía, tiempo, dinero, insumos, etc.), que son limitados, entre las 5 áreas del SPIRE. Suponiendo que sólo tienes 100 canicas (recursos) elige cuántas quieres poner en cada una de las áreas según tus circunstancias y momento de vida actual. ¿Pondrás 20 en cada una o harás una asignación desigual para lograr balance?

Por ejemplo, si decidiera correr un maratón (bienestar físico) tendría que ajustar mi fórmula actual. Siendo que usaré tiempo y energía en entrenar para la carrera, tendré que elegir si sacrifico esos recursos en las reuniones con mis amigas o familiares (bienestar relacional) o estudio menos (bienestar intelectual).

Mi fórmula personal de felicidad en este supuesto se vería así:

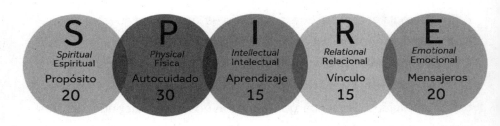

Es importante resaltar que balance no es poner 20 canicas en cada área, sino designar acorde a tu realidad actual y lo que sientas mejor para ti en este momento. Sólo sugiero tengas precaución en evitar un desequilibrio al ignorar por completo una de las áreas, ya que estarás destruyendo bienestar, en lugar de construirlo. Asimismo, es importante resaltar la importancia de experimentar y estar abierto a hacer ajustes. Me parece una herramienta muy valiosa porque contrarresta la exigencia de querer estar a tope en todo, la que te lleva a sentirte asfixiado, que no cumples en ninguna de las áreas, que con todo el mundo quedas mal y estás exhausto.

Por ejemplo, es común que nos enfoquemos en trabajar con la finalidad de lograr éxito profesional y prosperidad financiera, descuidando por completo nuestras relaciones. ¡Error! En términos de bienestar integral es una pésima decisión, siendo que el predictor número 1 de felicidad es la calidad de nuestras relaciones importantes. Esta es una idea con mucho sustento científico, y recientemente fue confirmada por los nuevos resultados del estudio antropológico documentado más largo hecho en la historia de la humanidad, dirigido por el doctor Robert Waldinger, psiquiatra y psicoanalista de Harvard, y coautor en el libro *The Good Life* (*La buena vida*). Por cierto, te recomiendo enormemente el libro y aquí te dejo un QR para que vayas a ver un extracto de la información más relevante de su conferencia en Puebla, México, en el Festival de las Ideas en marzo de 2024, donde tuve la oportunidad de conocerlo y escucharlo en vivo.

Construyendo mi felicidad: **Definiendo mi fórmula personal de felicidad**

1. ¿Cómo es actualmente mi fórmula personal de felicidad? ¿Cuántas canicas alojo a cada aspecto del SPIRE?
2. ¿Cómo llegué a ella, lo hice por estrategia consciente o por inercia?

3. ¿Qué ajustes a mi fórmula me comprometo a hacer conmigo para vivir en mayor congruencia con mis prioridades actuales y momento de vida?

4. ¿Cómo puedo darle mayor importancia a mis relaciones importantes (predictor #1) para máximizar mi bienestar integral?

¿POR QUÉ ES TODO UN RETO SER FELIZ?

Ser feliz es todo un reto porque es un **proceso que requiere valentía, tiempo y mucho esfuerzo**, especialmente porque es incómodo al inicio. Si bien empieza con una decisión consciente, continúa con mucho trabajo intencional y constante que requiere pequeñas decisiones diarias, a cada instante. Necesitas mucha energía, voluntad e ímpetu en ocasiones, para hacer que las cosas sucedan, y en otros momentos mucha serenidad, pausa y equilibrio para reajustar la brújula, recalcular la estrategia y ajustar el plan.

Gracias a los más de 20 años que llevo estudiando el comportamiento humano y mi pasión por el tema de la felicidad, he concluido que hay 8 pilares o aspectos principales a trabajar cuando te comprometes a construir tu felicidad. Estos pilares son el sostén de la construcción compleja y ambiciosa que implica ser feliz. Amo que sean 8 porque es el símbolo del infinito, que en este caso, para mí simbolizan las posibilidades infinitas que hay en un camino de construcción personal de bienestar:

FELICIDAD

Este gráfico muestra las ideas claves de cada pilar:

Amor propio
Ver por ti y hacer cosas para mantener tu bienestar físico, mental, emocional, espiritual y relacional es amor propio. ¡LO QUE AMAS LO CUIDAS, PUNTO!

Responsabilidad personal
Sentirte dueño y creador de tu vida. 100% capaz de cambiarla. Dejar de ser víctima

Auto-conocimiento
Tener claridad sobre tus intereses, motivaciones, fortalezas, emociones predominantes...

Consciencia
Te das cuenta hasta que te das cuenta. No puedes cambiar lo que no sabes que existe.

Trabajo disciplinado
Hacer cambios por ti y para ti que nadie más puede hacer, siendo constante para realmente poder evaluar si funciona el cambio que implementaste.

Balance
Definir tu fórmula personal como ser integral e irla ajustando en el fluir de la vida.

Renunciar
A satisfacer las expectativas de los demás y decidir ser leal a ti y a tu escencia.

Información
Sobre qué es, cómo se trabaja, qué herramientas realmente sirven, cuáles son los mitos...

1. AMOR PROPIO

"Amarse es el comienzo de una aventura que dura toda la vida".
OSCAR WILDE

¿Te has puesto a pensar cuál es la relación más importante que tienes? La relación más importante que tienes es con la persona con la que estás desde tu primer llanto en la sala de parto y estarás hasta el último aliento el día de tu partida. Y esa persona eres tú.

¿Por qué es importante el amor propio? **El amor propio es importante porque determina todos los aspectos de tu vida**, entre otros:

- Éxito profesional.
- Ambiciones.
- Trabajos a los que aplicas.
- La forma en la que negocias.
- Tus actividades y desempeño.
- Tu espiritualidad.
- La calidad de tus relaciones.
- Los límites que pones.
- Tu bienestar físico y tu salud.
- Tu imagen y autocuidado.
- Tu diálogo interno y salud mental.
- Tu inteligencia emocional.
- La probabilidad de lograr tus sueños.
- Tu nivel de resiliencia/antifragilidad.
- Si pides ayuda o no.
- Tu conocimiento y aprendizaje.
- Cómo inviertes tu tiempo.
- Tu estabilidad financiera.

FELICIDAD

El amor propio es esta conexión profunda y honesta contigo, en la cual reconoces que vales, mereces, puedes y perteneces, que tienes un lugar en esta vida... Y a partir de ahí te respetas, te honras, te celebras, y construyes tu bienestar. ¿Puedes amarte si no te conoces? La respuesta es NO. **El inicio del amor propio es conocerte**, y como en cualquier otra relación de amor se necesita nutrir y fomentar. En una frase, el amor propio es conectar con tu esencia y sentirte pleno siendo tú. Es ese lugar en donde caben todas las palabras amorosas como valía, estima, compasión, confianza, seguridad, comprensión, aprecio, respeto, autoabrazo, etcétera.

Amor propio es hacer y sentir por ti, aquello que haces y sientes por un amigo cercano. Amor propio es ver por ti y tomar acción para mantener tu bienestar físico, mental, emocional, espiritual y relacional. Me es difícil pensar que tengas una mascota a la que amas con todo tu corazón de manera genuina, pero jamás la bañas, la alimentas con las sobras, nunca la escuchas ni atiendes sus necesidades, permanece encerrada en un espacio insuficiente a la intemperie, no la llevas a dar un paseo jamás, nunca la vacunas ni tomas acciones para cuidar su salud, etc. El amor debe estar soportado con acciones concretas para que sea realmente amor. Y tú, ¿te cuidas? ¿Qué haces por ti?

En ocasiones, ayuda a definir un concepto precisando lo que no es. Y creo que esta es una de esas ocasiones.

El amor propio NO es:

- Juzgarme, criticarme, tener esta plática tóxica interna permanente que me hace sentir insuficiente todo el tiempo... con el pretexto de querer mejorar.
- Castigarme, maltratarme, cortarme, alimentar la culpa, engancharme con adicciones.
- Dar y dar hasta que ya no tenga más.
- Jamás poner límites.

- Exigirme tanto para ser perfecto (aunque en realidad sepa que nunca lo voy a lograr) hasta asfixiarme.

Ahora lo que SÍ es el amor propio:

- Es una conexión profunda y honesta contigo. En donde te reconoces valioso, merecedor, que tienes un lugar, que perteneces y que eres capaz de construir bienestar en tu vida.
- Es buscar relaciones que te sumen.
- Es saber pedir ayuda cuando lo necesitas.
- Es conectar con tu esencia y enamorarte de ti mismo (con tu luz y tu sombra).
- Conocerte y cuidar de ti.

El enemigo principal del amor propio es la vergüenza, ese sentimiento de dolor profundo por "no dar el ancho", por sentir que algo está mal contigo, que eres incompleto y defectuoso; finalmente está muy vinculado al miedo. Miedo al rechazo, a la humillación (burla), al abandono, a enfrentar tus errores, a sentirte insuficiente. La vergüenza en su lado de luz, como ya mencionamos, ayuda a mantener el orden social e invita a construir auténtico amor propio, pero en su lado de sombra te lleva a traicionarte por complacer a otros y encajar, o a sentirte inadecuado, insuficiente o roto.

Brené Brown es una experta en el tema de la vergüenza, y yo soy su fan. He leído todos sus libros *Los dones de la imperfección*, *Más fuerte que nunca*, *El poder de la vulnerabilidad*, *El atlas del corazón*, entre otros. Incluso tomé su curso "Atrévete en grande" con Lizi Oceransky, facilitadora certificada de Brené Brown, donde aprendí que es justo la vergüenza la que arruina nuestra vida y sueños porque destruye nuestro sentido de valía si la alimentamos y permitimos que guíe nuestras decisiones y relación con otros. En su libro *El poder de la vulnerabilidad*, Brené Brown comparte que 85% de las personas que entrevistaron para la investigación sobre la vergüenza, recuerdan un incidente específico tan vergonzoso que les cambió el concepto que tenían de sí mismos. Y cuando profundizamos por género, la imagen corporal es el detonador de vergüenza más común en las mujeres, mientras para los hombres es que la pareja piense que es débil.

Brené se refiere a la vergüenza como mentirosa y ladrona de historias. Si buscas evidencia para alimentar tu vergüenza, la vas a encontrar. Siempre habrá alguien más guapo, o más inteligente, o más rico, o más agradable... Pero sólo tú tienes tu combinación. ¡Eres único! Así que detente, y sé consciente de que **tu valía no es negociable**.

La autora sugiere que la valentía, la compasión (aceptación) y la conexión son las formas de cultivar tu valía y que la clave es la PRÁCTICA. Sin duda, es una lectura que te recomiendo ampliamente.

El desamor propio, la desconexión de alma y el miedo que vives hoy, en caso de que así sea, son el resultado de las historias que te contaste sobre lo que te ha pasado en la vida. Y como dice Brené Brown, **no se trata de negar la historia, sino de desafiar el final**. Recuerda que SIEMPRE puedes resignificar y contarte historias que te sumen. Finalmente, tu concepto de ti es una historia que has ido construyendo en los años que tienes de vida y te has contado en repetidas ocasiones. Y en este caso, tus creencias sobre ti también te crean. Si crees que eres valiente, seguro te animarás a hacer cosas valientes y tomar acción, si crees que eres una persona de progreso, levantarás la mano para la promoción, si crees que eres generoso, compartirás, si crees que eres débil, te rodearás de abusadores y agacharás la cabeza, si crees que eres mediocre, vivirás con la corriente sin mayor expectativa, etcétera.

¿Cómo se construye el AMOR PROPIO? Como cualquier otra relación, hay que chambearle. Sólo piensa en cómo construirías una relación con un nuevo amigo, colega, familiar o persona que te gusta. Empezarías por conocerla y hacer todo lo que está en tus manos para mostrar tu mejor cara, escuchar con atención, tener detalles, estar ahí, ser solidario y cariñoso... y así es como se va fortaleciendo el vínculo. Pues igual es contigo. Construye una relación contigo, primero conociéndote y continúa con esfuerzos intencionales, conscientes y constantes que te muestren tu mejor versión, que te hagan sentir contenida, entender que eres tu mejor compañía... y así hasta que estés enamorado de ti mismo. Vivir presente en el presente necesita consciencia y eso sólo se logra cuando estás cómoda siendo quién eres, tanto que no quieres huir de ti y te permites simplemente ser tú, aquí y ahora. Renuncia a aspirar una vida perfecta, no sólo porque jamás la vas a alcanzar porque ni siquiera existe "tal cosa", sino porque te desgasta, frustra, cansa y te hace vivir permanentemente insatisfecho. Sé consciente de que probablemente, lo que te lleva a un perfeccionismo tóxico es tu vergüenza. Sentirte defectuoso te hace esforzarte extremadamente para cumplir con exigencias exorbitantes, buscas sentirte valioso, suficiente y merecedor. **Vivir para ti, abrazar tus limitaciones y celebrar tus fortalezas será un proceso liberador y empoderante.**

Es importante entender la trascendencia de que tengas una relación sana, amorosa, respetuosa, cercana y compasiva contigo.

Tener autoestima significa darte cuenta de estas cosas:

1. **Que tú perteneces**: tienes un lugar.
2. **Que tú vales**: eres un ser único e inigualable, y simplemente por eso, eres valioso.
3. **Que tú mereces**: es tu derecho ser feliz y que te pasen cosas buenas.
4. **Qué tú eliges**: ser consciente de tu autonomía y libertad, pues tú vivirás las consecuencias asociadas con tus decisiones.
5. **Que tú puedes**: saberte capaz y tener un sentido sólido de autoeficacia. Algunos autores le llaman sentido de agencia a esa capacidad de actuar intencionalmente, y por lo tanto, de lograr metas guiadas por la razón. Es saber que puedo hacer y actuar en consecuencia de lo que decido.

FELICIDAD

Algunas consideraciones que te pueden ayudar:

- **Autoconcepto**: qué piensas de ti; sé flexible, evita perfeccionismo, ábrete a escuchar al que piensa diferente, revisa metas y posibilidades reales.
- **Autoimagen**: qué tanto te agradas (siempre falta o sobra algo) no hay verdades absolutas, la belleza es cultural.
- **Autorefuerzo**: qué tanto te premias o te castigas. ¡Auch!
- **Autoeficacia**: confianza en ti y tus capacidades.

Los principales enemigos de la autoestima (para que los traigas en el radar y atiendas):

- **Vergüenza**: te hace sentir insuficiente, incompleto y poco valioso.
- **Miedo**: te puede paralizar.
- **Desesperanza**: genera espirales de pensamientos negativos, puedes caer en victimismo.
- **Lástima**: te hace vincularte con otros tóxicamente.
- **Culpa**: te lleva a traicionarte por complacer y vivir lejos de tus verdaderos valores.

Como mencioné en el apartado de la relación contigo, uno de los componentes más importantes del amor propio es el diálogo interno. Reflexiona, ¿Cómo te hablas? ¿Qué te repites de ti? ¿Con qué frecuencia alimentas pensamientos de esperanza o de tragedia?

Uno de mis logros más grandes a mis 41 años, recién cumplidos, es haber hecho de mi mente un lugar seguro, cómodo y armónico. Hoy, con enorme orgullo puedo compartirte que he entrenado a mi voz interior para que me contenga, me ubique, desaprenda lo que no sirve, absorba lo que sí es útil, me calme en momentos de incertidumbre, use su intuición, corte espirales destructivos que sólo me llevan a crecer mi ansiedad, elimine opiniones hirientes (que hablan más de quien los hace que de mí), mantenga mi vergüenza a raya, me celebre y motive, decida con base en mis valores y no en espejismos, conserve al miedo en el lugar del copiloto, gestione el ego, etc. Y esto no es absoluto, obvio hay días en que me doy cuenta que necesito fortalecer ciertos hábitos mentales, pero en general, con mucho esfuerzo he logrado que me guste estar en mi mente.

Es común que si empiezas a trabajar en tu amor propio te juzguen de egoísta, así se percibe al inicio porque, en ocasiones, somos educados en que la falsa modestia y tener bajo perfil es humildad. La verdadera humildad es no considerarse más valioso que nadie, pero tampoco menos. Y la humildad no está peleada con el amor propio; al revés, requiere de él. La realidad es que **construir formalmente una relación de amor contigo, no sólo no es egoísta, sino que es el acto de generosidad más grande que hay**, por 2 motivos:

1. Al conectar con tu esencia y máximo potencial, construyes tu **mejor versión** y esa es la que **compartes** con las personas a tu alrededor y el mundo.
2. Te conviertes en un ejemplo y **fuente de inspiración** para que otras personas al ver que sí se puede, también trabajen en su amor propio. Es decir, el amor propio es contagioso.

Trabajar en tu amor propio implica que seas tu prioridad y que en TODAS las decisiones que tomes en tu vida, pequeñas o grandes, seas consciente de tu lugar protagónico y de que mereces lo mejor. No digo que te sientas el ombligo del mundo, no mal entiendas. Me refiero a que sepas que vales por el simple hecho de SER TÚ, Y QUE NO HAY NADA MAL CONTIGO. Que eres maravilloso tal cuál eres, que mereces sentirte feliz y pleno, y que eres totalmente capaz de lograrlo.

FELICIDAD

Tener una relación sana contigo mismo, no es cuestión de suerte o magia. **La autoestima y amor propio son una cuestión de trabajo** personal, es decir, requieren de esfuerzos intencionales, conscientes y constantes para construirse y fortalecerse en un proceso de largo plazo. Pero recuerda que cualquier maratón empieza con el primer paso.

¿Cuándo sé que me amo? Sé que me amo cuando soy adicta de mí, me gusta mi forma de hablarme, me siento plena cuando estoy en mi compañía, sé que mis ideas son buenísimas (a veces) o malas (otras veces) y está bien, me río sola, he hecho las paces con la vida (su pasado, presente y futuro), no necesito dar explicaciones, complacer o recibir aplausos para sentirme suficiente, no dejo entrar en mi vida, mi corazón o mi piel a cualquier persona, brillo con luz propia, soy autosuficiente, reconozco mi miedo y no permito que me paralice, y no vivo ensimismada, también reconozco mi sombra y mis áreas de oportunidad, no soy egoísta, simplemente me amo profundamente.

Y esto se vuelve por demás importante cuando entramos al mundo de las redes sociales o de las plataformas para encontrar pareja, porque si no estás seguro de quién eres y lo que vales, corres el riesgo de pensar que son los *likes*, los comentarios y los seguidores los que determinan tu identidad y valor.

En las aplicaciones de citas, como Tinder, las personas son elegidas principalmente por una foto, dejando de lado la integralidad del ser humano. Es decir, no importa lo que sabe, lo que siente, lo que ha vivido, las habilidades que tiene, sus relaciones, sus valores, simplemente importa su imagen. Y esto genera una ansiedad espantosa por miedo a no ser suficiente, reafirmando la falsa idea de que mi valor es determinado por el exterior. O, por el contrario, nos hace caer en el espejismo de la aceptación y entrar en un juego de afectos efímeros que se vuelven una "droga" por la dopamina que ocasionan, generando placer al principio, pero un profundo sentimiento de tristeza y vacío en el largo plazo.

SER FELIZ ES PARA VALIENTES

Yo no satanizo ni condeno el uso de esas plataformas, pero sugiero que si vas a participar en ellas, **te asegures primero de conocer profundamente quién eres y cuánto vales**, para que no termines basando tu autoconcepto en lo que esas aplicaciones te arrojan.

En este QR encontrarás un cuestionario diagnóstico de amor propio descargable para que puedas profundizar en tu trabajo de construir una relación maravillosa contigo. Recuerda que no tienes que mostrarlo a nadie, y es importante hacerlo porque lo que no se conoce no se puede mejorar.

En este QR encontrarás un ejercicio de autoaprecio y gratitud hacia ti. Puede sonarte raro porque nunca te has reconocido o al menos, dado el derecho de la duda, para explorar el ser maravilloso y fascinante que eres... sí, así en tu imperfección o en tu perfecta imperfección, con toda tu humanidad. Recuerda que ser feliz es para valientes.

Construyendo mi felicidad: **Revisando mi amor propio**

① ¿Siento que me conozco a profundidad?
② ¿Me reconozco como la persona más importante de mi vida?
③ ¿Qué opino de mí? ¿Cómo me describo?

FELICIDAD

4. ¿Me gusta mi respuesta anterior? En caso de que no, ¿cómo resignifico mi concepto de mí?

5. ¿Siento que puedo, pertenezco, elijo, valgo y merezco?

6. ¿Cuál de los enemigos del amor propio se hace presente con más frecuencia?

7. ¿Cómo me trato?

8. ¿Escucho a mi cuerpo? ¿Lo honro dándole descanso cuando me lo pide? ¿Lo reconozco como una máquina o un adorno?

9. ¿Le he agradecido que ha sido mi armadura y principal vehículo todos estos años?

10. ¿Lo que otros opinen de mí determina mi valor?

11. ¿Cuándo fue la última vez que me celebré?

2. RESPONSABILIDAD PERSONAL

> "Vivir es saber aceptar en equilibrio las consecuencias de nuestras decisiones".
> PAULO COHELO

Tomar el volante de tu vida en tus manos y responsabilizarte de tu realidad es la experiencia más satisfactoria y poderosa que puedes tener. Sentirte y saberte creador y dueño de tu vida es realmente el inicio de empezar a vivir pleno.

Si bien ya hablamos de la responsabilidad personal, es importante profundizar por qué es indispensable para que construyas tu felicidad. Como te dije, la palabra responsabilidad (respons-habilidad), refiere a la habilidad de responder ante lo que nos sucede, ser capaz de enfrentar la vida, incluidas su adversidad e infelicidad.

¿Has pensado en la posibilidad de adueñarte de tu vida y dejar de pedir permiso u opinión para vivirla? ¿Cuánto tiempo has dejado a otros decidir tu vida, ya sea directamente o indirectamente por considerar su opinión tan importante? ¿De cuántas cosas te has perdido por sentir que tu vida no depende de tus decisiones? Tal vez te suena aterrador sentir que de ahora en adelante tendrás que decidir tú sobre tu vida, que eres tu prioridad y que ya no podrás señalar a otros por tus errores y decepciones. O puede ser que te suene imposible, si es que llevas años viviendo hacia afuera, tratando de complacer a todas las personas que te rodean al grado de que tu identidad se ha desdibujado. Es decir, ya no sabes si tú eres tú en realidad, en esencia, o el personaje que te dijeron que tenías que ser. O en el mejor de los casos, puede ser que la idea de vivir para ti suene emocionante y que a partir de hoy elijas por y para ti. En cualquiera de los casos, recuerda que ser feliz es para valientes.

Si reconoces que tus decisiones y acciones te han llevado hasta donde estás hoy, entonces tus decisiones y acciones podrán moverte de ahí, en caso de que no te guste. Pasar de la indefensión, al empoderamiento te dará esperanza. Es decir, la posibilidad de creer en un futuro mejor. Esta vida es tuya, aunque a veces no lo parezca. Así que conecta con tu esencia y deja de pedir permiso u opinión para vivir. Ser feliz es tu responsabilidad. Deja el personaje de víctima. Siéntete dueño y creador de tu vida. Asumir que tu presente lo has construido tú, con todas esas pequeñas y grandes decisiones, con aciertos y desaciertos, te ofrece la posibilidad de reconocerte 100% capaz de cambiarlo.

FELICIDAD

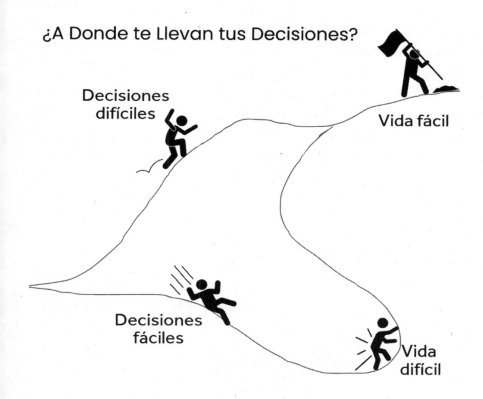

Si estás esperando que tu pareja, tu jefe, el gobierno, tus hijos, tus padres, tus vecinos o alguien o algo más cambie para ser feliz, déjame decirte que te vas a morir siendo infeliz. Si cuando tú te decides a cambiar es difícil, imagínate lo absurdo que es querer cambiar a alguien que no quiere hacerlo.

A veces, para eludir y evitar la responsabilidad de equivocarte, eliges a otro para que decida por ti, sin considerar que si esa persona se equivoca al decidir, serás tú quien cometió el error, porque en realidad elegiste a una persona no capacitada para decidir por ti. **Es decir, hasta cuando no quieres decidir y delegas la decisión, estás decidiendo. ¡Siempre eliges!** La idea es que cada día tus decisiones sean más y más conscientes.

SER FELIZ ES PARA VALIENTES

Cuando te sabes y sientes capaz de responder a la vida, y observas los resultados de esos pequeños ajustes y esfuerzos que vas ejecutando, es inevitable emocionarte y apasionarte por vivir... vivir real, realmente... vivir siendo tú el protagonista de tu vida.

Cuando entiendes que nadie más hará el trabajo por ti y te responsabilizas de tu vida, puedes encontrar ese empujón que necesitas a ser valiente y hacer los esfuerzos necesarios con todo y miedo. Es así que **la responsabilidad y la valentía son directamente proporcionales, cuando aumentas una, se incrementa la otra**. Aquí te comparto una gráfica de cómo se ve tu rol:

Ser feliz es tu responsabilidad. Así como eres responsable de proveer y hacer cosas para que eso pase haciendo frente a tu responsabilidad, igual eres responsable de pagar impuestos y hacer cosas para cumplir con tus obligaciones fiscales, igual que eres responsable por tus mascotas y haces cosas para que estén bien, igual que... etc. También eres responsable

FELICIDAD

de tu felicidad y por tanto debes hacer cosas para construirla, para que ocurra. **La felicidad no es cuestión de magia o suerte, sino de esfuerzo y mérito. Construir tu felicidad es un tema serio**, requiere estrategia (un plan) e inversión de tiempo, esfuerzo y recursos.

Así que si sólo vas a recordar una cosa de este libro, que sea: **ser feliz es tu responsabilidad**. Aquí te comparto un QR al episodio de mi podcast "El problema eres tú" en el que creo puede quedarte claro por qué también eres la solución.

Construyendo mi felicidad: **Asumiendo mi responsabilidad personal**

1. ¿Siento que sobrevivo a mi vida? ¿Por qué?
2. ¿Es común que delegue mis decisiones para eludir responsabilidad? ¿Por qué?
3. ¿Me siento el capitán de mi propia vida? ¿Me reconozco a cargo y responsable de mi vida?
4. ¿En cuál de los escalones de la gráfica "Avanzando en mi responsabilidad" me encuentro hoy?
5. ¿Estoy dispuesto a iniciar mi proceso de construir felicidad con TODO lo que implica? ¿Por qué?
6. Si contestaste que sí estás dispuesto, ¿cómo paso del deseo a la acción?

3. AUTOCONOCIMIENTO

> "Escribo porque no sé lo que pienso
> sino hasta que leo lo que digo".
> FLANNERY O'CONNOR

¿Cómo darte más de eso que te da bienestar de largo plazo, es decir, que te da sentido de propósito, salud, aprendizaje, conexión y placer, si no te conoces y no sabes qué es ni cómo conseguirlo? El primer paso para amarte es conocerte. El autoconocimiento es el primer peldaño en la pirámide de la autoestima, pasando por autoconcepto, autoevaluación, autoaceptación y autorrespeto. **El autoconocimiento consiste en mirar adentro de ti**.

Insisto ¿cómo darte más de lo que te gusta sentir y hacer si no sabes qué es? Si entendemos la felicidad como tener una vida que disfrutes y en la que encuentres significado, salud, aprendizaje, conexión y placer, en congruencia contigo, estamos asumiendo que no hay recetas, porque lo que me hace feliz a mí no necesariamente te hace feliz a ti. Por ejemplo, a muchas personas nos encanta hacer ejercicio, pero hay otras que lo aborrecen. **No te puedes promover, hacer o dar lo que te da felicidad si no sabes qué es**. De ahí que sea indispensable tener claridad sobre tus intereses, motivaciones, fortalezas, sueños, recursos, áreas de oportunidad, prioridades, emociones predominantes, detonadores de emociones incómodas o dolorosas, heridas de la infancia, etcétera.

Yo he encontrado que la terapia psicológica y el coaching son excelentes opciones para autoconocerme, y si bien asistir a sesiones periódicas con un terapeuta no desaparece las tormentas, sí me ha dado herramientas para atravesarlas.

La terapia te ayuda porque el compartir con alguien con quien te sientes seguro y conectado, que sientes que no te va a juzgar y te va a dar un buen consejo, te lleva a contarte una historia distinta de lo que pasó. Que es tanto como cambiar el pasado. La terapia te ayuda a desamarrar el nudo de eventos que te afligen.

En ocasiones, nos parece raro o malo asistir a terapia o coaching, puede ser porque escuchamos algún comentario negativo o tenemos miedo de explorar ese espacio. Y aunque afortunadamente es cada vez menos común el estigma, frecuentemente existe un obstáculo más difícl de superar: contar con los recursos económicos para ser constantes y asistir con periodicidad. La realidad es que es poca la gente que puede pagar una terapia con un especialista. ¡Es un lujo!

Una opción que me parece excelente y que sin saber su sustento científico, intuitivamente yo adopté y uso de niña es el *journaling* o escribir un diario. Recuerdo pasar horas en mi infancia y adolescencia acostada en mi cama escribiendo. Tengo una caja con más de 20 libretas gastadas de mis escritos en distintas etapas... están polvosas y no las leo con frecuencia, pero siento que deshacerme de ellas sería tanto como aventar las experiencias que me han hecho ser quién soy hoy, sería como aventar mi vida (¡Por absurdo que suene! Y no me considero acumuladora...) Incluso, considero que escribir fue, sin duda, una de las herramientas cruciales cuando me fui a vivir sola a Estados Unidos a los 20 años. Ahí desahogaba sueños, frustraciones, tristezas y retos...

Hoy gracias a James W. Pennebaker, psicólogo de la Universidad de Texas, quien demostró la utilidad de escribir sobre situaciones dolorosas y traumáticas, sabemos que **la efectividad de sacar el dolor a través de la escritura es innegable. Poner tu vida en palabras aclara tu mente**. En su estudio la confidencialidad fue garantizada, así que las personas se sentían cómodas escribiendo de sus experiencias más íntimas. Si bien al inició los participantes mostraron un incremento en sus niveles de ansiedad (por "revivir" y enfrentarse a situaciones dolorosas), después de unos días disminuyó notoriamente, incluso debajo del nivel que registraron al inicio del ejercicio. Al escribir analizando los hechos y describiendo cómo nos sentimos, damos coherencia, hacemos sentido de los eventos, tenemos un mejor entendimiento, y liberamos emociones reprimidas.

Existen beneficios adicionales a la disminución de ansiedad registrados en las investigaciones de *journaling* como: menos visitas al doctor, fortalecimiento del sistema inmune, liberación de la tensión, menos síntomas de depresión, menos pensamientos repetitivos, mejor socialización y estado de ánimo. Los hombres reportaron un mayor impacto que las mujeres, debido a que para nosotras es más común abrirnos y compartir.

Si estás pasando por un momento de reto o tienes tiempo con una situación atorada (o varias) que no sabes cómo procesar, te recomiendo el ejercicio de James W. Pennebaker: escribe sin filtro sobre una situación traumática o dolorosa durante 15 a 20 minutos al día durante 4 días consecutivos, tratando de ser analítico, conectando con tus pensamientos y con las emociones que te generó en ese momento y que te genera ahora, describiendo con detalle el suceso y el impacto que ha tenido en tu vida. No te preocupes por encontrar las palabras o la gramática perfecta. Puedes escribir sobre la misma situación las 4 sesiones o sobre distintos eventos. Tú eliges. Recuerda que puedes sentir ansiedad los primeros días, pero después te sentirás liberado o ligero. ¡Escríbeme en mis redes y cuéntame cómo te fue! Me encantará leerte...

Gracias a las investigaciones de Chad Burton, Laura King, Sonja Lyubomirsky y Aaron Antonovsky, también sabemos que cuando escribimos sobre experiencias agradables nos beneficiamos de recordarlas, describirlas, visualizarlas y revivirlas. Basta con escribir 2 minutos al día para gozar de los beneficios... ¿Te suena a magia? Pues es ciencia.

Asimismo, adicionales a la terapia y el *journaling*, creo que es importante compartir otras opciones seguras para que te eches ese clavado en ti, y goces los beneficios de autoconocerte.

Te sugiero que adicional a intentar lo mismo que harías cuando quieres conocer a alguien, como observar, invertirte tiempo, hacerte preguntas, etcétera, utilices alguna de las siguientes herramientas para conocerte:

- Escribir un diario/*journaling*.
- Explorar la herramienta del Eneagrama.
- Asistir a retiros de algún tema de interés.
- Hacer el test sin costo de las fortalezas de carácter VIA (hay en español) en: https://www.viacharacter.org/account/register.
- Aplicar el ejercicio de las "Ventanas de Johari" para conocer tus áreas: pública, ciega, oculta y desconocida. (Este me lo apliqué cuando estudiaba la maestría en Canadá y recuerdo que los hallazgos me sorprendieron muchísimo.)
- Silencio y reflexión (sólo cuando has logrado sentirte seguro en tu mente).
- Terapia de arte.

Igualmente, podría interesarte revisar la app de Shadow's Edge, creada por The Digging Deep Project, una pequeña organización sin ánimo de lucro. Dicha herramienta consiste en un juego para construir salud mental; está disponible en varios idiomas y su diseño fúe basado en la expresión, la psicología y el juego.

El autoconocimiento es un trabajo que requiere esfuerzo serio y formal, pero que paga enormes beneficios. ¿Has oído hablar de Lorena Ochoa, la golfista mexicana que fue la número uno del mundo por más de 50 semanas y que se retiro en la cima de su carrera cuando ganaba millones de dólares? Bueno, pues ella es mi amiga desde que tenía 10 años. Si bien admiro profundamente sus logros deportivos y el ser humano generoso y valiente que es, admiro mucho más la profundidad con que se conoce. Creo que es una persona que tiene tal claridad de sus valores, prioridades, límites, capacidades, intereses... que es capaz de dirigir su vida con asertividad, desempeñándose con excelencia, haciendo que esfuerzos titánicos y proyectos ambiciosos parezcan fáciles.

Trabaja arduamente "sin despeinarse", y tiene la capacidad de reinventarse, tantas veces sea necesario, como pocas personas. Sinceramente, una historia de inspiración, esfuerzo y valentía... así que si quieres saber más, te recomiendo mucho su libro y que te regales nuestra conversación sin tapujos, en el episodio "¿Por qué renunciar a ser la #1 del mundo? De mi podcast *Valentinamente Feliz*, en cualquier plataforma de audio o en mi canal de YouTube.

En este camino, probablemente descubrirás un brillo que nunca hayas visto, pero también conocerás tu sombra, esa que tu ego ha querido esconderte por años para protegerte, esa que has evadido para pretender sentirte suficiente y valiosa, esa que quisieras que no existiera para que las personas que son importantes para ti nunca la vieran... ponerte cara a cara con tu sombra duele y es incómodo. Pero recuerda, ser feliz es para valientes.

Construyendo mi felicidad: **Conociéndome**

1. ¿Siento que me conozco lo suficiente?
2. ¿Qué trae significado a mi vida?
3. ¿Cuáles son mis fortalezas?
4. ¿Qué me emociona y molesta?
5. ¿Qué características tienen las personas con quienes me gusta vincularme?
6. ¿Con qué sueño? ¿Cuáles son mis planes?

4. CONSCIENCIA

> "La combinación perfecta de humildad y confianza es ser lo suficientemente seguro en tus fortalezas para ver tus debilidades".
> ADAM H. GRANT

No puedes vivir mejor haciendo lo mismo, así que la felicidad requiere acción. **No puedes cambiar algo que no sabes que existe**. Para mejorar "algo" en tu vida debes ser consciente que la situación actual es distinta a la deseada y por qué. Para hacer este análisis es indispensable que estés presente en el presente y te des cuenta. Como dice mi mamá: "No te das cuenta, hasta que te das cuenta". Y es así como acudes a tu voluntad interna y eliges empezar a llevar a cabo un esfuerzo intencional y constante para construir un 2% más de bienestar en tu día a día.

Es justo en ese espacio de consciencia en el que está la diferencia entre reaccionar y responder. Es justo en ese espacio en el que puedes echar mano de tu libertad interior y elegir respirar para no gritar, elegir marcharte para pensar y no lastimar a tus hijos o a una persona que amas, elegir expresar que has puesto un límite sano o tomado una decisión para no generar una pelea o una crisis, elegir disculparte sobre justificarte cuando te equivocaste, elegir la compasión y no el juicio o la crítica, elegir abrazar el error sobre condenarlo, elegir ser fiel a tus valores sobre complacer, elegir el suficientemente bueno y no el perfeccionismo tóxico, etc. Recuerda que ser feliz es para valientes... y eres más valiente de lo que crees.

Construyendo mi felicidad: **Haciéndome consciente**

1 Completa las frases:

Mi mejor amigo me diría: ojalá te dieras cuenta de _____

Mi pareja me diría: ojalá te dieras cuenta de _____

Si tienes hijos, colegas, papás... sigue el ejercicio.

2 ¿De qué soy consciente hoy que ayer no lo era?

3 ¿Qué puedo hacer para vivir más presente y elegir efectivamente el área a mejorar?

5. TRABAJO DISCIPLINADO

"Cuando falte la motivación, echa mano de tu disciplina".
LEÓN PABLO

Decidir ser más feliz no es suficiente para serlo. Esa elección es necesaria, pero sólo es el comienzo que detona un proceso largo de esfuerzo, de cambios, de ajustes, de vivir consciente e ir poniendo piezas a tu Leggo. Después de tomar esa decisión hay que hacer el trabajo que requiere construir una vida plena. Es decir, necesitas levantar ese andamiaje, sistemas, hábitos y comportamientos de los que hablamos en el apartado "Ser feliz vs. Estar feliz". Recuerda que la felicidad se construye y es cuestión de mérito, no de magia o suerte.

Ser feliz requiere hacer cambios por ti y para ti que nadie más puede hacer. Ser constante en los esfuerzos intencionales y conscientes de los que elijas llevar a cabo para realmente poder evaluar si te funciona el cambio que implementaste. Evita ser un ejemplo más de la

FELICIDAD

frase: "todo el mundo ama la transformación, pero nadie quiere cambiar". **La felicidad requiere más acción que motivación**. La felicidad, como la mayoría de las cosas que valen la pena en la vida, es cuestión de trabajo y mérito. La felicidad sólo es posible construyendo nuevos hábitos de vida benéficos y positivos que promuevan el propósito, la salud, el aprendizaje, la conexión, el placer, la esperanza, la gratitud y el entusiasmo por vivir. Romper patrones, comportamientos y dinámicas que has tenido por años puede ser muy incómodo, por eso ser feliz es para valientes...

Cuando en una conversación alguien asume que yo soy feliz porque así nací o porque tuve suerte, realmente está desconociendo los esfuerzos que he tenido que llevar a cabo para ser quién soy y tener lo que tengo hoy. A mí nadie me ha regalado nada, al igual que a ti tampoco. Pensar que la felicidad es cuestión de suerte solamente te condena a vivir en tu estado actual, porque implica desconocer y demeritar el poder que tienes de hacer algo para vivir mejor y crear una realidad más feliz. Me recuerda la escena de la película de Disney *Intensamente 2*, en el que el personaje de Alegría explota cuando Furia le dice que está trastornada, y ella contesta que efectivamente está trastornada, haciéndole ver que ser alegre y optimista requiere enormes esfuerzos que la tienen exhausta.

Construyendo mi felicidad: **Comprometiéndome a trabajar disciplinadamente**

1. ¿A qué estoy dispuesto a comprometerme conmigo para vivir mejor? (Escribe algo concreto y accionable de inmediato.)
2. ¿Hasta dónde estoy dispuesto a llegar para construir esa vida plena que tanto deseo?

6. BALANCE

> "La vida es como montar en bicicleta.
> Para mantener el equilibrio, debes seguir adelante."
> **ALBERT EINSTEIN**

El balance es la armonía entre tu bienestar espiritual, físico, intelectual, relacional y emocional (áreas del modelos SPIRE), por eso entre más armónicos coexistan en tu vida, más feliz serás. Es importante recalibrar tus prioridades y recursos según los cambios de tus circunstancias personales, profesionales y familiares. Mantener un balance efectivo requiere un esfuerzo constante y consciente. Define qué es esencial para ti y gestiona tus recursos de manera que apoyen tus prioridades.

El balance es un concepto personal que se debe ajustar en las distintas etapas de la vida. Y desafortunadamente, no es algo que simplemente ocurra. Vivir en balance requiere esfuerzo, consciencia, y ajustes. En una ocasión platicando con Aurora García de León, empresaria mexicana destacada en el sector vivienda, me comentaba que el balance es como subirte a un balancin eternamente. Imagina que pones una tabla sobre una botella y te paras, mantener el equilibrio requerirá un esfuerzo constante y cuando se incline para un lado, habrás de compensar y poner peso en el otro, y así sucesivamente. Lo mismo pasa cuando buscamos balance entre nuestra vida personal y profesional, o entre la actividad y el descanso, o en el tiempo que pasamos con las personas importantes, etcétera.

Por ejemplo, en mi caso, mi balance antes de inscribirme a la maestría, primordialmente era trabajar 12 horas al día, hacer ejercicio, disfrutar de la compañía de mi esposo y construir una relación sana, prepararme para irme a estudiar una maestría al extranjero, viajar, ver a mis amigas, etc. y así me sentía en balance y muy feliz. Pero cuando

FELICIDAD

me fui al extranjero a estudiar todo cambió. Esa decisión me invitó a revisar mis prioridades y reajustar mi fórmula personal de felicidad de manera tajante; tuve que reorganizar mi uso del tiempo, revisar con qué recursos de apoyo contaba, hacer nuevos acuerdos con mi esposo, tener claros mis no negociables y las cosas que estaba dispuesta a ceder. En fin, fue todo un proceso de reingeniería de vida para poder volver a vivir de una forma en que sintiera paz y satisfacción con mi nueva realidad, que trajo consigo nuevas emociones y responsabilidades también. Y ni se diga cuando me convertí en mamá. El huracán Lázaro (mi primer hijo) llegó y tuve que volver a reajustar mi fórmula para sentirme en balance. Y cuando llegó el huracán Simón (mi segundo hijo) también... y así seguiré hasta que trascienda.

El balance es distinto para cada quién, o para la misma persona en distintas etapas de su vida. Lo importante es saber asignar tus recursos limitados de manera consciente y congruente a tus prioridades de ese momento.

El balance es el punto medio de las dualidades, de los extremos. Por ejemplo, en el aspecto físico, si bien el ejercicio y la actividad física son vitales también lo es el descanso. Emocionalmente, me doy la oportunidad de sentir miedo, ansiedad, tristeza y frustración pero también me permito celebrar, alegrarme, emocionarme y sentir paz. En las relaciones amo conectar con mis amigas e irme de viaje para convivir 24 horas 7 días a la semana, pero después necesito dejarlas de ver un tiempo y respirar de ellas y sus dinámicas... (shhh ellas no lo saben). Y así, en cada uno de los 5 aspectos que forman parte de nuestra vida como seres integrales, podemos explorar los extremos para identificar el punto exacto que significa "balance" en nuestra situación particular.

He identificado que **cuidar mi energía** es un aspecto clave de mantenerme en balance, por eso soy muy cautelosa y exigente con respecto a:

- De quién me rodeo, qué leo, qué tipo de cuentas sigo en redes sociales, que programas o series veo, qué escucho, etc.

- He vuelto un no negociable, dar movimiento a mi cuerpo, descansar mínimo 8 horas todos los días y hacer respiraciones conscientes para recuperarme.
- Trabajo en vivir presente, realmente presente.
- Observo mis emociones y estoy atenta a la información que me traen. Vivo con honestidad emocional, no escondo lo que siento. Escribo, lloro y expreso.
- Me pongo como prioridad en mis decisiones.
- Me esfuerzo por contarme historias que me sumen.
- Me enfoco en lo que puedo controlar y lo demás lo suelto.

Aquí te regalo un gráfico para que cuides tu energía:

FELICIDAD

¿Es fácil vivir en balance? ¡No! Por eso, ser feliz es para valientes.

Construyendo mi felicidad: **Definiendo mi balance**

1. ¿Me siento en paz y satisfecho cuando pienso en mi dinámica actual? ¿Por qué?
2. ¿Qué porcentaje de recursos (enfoque, esfuerzo y tiempo) estoy designando a cada área del SPIRE con base en mi dinámica actual?
3. ¿Qué ajuste requiero hacer para mejorar mi fórmula de balance actual?
4. ¿A qué me comprometo conmigo con base en mis hallazgos para vivir en balance?

7. RENUNCIAR

> "Bendita la incomodidad que te hizo moverte de lugares a los que ya no pertenecías".
> DANIK MICHELL

Renunciar a satisfacer las expectativas de los demás y decidir ser leal a ti y a tu esencia no sólo es liberador, sino que es indispensable en tu construcción de felicidad. No caer en la tentación de la complacencia, los aplausos y el reconocimiento ajeno, pagando el costo de la autotraición es básico para vivir pleno. Rompe el prediseño del molde de tu vida y **construye tu propio molde**.

SER FELIZ ES PARA VALIENTES

Uno de los mayores obstáculos que enfrentas actualmente para ser feliz, es vivir con base en las expectativas que crees que los demás tienen de ti. Cuando naciste ya había expectativas sobre ti definidas por tu contexto. Y aunque hablamos sobre la importancia de sentir que perteneces para tu autoestima y amor propio, existe aquí una trampa: complacer. En ocasiones malentendemos la pertenencia y pagamos cualquier precio por conseguirla, incluida la autotraición. Llevándonos en el largo plazo a una decepción profunda, una desconexión de nuestra esencia y a un sentido de vacío. Con la intención de pertenecer y conectar, terminamos viviendo una vida falsa, una hipocresía, una obra de teatro, en la que llegamos no sólo a desconocernos a nosotros mismos, sino a decepcionar y alejarnos de las personas con las que queríamos conectar. ¡Qué paradoja! ¿Puedes pensar en alguien que vive pretendiendo ser quien no es? ¿Cómo lo identificas? ¿Conectas con esa persona? ¡Obvio no!

¿Cuántas personas dedican su vida a actividades que no les apasionan y que muchas veces no hacen bien? ¿Cuántas otras mantienen relaciones que las lastiman, o se traicionan a sí mismas, por el simple hecho de darle gusto a las personas que quieren o por conformarse con lo que la vida les puso enfrente? ¿O cuántas personas valoran más la opinión de un amigo o familiar que su propia opinión? Realmente puedes dedicar tus días y semanas a lo que te apasiona y eres bueno haciendo, puedes tener relaciones sanas que sumen a tu bienestar y puedes serte fiel a ti y ser auténtico sin sentir culpa por ello. **Sólo tienes que descubrir qué es y ejecutar un plan de acción para lograrlo.** Recuerda la frase de Henry Ford: "Tanto si crees que puedes o no puedes, tienes razón".

Lograr que tus propios aplausos sean los más importantes no es fácil. Es un proceso largo, un baile entre la observación de exterior para conectar y la del interior para asegurarte de que te sigues perteneciendo primero a ti. Cuestiónate, desecha lo que no te suma y vive tu vida bajo tus propias reglas. **Aprende a renunciar y soltarte de todo menos de ti mismo.** Por eso, ser feliz es para valientes...

Incluso, revisa si necesitas renunciar a comportamientos tóxicos (tuyos o de personas cercanas) que han sido normalizados, como:

- Que te llamen aburrido por no fumar o beber alcohol, o sólo ser capaz de divertirte si lo haces.
- Compartir frases sobre amabilidad en redes sociales, pero en la vida real ser todo menos amable.
- Sacrificarte continuamente por otros (afectándote tú) y considerarlo un acto de generosidad.
- Burlarte o descalificar los sueños o aspiraciones de alguien más.
- Dar opiniones agresivas y lastimosas, y considerarlas críticas constructivas.
- Chismear y hablar de personas que no están presentes.
- Ser grosero en el anonimato de las redes con tal de ganar *likes* o seguidores.
- Invalidar el dolor o trauma de alguien más, sólo porque hay situaciones peores.

Elige qué opiniones escuchas y das importancia, recuerda que el espectador no se ha ganado el derecho de ser escuchado, y que **lo que otros piensan de ti habla más de ellos que de ti**, porque se basa en su percepción, interpretaciones, creencias e historias, más que de la realidad. Acepta que "no eres monedita de oro para caerle bien a todos" y que igual que a ti no te simpatizan todas las personas, está bien que tú no le caigas bien a todos.

Adueñate de tu vida y deja de pedir permiso y opinión para vivir. En realidad, si lo piensas, no es un planteamiento de opciones excluyentes, "una u otra", sino de conjunciones, "una y otra". Porque la magia está en entender que cuando te eres fiel a ti, realmente les estás regalando tu verdadero ser a las personas con las que te relacionas, y no una fachada, un personaje, y una mentira... ¡Y eso conecta! Entonces, todos ganan.

En caso de que quieras trabajar este aspecto te sugiero un ejercicio de apertura e introspección para que realmente puedas definir con claridad qué soltar y qué conservar para construir tu mejor versión.

Construyendo mi felicidad: **Viviendo para mí**

1. ¿Considero que vivo para darle gusto a los demás?
2. ¿Me importa más la opinión de ciertas personas que la mía?, si contestaste que sí, ¿de dónde viene este comportamiento? ¿De quién lo aprendí?
3. ¿Cómo puedo recordarme que la opinión de otros habla más de ellos que de mí?
4. ¿Cómo puedo resignificar mi historia para adueñarme de mi vida?
5. ¿Qué acciones me comprometo a tomar para soltar?

8. INFORMACIÓN

> "Todos tienen derecho a su propia opinión, pero no a sus propios hechos".
> DANIEL PATRICK MOYNIHAN

Al construir bienestar con base en la ciencia aumentas tus posibilidades de éxito, evitando vacunarte contra ti mismo y perder confianza en ti al fracasar reiteradamente en tus esfuerzos. Es un trabajo arduo

FELICIDAD

con altibajos, pero percibir resultados pronto comprueba su eficacia y aumenta la motivación para continuar trabajando.

El último pilar de la felicidad es información, porque facilita el trabajo de construcción de una vida plena y feliz. Las ciencias de la felicidad nos dan información y herramientas que al haber sido probadas científicamente nos acercan al éxito cuando nos ponemos "manos a la obra". Nos comparten información confiable sobre qué es la felicidad, cómo se trabaja, qué herramientas realmente sirven, cuáles son los mitos, etc. Contar con una receta para hacer un pastel siempre facilita el proceso.

La particularidad de ser feliz es que hay tantas recetas como seres humanos, lo que te sirve a ti, no necesariamente me sirve a mí. Así que no existe una receta genérica. Hay que complementarla con la investigación interna. De esta forma podrás darte más de eso que para ti trae propósito, presencia, salud, autocuidado, conocimiento, conexión, placer, valentía, gratitud, optimismo, esperanza, gratitud...

Construyendo mi felicidad: **Recabando información interna y externa**

1. ¿Qué tema quiero investigar en el ámbito de las ciencias de la felicidad?

2. Para profundizar en tu información interna, realiza este ejercicio de 6 pasos:

   I) Evalúa- ¿Cómo me siento en cada uno de los pilares del 1 al 5 (siendo 1 el mínimo)?

   Amor Propio____.

Responsabilidad personal_____.

Autoconocimiento_____. Consciencia_____.

Trabajo disciplinado_____.

Balance_____. Renunciar_____. Información_____.

II) Describe: ¿Por qué me puse cada uno de los números?

III) Prescribe: ¿Qué hago para mejorar en cada pilar?

IV) Elije un aspecto y trabajo durante mínimo 30 días.

V) Observa los resultados.

VI) Si te funcionó para construir bienestar: continúa. Si no te funcionó: ajusta o cambia de aspecto.

3 ¿Me siento capaz de construir una vida con bienestar? ¿Por qué?

4 ¿Me conozco lo suficiente para saber qué me genera bienestar en los ámbitos espiritual, físico, intelectual, relacional y emocional?

HORMONAS DE LA FELICIDAD

> "Las hormonas son las moléculas de la emoción y del comportamiento".
> RICHARD DAWKINS

¿Conoces la química de la felicidad? Las hormonas son los mensajeros químicos del cuerpo que regulan casi todos los procesos corporales. En tu cuerpo se producen muchos químicos o neurotransmisores que contribuyen a tus niveles de bienestar, es decir a tu salud mental, física y emocional. Para simplificar y hacerlo más comprensible, profundizaremos en 4 de ellos: dopamina, serotonina, endorfina y oxitocina. Estas 4 sustancias trabajan en equipo para impulsar tu bienestar mental, físico y emocional. Las 4 son importantes y la idea es mantenerlas en balance.

La **oxitocina** está relacionada con el amor, la empatía, la unión, la confianza y la generosidad. Algunas de sus funciones son:

- Genera lazos afectivos.
- Aumenta la confianza y la empatía.
- Aumenta la excitación sexual.
- Facilita la lactancia.
- Reduce los niveles de estrés.

¿Cómo producirla?

- Escucha música y canta.
- Medita.
- Escucha con atención y practica la empatía.
- Establece contacto físico con alguien significativo.
- Sé generoso y caritativo contigo y con los demás.
- Ten pensamientos positivos.
- Recibe un masaje relajante.
- Toma sol por 10 minutos al día.
- Abraza de frente y con ambos brazos 5 veces al día.
- Ríe con frecuencia.
- Ingiere frutas, vegetales y cítricos.

Su ausencia provoca:

- Comer en exceso.
- Adicciones.

- Depresión.
- Falta de interacción social.
- Trastornos de ansiedad.

La **dopamina** está relacionada con la satisfacción, recompensa, motivación y placer. Algunas de sus funciones son:

- Regula tu estado de ánimo.
- Aumenta tu energía.
- Te recompensa el placer.
- Te motiva y hace creativo.
- Te ayuda a estar atento.
- Aumenta tu presión cardíaca.

¿Cómo producirla?

- Disfruta de los pequeños placeres: música, naturaleza, sabores, etc.
- Medita y regula tus niveles de estrés.
- Establece objetivos y lógralos.
- Deja que la vida te sorprenda.
- Haz ejercicio 3 veces por semana.
- Ten relaciones sexuales.

Su ausencia provoca:

- Estrés constante.
- Antojos por alimentos azucarados, alcohol y alimentos grasos.
- Dormir en exceso, desgano.
- Procrastinación.
- No sentir placer por las actividades diarias.

FELICIDAD

La **serotonina** está relacionada con el bienestar, la relajación y la satisfacción, comúnmente es llamada la hormona de la felicidad. Algunas de sus funciones son:

- Regular el estado de ánimo.
- Actúa en los movimientos del intestino.
- Controla el apetito.
- Estabiliza las emociones.
- Regula la síntesis de hormonas.

¿Cómo producirla?

- Practica la gratitud.
- Disfruta de la naturaleza.
- Recuerda momentos importantes de tu vida.
- Ejercítate.
- Celebra logros diarios.
- Vive aquí y ahora.

(Tips para aumentarla):

- Realiza 30 minutos de ejercicio aeróbico.
- Ten plantas en tu hogar.
- Practica técnicas de respiración.
- Busca lugares con mucha luz.

Su ausencia provoca:

- Mal humor.
- Alteraciones en el deseo sexual.
- Dificultad en el aprendizaje.
- Irritabilidad.

Las **endorfinas** están relacionadas con la tranquilidad, el placer y la risa. Algunas de sus funciones son:

- Disminuye el dolor físico (analgésico natural).
- Regula el ánimo y crea sensación de bienestar.
- Ayuda a liberar la secreción de hormonas sexuales.
- Reduce el estrés y la ansiedad.
- Facilita la capacidad de atención y memoria.

¿Cómo producirla?

- Haz ejercicio o practica yoga.
- Practica algún pasatiempo.
- Baila y canta.
- Frecuenta tus relaciones importantes.
- Sonríe a la vida y ríete mucho.
- Ten relaciones sexuales.
- Come alimentos picantes.

Su ausencia provoca:

- Problemas para dormir.
- Desequilibro emocional: depresión o ansiedad.
- Estrés crónico.
- Dolor constante.
- Propensión a las adicciones.

¡Ojo! El ejercicio es clave, como puedes ver te ayuda a producir 3 de lo 4 neurotransmisores que revisamos. Y aunque la Endorfina y la Dopamina, se parecen, tienen algunas diferencias como que la Endorfina tiene la misión de apagar el dolor; se activa con el ejercicio intenso o un buen golpazo y el resultado es una sensación de euforia y bienestar. Mientras que la Dopamina tiene la misión de buscar recompensa, se activa con la comida deliciosa, ganar un juego o cuando satisfaces una expectativa; el resultado es una sensación de satisfacción y de haber ganado de más. Así que activa tus endorfinas con ejercicio y encuentra placer en las pequeñas cosas (lejos de las pantallas) para mantener a raya a la dopamina.

Construyendo mi felicidad: **Potenciando mi química de la felicidad**

1. ¿Qué me gustó saber sobre mis hormonas de la felicidad?
2. ¿Qué hallazgo resonó conmigo?
3. ¿Qué me puede ayudar para tener mis neurotransmisores en balance?

¡CUIDADO! ES CONTAGIOSA

> "Si quieres estar en la luz,
> ayuda aquellos a tu alrededor a brillar".
> TAL BEN-SHAHAR

¡La felicidad es contagiosa! ¿Te ha pasado que ves a alguien reír, sonreír o bailar y te dan ganas de hacerlo tú también? O ¿Te has reunido con una amiga que dejaste de ver hace unos meses y notas un brillo distinto en ella? Pues es gracias a unas neuronas que están en la parte frontal de tu cerebro, llamadas las "neuronas espejo", y así como su nombre lo dice reflejan lo que ven. Así que cuando tú proyectas plenitud, esfuerzo por vivir mejor, optimismo, salud, esperanza, valentía, gratitud por estar viva, satisfacción por ser quien eres, emoción de vivir por y para ti, etc. muy probablemente, las personas a tu alrededor lo sienten gracias a sus neuronas espejo y se inspirarán. Asimismo, las personas con las que convives de manera regular se inspirarán al ver tus avances y comenzarán a tomar acción.

También sabemos por numerosos resultados de investigaciones que el comportamiento de una persona influye en el de las otras personas presentes. Dos ejemplos extremos son el "Experimento de Milgram" en la Universidad de Yale, que comprobó que la mayoría de las personas estaban dispuestas a hacer daño físico a otra por obedecer una orden, y el famoso "Experimento Zimbardo" en 1971 en la Universidad de Standford, en el que tras asignar roles de carceleros y presidiarios a un grupo de jóvenes reclutados aleatoriamente, los custodios asumieron a tal grado su rol que terminaron siendo perversos y sádicos, provocando la suspensión del experimento. Esta investigación dio pie a la película "El experimento de la prisión de Standford" en 2015, una obra cinematográfica fuerte, pero que ejemplifica claramente la influencia que tiene el comportamiento de uno o unos seres humanos en otros.

Pues igual pasa con algunos aspectos positivos como la felicidad. Cuando tú trabajas en construir tu felicidad, no sólo compartes tu mejor versión con las personas que te rodean, sino que los inspiras a trabajar por la suya. ¿Te ha pasado que empiezas a construir algún hábito de bienestar como comer mejor, alimentar tu amor propio, usar menos el celular, aprender un idioma, ser amable, leer 3 páginas de un libro diario, etc. y que tus amigos, familiares o colegas te pregunten qué estás haciendo? A mí también... Justo es la capacidad que tenemos de influir unos en otros lo que nos lleva a buscar rodearnos de lo que Marian Rojas Estapé llama "persona vitamina" y a ser una de ellas también. ¡Así que ten cuidado, la felicidad es contagiosa!

FELICIDAD

Construyendo mi felicidad: **Contagiando felicidad**

1. ¿Quién me contagia felicidad, alegría, optimismo, esperanza, etc. la mayoría de las veces que convivimos?
2. ¿Quién me "da para abajo" (contagia desesperanza, negatividad, quejas, dolor, etc.) la mayoría de las veces que convivimos?
3. ¿Cuándo he sentido la presión de actuar de cierta forma para satisfacer las expectativas del ambiente o las personas presentes, incluso traicionándome?
4. ¿Cómo puedo evitar la hipocresía emocional o conductual?
5. ¿Qué puedo hacer para no ceder tanto poder al ambiente o a personas, y mantenerme congruente a mí?

¿TODOS DEBEN SER FELICES?

La respuesta corta es ¡NO! **Ser feliz no es fácil**, los costos son altos (aunque menores a los de resignarte a tu infelicidad), y **no todas las personas están dispuestas a poner el trabajo que se requiere** para construir una vida con plenitud. Si conoces a alguien que no está dispuesto a trabajar en construir su felicidad, te sugiero lo respetes. La felicidad es personal y por más que ames a esa persona, no puedes construir felicidad por ella. Igual, que aunque hay personas que te aman con toda su alma y estarían dispuestas a hacer el trabajo por ti, no pueden hacerlo. Todos tenemos la capacidad de ser felices pero es un camino que empieza con una elección personal, y continúa con un trabajo que sólo tú puedes hacer por y para ti.

Construyendo mi felicidad: Aceptando y respetando

1. ¿A quién he querido hacer feliz? ¿Por qué?
2. ¿Quién he querido que me haga feliz?
3. ¿A qué me comprometo conmigo con base en mis respuestas anteriores?

EL PAÍS MÁS FELIZ DEL MUNDO

Dicen que tú no encuentras a Bután, sino que Bután te encuentra a ti. ¡Y aquí estoy!, cansada de caminar más de 12 kilómetros para visitar el monasterio Taktsang Palphug, mejor conocido como Monasterio del Nido del Tigre, que está en un acantilado a 3,120 metros de altura, a 10 kilómetros de la ciudad de Paro. Estoy empapada, mis botas están llenas de lodo y me encuentro compartiendo una col empanizada (con una cubierta crujiente naranja que pinta los dientes) y un té de *buttermilk* con una familia local y dos monjas budistas que bajaron del templo para descansar el fin de semana con sus familias en la ciudad. Ellas no hablan español ni inglés, y yo no hablo dzongkha (idioma nacional); así que optamos por el lenguaje de señas y el sentido común. Lo que sí hablamos las 3 durante la hora y medio que compartimos trayecto bajando la montaña fue el lenguaje de la empatía, la compasión y la generosidad. ¡Qué gozo vibrar su paz! Me ofrecen una pastilla de menta. Yo dudo porque el empaque parece medicina. Insisten. Soy valiente y la pruebo. Mi corazón explota de gratitud y siento una conexión especial con la montaña, o con ellas, o con el país, o con la vida. ¡Ya ni sé! No importa el pasado ni el futuro. Sólo existe este momento.

FELICIDAD

Fue mi último día del viaje. Mañana termina una excursión de 9 días que me hizo cruzar el mundo (no hay nada más lejos de México) y me llevó a conocer e intimar con Bután. ¿Y si la felicidad fuera un lugar? Esa fue la frase que me cautivó, y convirtió está experiencia en un sueño a cumplir. Hoy estoy aquí. Es una realidad.

Bután significa la Tierra del Dragón del Trueno, tiene menos de 800,000 habitantes y 40,994 km² de superficie. Está en Asia, entre dos gigantes: China (zona del Tíbet) e India. Es uno de los países más pequeños y con menos población del planeta, y su territorio está dividido en veinte distritos. Es una monarquía constitucional con un parlamento como órgano legislativo. Lo intrínseco de su historia, cultura y el medio ambiente hacen que sea uno de los pocos lugares en la Tierra en los que todavía la humanidad y la naturaleza conviven en armonía. De hecho, es el único país con huella de carbono negativa. Es decir, limpia más el planeta de lo que lo contamina. Y hasta te cobra una cuota de 140 dólares aproximadamente por día para resarcir el daño al medio ambiente que haces con tu visita.

Hay evidencia que sugiere que los primeros asentamientos en Bután datan del 2,000 A.C. Sin embargo, en la historia moderna no hay mucho escrito. En 1949, India y Bután firmaron el Tratado de Paz y Amistad. En 1952, con el rey Jigme Dorji Wangchuck, Bután comenzó a salir lentamente de su aislamiento e inició un programa de desarrollo planificado. Se convirtió en miembro de las Naciones Unidas en 1971. En 1972, Jigme Singye Wangchuck (cuarto rey) ascendió al trono a la edad de 16 años, pero a pesar de su juventud fue un visionario, hizo hincapié en la educación moderna, la descentralización del gobierno, el desarrollo de la hidroelectricidad, el turismo, y la ruralidad. Es él quién reconoce que el desarrollo tiene muchas dimensiones y los objetivos económicos (Producto Interno Bruto) no bastan para medir el progreso. Es conocido internacionalmente por su filosofía de desarrollo global de la "Felicidad Nacional Bruta"

(GNH: Gross National Happiness). Y algo que, desde mi óptica, hace evidente su grandeza humana, es el desapego del poder, ya que satisfecho con el proceso de democratización en transición de Bután, abdicó en diciembre de 2006, dejando a su hijo, Jigme Khesar Namgyel Wangchuck, nacido en Nepal en 1980, mejor conocido como el Rey Dragón de Bután (Druk Gyalpo), convirtiéndose así en el monarca reinante más joven del mundo, a la edad de 28 años. Los butaneses y el mundo saben que, aunque el cuarto rey mantiene un bajo perfil, sigue asesorando a su hijo.

Bután es un país mágico, lleno de leyendas y misticismo. Desde que llegamos, encontramos a toda una delegación de cadetes elegantísimos, una alfombra roja y una decoración majestuosa en el aeropuerto. Yo iba dispuesta a ser sorprendida, después de 30 horas de travesía, pensé que así recibían a sus turistas. Pero, ¡qué sorpresa me llevé cuando miré a los reyes de Lesoto, un país africano, bajar del mismo avión para una visita de Estado! Y momentos después vi al personal del aeropuerto retirar la alfombra roja antes de que bajáramos el resto de los pasajeros... ¡Oh, qué desilusión!

Percibí a Bután como un país joven, con una dinámica principalmente rural, a excepción de las ciudades de Paro y Thimphu, donde se veía más modernidad. Por ejemplo, no hay semáforos, sólo uno en la ciudad de Thimphu y es humano. ¡Sí, leíste bien! Hay un oficial de tránsito dentro de un kiosko dando las señales para que circulen los coches. Obvio, como buenos mexicanos, lo saludamos, para desafiar su habilidad... y sí nos saludó de vuelta jajaja. Afortunadamente, no hubo accidentes.

Hasta hace algunos años, los butaneses empezaron a adoptar el uso de los escusados, el lavado de dientes y la refrigeración de los alimentos. Incluso antes de 1999 no había televisión e internet. El uso de billetes es relativamente reciente, y en muchas comunidades se sigue utilizando el trueque.

FELICIDAD

El rey tiene una visión internacional (estudió en Boston y Londres) y poco a poco busca llevar modernidad y prosperidad al país, sin descuidar los valores, cultura y sostenibilidad que los caracterizan. Por ejemplo, a pesar de que en sus costumbres estaban muy arraigadas las tradiciones de la poligamia, él escogió la monogamia con Jetsun Pema. ¡La gente ama a su rey! Lo perciben como un líder sensible, congruente e inspirador. Encuentras fotos de él con su familia en todas las casas, templos, restaurantes, hoteles y tiendas. Prácticamente, todos los butaneses afirman que darían la vida por su rey y su familia.

Creo que más que profundizar en datos del país, que puedes fácilmente encontrar en internet, me gustaría compartirte mi experiencia y percepción.

Encuentro muy valioso el hecho de que el gobierno se tome en serio la felicidad y el bienestar de sus ciudadanos. "El gobierno no debe hacer felices a los ciudadanos, sino poner las condiciones para que ellos se hagan felices", nos compartió Thakur S. Powdyel, exministro de educación. Un señor sabio y conocedor de las políticas públicas del país, creador del sistema educativo en el primer gobierno, con quien tuvimos la oportunidad de conversar y profundizar, gracias a las gestiones de la World Happiness Foundation.

La filosofía que prioriza el bienestar integral es muy fácil de percibir. Todos los programas de gobierno refieren al GNH y se cuelgan de alguno de sus 4 pilares divididos en 9 dominios que miden con 33 indicadores. En el ámbito empresarial tienen un programa de certificación en GNH y cuando las organizaciones no cumplen los requisitos, los asesoran para cerrar las brechas y que así lo logren. Las escuelas tienen programas robustos de Mindfulness, Bienestar emocional, y Sostenibilidad. Todos en Bután entienden la felicidad como el bienestar integral de largo plazo (no como una emoción), sino algo muuuy en serio.

Aún no valoran las posesiones, lo material, las marcas y el estatus tanto como lo hacemos en las sociedades occidentales. Creo que la triada de ser – hacer – tener la tienen bien alineada. No percibí hambre. Y a pesar de tener pocas posesiones, no se sienten pobres o en desventaja. Son conscientes de su dignidad y el fin no justifica los medios. Su práctica espiritual basada en el budismo los hace practicar el desapego y conectar mucho consigo mismos y con la naturaleza. **Creen en el poder de la intención, el karma, el bien común y el poder de la comunidad y los esfuerzos colectivos.**

Cuando me pregunto si en realidad son felices, mi respuesta corta es: ¡Sí! Como he dicho, la felicidad es plenitud, satisfacción, es tener una vida que en términos generales valga la pena. Idea que tiene el componente medular de las "expectativas". Considero que su recién apertura al mundo mantiene muchas posibilidades, panoramas, estilos de vida y opciones desconocidos aún, y eso también resulta en altos niveles de satisfacción. **El reto estará en mantener la satisfacción cuando las expectativas cambien.** De hecho, una de las problemáticas compartidas por el exministro del trabajo Dorji Wangdi, fue que los jóvenes que se están yendo a estudiar a otros países ya no quieren volver.

Estar en Bután fue una experiencia que llevaré en mi corazón por siempre. Hubo de todo, desde tomar baños de bosque al pie de los Himalayas, conversar con Rinpochés, conocer el programa de conservación de la Garza de Cuello Negro (ave que emigra del Tíbet a Bután todos los años y es muestra de prosperidad) en Gangtey, compartir alimentos y orar con los monjes en el templo de su universidad, visitar el Buda Dorado, cantar en el kareoke, disfrutar una sesión de *sound healing* con el Gongg del Dragón de Trueno, visitar mercados y restaurantes locales con comida picosa, ver el cambio de la guardia real, participar en el ritual de asignación de un nombre Butanés (el mío fue

FELICIDAD

Choki Zangmo, significa prosperidad y excelencia espiritual) en el pueblo de Punakha donde rinden culto a la fertilidad y hay esculturas y souvenirs de penes por todos lados, entender la metodología, estadística y medición formal atrás del GNH de voz del director del Centro para los Estudios de GNH y Bután, hasta visitar la escuela ELC (Educating for Lifelong Citizenship) en la que conocimos a Tim, director de Bienestar; madame Deki, directora de la escuela, y a Kinley, una niña encantadora y valiente de 9 años que invitamos a que venga de intercambio a México. Me sorprendió que todos los niños juegan como hacía yo de niña. No tienen celulares ni ipads.

Me fascinó conectar con la energía de la intención colectiva, la compasión, la generosidad y la gratitud. Esos días me invitaron a cuestionarme todo mi mundo, mis valores, mis planes, mis prioridades, mi rutina, mi uso del tiempo, mi relación con mis padres, las necesidades creadas, la sobrevaloración del hacer, la inmediatez, el instinto, las religiones, la política, en fin, TODO. Siento que fui a un planeta vecino, como en las películas de las Guerras de las Galaxias, en donde muchas cosas se sienten como retraso porque nosotros en occidente las vivimos hace años (como el poder de la negociación y la mercadotecnia en el comercio), pero muchas otras se sienten como recuperación de una pérdida porque ya las olvidamos cuando son importantísimas (como el respeto a los ancestros y escuchar tu clima interno). **Bután es un país sin prisas, allí reina la calma, la compasión, el amor por la naturaleza y la presencia. No hay maldad. Todos están dispuestos a ayudar al turista. Y son muy conscientes del "chogshey" que significa el conocimiento de la suficiencia.**

En conclusión, si es posible que la felicidad sea cosa seria para un país, es posible que lo sea para todo el mundo. Espero de todo corazón que un día Bután te encuentre a ti.

Construyendo mi felicidad: **El país de la felicidad**

1. ¿Y si la felicidad fuera un lugar, cómo sería para ti?
2. ¿Qué información resonó más contigo de este apartado?
3. ¿Qué compromiso contigo puedes adoptar para vivir mejor de lo que has aprendido que se vive en Bután?

03 LIBERTAD, AUTENTICIDAD Y VALENTÍA

¿QUÉ ES LA LIBERTAD?

> "La felicidad es liberadora,
> pero sólo cuando tienes la valentía de vivirla".
> David Schnarch

Ser libre es elegir conscientemente cómo vivir tu vida y actuar en congruencia con tu esencia, rompiendo con las expectativas y normas preestablecidas. Esto es esencial para construir una vida plena y feliz. **Ser libre es poder elegir**. Suena tan simple y es tan complejo e importante. La importancia de la libertad se explica en la frase de Manuel Azaña: "La libertad no hace felices a los hombres, los hace simplemente hombres", porque la libertad no sólo promueve felicidad, sino que te hace simplemente humano. Tu existencia pierde sentido si no eres libre. Y no hablo sólo de las posibilidades y oportunidades que te ofrece el contexto o la cultura en la que vives, sino de la cárcel mental que a menudo nos construimos. La forma más pura de manifestación de la libertad es la elección.

¿Te gusta elegir cómo vestirte, pensar, hablar, en qué trabajar, a quién amar, dónde y cómo vivir? En fin, ¿ejercer tu derecho a elegir y decidir tu vida? Espero que tu respuesta sea un rotundo ¡SÍ! Porque eso es ser libre. Ser libre es saberte y sentirte capaz de decidir quién quieres ser y qué quieres hacer. ¡Ama tu libertad! Ámala tanto, que estés dispuesto a hacer lo que sea necesario para defenderla.

Para ser feliz necesitas ser libre por 2 razones:

1. Elegir construir tu felicidad es una decisión que debes hacer sin presiones. (No trabajas en ello porque alguien te lo imponga).
2. Porque requiere autenticidad, que te sientas libre de ser tú y vivir en congruencia con tu esencia.

Ejercer tu libertad te permite ir esculpiendo tus días y tu vida acorde a tus prioridades y valores, para así construir una vida que, en términos generales, para ti valga la pena ser vivida y te haga sentir pleno en tu propia piel = Ser feliz. Así que como dice mi amigo Leonardo Curzio, un referente en el mundo del periodismo y la política en México: "La libertad es de quién la trabaja". Por cierto, te recomiendo la conversación que tuve con Leonardo en el episodio, "Cómo ser rabiosamente Feliz" de mi podcast, una de mis favoritas, aquí te dejo el QR.

Para construir una vida con plenitud necesitas elegirla en libertad a partir de sentir que la mereces, porque sólo así estarás en posibilidad de tomar las acciones que se requieren por y para ti. Tanto Zainab

LIBERTAD, AUTENTICIDAD Y VALENTÍA

Salbi en su libro *La Libertad es un trabajo interno*, como Viktor Frankl en su libro *El hombre en busca de sentido* (que es mi libro favorito del mundo) refieren que el trabajo interno requiere vivir verdaderamente libre, y hablan de que siempre puedes elegir quién quieres ser ante lo que te sucede. Y esa libertad, nadie, NADIE, te la puede quitar. Esta consciencia te ofrece la oportunidad de **responder** en lugar de **reaccionar** a lo que te sucede, siendo el primero consciente y el último automático e irracional.

Sí se puede ser libre, y cada vez un poco más libre. La libertad como muchas cosas valiosas en la vida es un músculo que se fortalece a partir de la acción. Sí se puede ser y vivir como has soñado, sí se puede lograr eso que anhelas, sí se puede impactar el mundo y dejarlo mejor de lo que lo encontraste, sí se puede... sólo necesitas ser valiente. **Ser libre es tener las agallas para darte la oportunidad de experimentar y crear tus propias reglas.** Como mi amiga Masouma, la afgana de la que te hablé antes, que viniendo de un concepto de relaciones de pareja muy distinto en su país, en el que los matrimonios son acordados por los padres y la mujer es una posesión del hombre, ella se permitió experimentar una relación distinta con un mexicano, y años después con un alemán, creando sus propias reglas. O mi amiga Eufrosina Cruz, que desafió la historia de las niñas en su comunidad en Oaxaca, en la que son vendidas y condenadas a tener hijos siendo menores de edad, sin derecho a tener sueños. Pero ella, estuvo dispuesta a pagar los precios y estudiar, trabajar, ser madre soltera por elección y dedicarse a la política y al servicio público, desafiando los planes que la vida le tenía preparados.

Los filósofos han reflexionado sobre la libertad durante miles de años, hay cientos de libros y decenas de autores que hablan sobre la libertad, y no nos alcanzarían las páginas para profundizar y argumentar al respecto. Así que dejémoslo sencillo: **Ser libre es elegir tu camino y encarnar las consecuencias.** La clave para la felicidad es la libertad, y la realidad es que ser verdaderamente libre requiere de valentía.

El bienestar integral de largo plazo (la felicidad) no se puede construir por imposición u obligación. Si no estás convencido de querer ser feliz y aun así inicias esfuerzos con esa intención, estarías cayendo en complacencia. En este supuesto, lo interesante sería descubrir el motivo por el cuál no estás decidido a trabajar en tu felicidad. ¿A caso sientes que no la mereces o usas tu infelicidad para castigar, controlar o manipular a las personas a tu alrededor?

Construyendo mi felicidad: **Reflexionando sobre mi libertad**

1. ¿Cuándo me he sentido realmente libre?
2. ¿Qué decisiones no me siento capaz de tomar todavía? ¿Qué necesito para hacerlo?
3. ¿Cuándo he desafiado mi contexto e inventado mis propias reglas?
4. ¿Cómo puedo ser un poco más libre?

AUTENTICIDAD

> "La autenticidad es la práctica diaria
> de librarnos de quien creemos que debemos ser
> y adueñarnos de quién realmente somos".
> BRENÉ BROWN

La autenticidad es fundamental para una vida plena y feliz. Vivir según las expectativas de otros o suprimir quién eres realmente en pro

LIBERTAD, AUTENTICIDAD Y VALENTÍA

de aceptación, a largo plazo, puede llevar a la miseria y desconexión personal. La verdadera felicidad surge de vivir en congruencia con tu esencia y deseos. **La autenticidad es la libertad de ser, la libertad de ser realmente tú**. La autenticidad es cuando hay una buena relación entre la teoría y la práctica, entre el ser y sentir, el pensar y hacer. **Ser auténtico es vivir en congruencia con tu esencia y tener la habilidad de no dejar que otros te definan**. Aprender a vivir auténticamente es importante porque no construirás tu mejor versión dándole gusto a los demás. ¿Se puede ser feliz echando tu esencia abajo del tapete y siendo lo que te dijeron que tenías que ser o lo que crees que los demás esperan de ti? La respuesta corta es: ¡No!

La libertad es indispensable para construir una vida que para ti valga la pena ser vivida. Imagina una buena vida (lo que sea que eso signifique para ti), supongamos que tienes un buen trabajo, una buena persona como pareja, haces actividades interesantes, vives en un país "normal", pero nada de eso lo elegiste tú. Es decir, vives en el país "A" cuando tú prefieres el país "B", trabajas como médico cuando tu prefieres ser abogado, te casaste con Laura cuando el amor de tu vida era Leticia, tienes 2 hijos sanos pero tú no querías tener familia, amas los deportes pero en lugar de practicarlos juegas ajedrez y dominó 2 tardes a la semana, etc. La realidad es que muy probablemente te sientas miserable porque aunque las circunstancias no son malas, simplemente no son las que tú elegirías, y no están en congruencia con tu esencia.

Probablemente, creas que no hiciste mal en tomar la opción de la "buena vida poco auténtica" porque en el momento que elegiste, consciente o inconscientemente, traicionarte para complacer, recibiste aplausos, aceptación y aprecio y eso te hizo sentir pertenencia, te hizo sentir bien. Pero en el mediano y largo plazo los efectos de esa autotraición se harán notar. Tal vez, trates de ignorarlos, pero poco a poco gritarán y te harán sentir tan desconectado de ti que serán innegables. La incomodidad que vas a sentir te obligará a voltearlos a ver.

La libertad tiene un límite importante: la libertad del otro. En teoría, mientras no afectes a alguien más deberías ser capaz de elegir lo que más te convenga, pero en realidad nuestras decisiones se limitan mucho por las expectativas ajenas (gracias a la trampa de la complacencia para pertenecer, que ya comentamos), al punto que podemos llegar a confundir lo que verdaderamente queremos y somos, con lo que nos dijeron que debíamos querer y ser. **Recuerda que encajar requiere que cambies algo para ser parte, y pertenecer verdaderamente, no.** Y así como dice mi amigo Leonardo Curzio, que la libertad es para quién la trabaja, pues la autenticidad también. El trabajo mayormente consiste en no caer en la trampa de encajar. ¿Es difícil? Sí, muy difícil. ¿Da miedo? Sí, da mucho miedo. ¿Por qué? Porque inconscientemente interpretamos que decepcionar a los demás nos hace valer poco y que no pertenecemos. Por eso ser feliz es para valientes.

Probablemente, descubras rápidamente que gran parte de lo que dices y haces no tiene nada que ver contigo, son sólo tus programas o ideas viejas que absorbiste de contextos pasados u otras personas, pero las utilizas como mecanismo de defensa, para encajar. conectar o impresionar. Los clichés son fáciles de usar porque no serán cuestionados o criticados, generalmente. Y si lo llegan a ser, no serán dirigidos a ti porque tú no creaste esas ideas. No hay responsabilidad. Por otro lado cuando te atreves a expresar y actuar genuinamente, aunque corres el riesgo de ser criticado, sentir dolor, y volver al cliché o las recetas, también existe la posibilidad de acertar y celebrarte. **Ser auténtico es un riesgo, pero no pensamos que no serlo es un riesgo mayor: que se te pase la vida en tu zona cómoda y que nunca hayas descubierto lo que eras capaz de hacer y ser.** Nadie tiene un mayor potencial de ser tu mejor versión que tú mismo. No vivir auténticamente es adoptar el personaje de la víctima y caer en la irresponsabilidad, indefensión y desesperanza que eso conlleva.

LIBERTAD, AUTENTICIDAD Y VALENTÍA

¿Cuántas veces has querido parecer más rico, más joven, más sabio, o más divertido? ¿Cuántas veces has renunciado a ser tú por encajar? ¿Qué detona tu vergüenza? ¿Cuántas veces te has reído de un chiste que en realidad te molesta o apoyado una idea con la que difieres? ¿Por qué? En este mundo de redes sociales, perfeccionismo tóxico, competencia e individualismo, es verdaderamente fácil y tentador vivir para el reconocimiento externo, los aplausos o los *likes*, y pensar que eso valida quién eres y cuánto vales. Ir en contra de eso y vivir auténticamente es un acto de valentía porque tienes que superar el miedo a ser rechazado o criticado. Así que actuar de corazón se ha convertido en la forma más original de hacer las cosas. **No puedes vivir una vida auténtica sin ser valiente y no puedes ser valiente sin decepcionar a algunas personas.** La buena noticia es que los que se decepcionen porque te estás siendo fiel a ti no merecen tenerte cerca.

Una idea que ha sido clave en mi proceso de practicar la valentía para conectar con mi autenticidad y poder sentirme realmente libre es: **al querer parecer estoy renunciando a ser quien realmente soy**, asumiendo que mi esencia está mal o es insuficiente. Paradójicamente siempre que elijas aparentar estarás alimentando el personaje que has creado de ti, y finalmente desilusionarás a aquellas personas que querías impresionar, porque a nadie le gusta la hipocresía, las mentiras o las fachadas. Todos queremos conectar profundamente con otros, y la única forma de hacerlo, es con la esencia, la verdad, la autenticidad y lo genuino.

¿Pero cómo vivir en congruencia con quien realmente eres, si no sabes quién eres? Si no sabes qué te gusta, qué te motiva, qué te interesa, qué te duele, qué te inspira, qué te detona, cuáles son tus fortalezas y tus debilidades, etc. será más fácil que caigas en la trampa de encajar para sentir una aparente pertenencia. Por eso para trabajar tu autenticidad primero debes conocerte. Aquí te dejo un ejercicio para que empieces cuanto antes:

1. Trata de apartarte de tus pensamientos y opiniones (especialmente los que se sienten raros), sepáralos de ti.
2. Haz una pausa y aproxímate a ellos con curiosidad.
3. Observa tu cuerpo y ve si te hacen sentir fuerte o débil.
4. Si te hacen sentir débil, es porque no son congruentes con tu esencia, te llevan a autotraicionarte, no son auténticos sino adoptados para encajar.
5. Identifica el motivo. Pregúntate ¿Qué busco a cambio de esto?
6. Trata de decirlo de alguna otra forma más congruente contigo.
7. Repite por 2 semanas, mínimo.
8. Observa y evalúa.

Ya que hayas trabajado la parte consciente y racional de la autenticidad, puedes también darte un abrazo al alma siguiendo estos pasos:

1. Encuentra un lugar tranquilo y silencioso.
2. Respira profundo, pon tus manos en el corazón, cierra tus ojos y repite:
   - "Me permito ser diferente.
   - Me permito no encajar.
   - Me permito ser yo, aunque no siempre le agrade a los demás.
   - Reconozco que la lealtad es primero conmigo.
   - Está bien ser quien soy".

O explora alguna de las siguientes herramientas para fortalecer tu autenticidad:

1. **Conócete**: Explora alguna de las herramientas de autoconocimiento que compartimos en el capítulo anterior.
2. **Medita**: Date espacios de introspección y silencio mental.

3. Reflexiona: ¿Con qué soñaba de niño? ¿Cómo me veía de adulto cuando tenía 12 años? ¿Se parecen las versiones de mis sueños a mi realidad actual?
4. Escucha podcast o sigue cuentas de redes sociales que te sumen y te inspiren; depura las que promueven estereotipos, te hacen sentir insuficiente y te generan ansiedad.

Construyendo mi felicidad: **Fortaleciendo mi autenticidad**

1. ¿Qué necesito para re-conocerme (volver a conocerme) hoy?
2. ¿Qué estoy dispuesto a hacer para vivir más en mi "yo auténtico" y menos en el personaje que he creado para encajar?
3. ¿Con qué acción me comprometo a iniciar la reconexión con mi autenticidad?

ATENCIÓN Y PERCEPCIÓN

"Tu atención educa a tu intelecto".
— JORDAN PETERSON

La atención es la capacidad de dirigir tu energía, donde pones tu atención pones tu energía. La percepción es el proceso por el cual interpretas y organizas la información para entender el entorno. Tu realidad depende de dónde pones tu atención (**Atención -> percepción -> realidad**). Tú reaccionas o respondes a tu percepción de la realidad (la historia que te cuentas de lo que pasa), y no necesariamente a la realidad. Esta simple idea puede cambiar tu vida si la aplicas aprendiendo a entrenar tu mente. Ya hablamos un poco de esto en los apartados de "Presencia", "Así creas tu realidad" y "Amor propio", pero creo que es importante profundizar en la percepción como un proceso de tu mente.

Imagina que estás en un departamento que rentaste y la primera noche que vas a dormir ahí empiezas a escuchar unos ruidos, todo te es ajeno, te asomas por la ventana y no ves nada. Los ruidos se intensifican. ¿Qué sientes? ¿Qué pensamientos y cambios fisiológicos tienes? ¿Cuál crees que es el origen del ruido? ¿Pensaste en un ladrón o en algún gato u otro animal? De la historia que te hayas contado dependerá tu realidad, tu experiencia.

La percepción involucra una serie de pasos complejos a través de los cuales los estímulos externos son recibidos, procesados e interpretados por el cerebro. Aquí te comparto algunos: Recepción sensorial (recibe), Transducción (señales eléctricas), Procesamiento neuronal (integración), Interpretación y Organización (organiza y da sentido), y Consciencia perceptual (experiencia consciente y entendiemiento). **La percepción no es un proceso pasivo, está influenciada por varios factores, incluyendo la atención, las expectativas, las experiencias previas, la cultura y el estado emocional**. Estos factores pueden afectar cómo interpretas los estímulos, cómo percibes la realidad y cómo es tu interacción con el mundo. Si no fuera así, todos percibiríamos a una persona o película de la misma forma.

Ahí está la magia de la gratitud, te ayuda a entrenar tu atención (Sistema Reticular Activador Ascendente) para que se enfoque en lo que sí aprecias, en lo que sí fue suficiente, y en lo que te sientes afortunado de tener, ser o haber vivido. Cito al Dr. Joe Dispensa: "Al combinar el sentimiento de gratitud con una intención clara, encarnas emocionalmente el nuevo evento: el pensamiento cambia tu cerebro, y la emoción cambia la química de tu cuerpo. Estás ahora en un nuevo futuro en el momento presente." ¡Ufff qué poderoso! Igualmente, como ya comentamos, la efectividad de la meditación está en entrenar tu mente a enfocar la atención de manera que te sume. ¿Puedes elegir dónde pones tu atención? La respuesta corta es ¡Sí! Cómo cualquier hábito, entrenar a tu mente para que ponga la atención en lo que te suma es un proceso, y como tal requiere tiempo y esfuerzo.

Si bien hay hechos, y pasan cosas en el mundo, no puedes enterarte de todo y ponerlo en una calculadora que te determine si el saldo es positivo o negativo. Sabes que hay eventos, unos mejores que otros, y en su mayoría no dependen de ti. Pero lo que sí depende de ti es en cuáles pones tu atención y energía, porque eso va a determinar tu percepción y por lo tanto tu realidad. Es como si tu atención fuera una lupa que donde la pones magnifica. Cuando cambias la forma en que ves las cosas, las cosas que ves empiezan a cambiar.

Por eso se puede volver tan peligroso que pongas tu atención en lo que te faltó, en compararte y creer que todos son mejores a ti, en el error, en lo que otros piensan o hablan de ti, en prejuicios y estereotipos que te hacen sentir insuficiente... Trata de llevar tu atención a tu interior, a tus valores, a tus proyectos, a todo aquello que sí está en tu control o que te suma.

¿Y si dejas de pensar la vida y comienzas a vivirla? **90% de las cosas que te preocupan jamás suceden.** No son reales, pero como **tu cerebro no diferencia entre imaginación y realidad**, pues tienen un efecto directo en tu cuerpo.

El cerebro no distingue entre realidad y ficción. **Sentimos lo que pensamos.** Y aunque la vida no es como la piensas, sino como es, para ti sí es como la piensas. Entonces, si la percepción es realidad, ¿cómo hacer para que tu percepción sea más favorable? Si aprendes a entender por qué percibes y cómo percibes, podrás contarte historias más favorables para ti y reconocer que lo que piensas es sólo una posibilidad.

El pensamiento es sólo una propuesta de tu cerebro, no un hecho. Tratas a alguien de cierta manera con base en lo que tu cerebro te propone, como el recuerdo de tu último encuentro con esa persona, o con base en lo que asumes de ella si es la primera vez que la ves, no con base en la realidad. De hecho, esa persona ya cambió desde aquel día... ¿Qué pasaría si te detienes a ajustar esa propuesta de tal manera que te sume y puedas vivir más ligera y feliz? ¿Imaginas vivir sin tomarte las cosas personales o sin querer complacer a otros? ¿Dimensionas lo que sería percibirte valiente y totalmente dueño y responsable de tu vida?

Una persona, lugar, animal o cosa no tienen la capacidad de hacerte sentir, es la idea que tu cerebro asocia a ellos lo que detona tu emoción. Por eso, al entrenar a tu cerebro y ser capaz de elegir lo que piensas en automático tendrás pensamiento que te den paz, confianza, seguridad y esperanza, en lugar de miedo, ansiedad, enojo y vergüenza.

Por ejemplo, ¿imaginas cambiar tu percepción sobre tus defectos y verlos como fortalezas? Imagina que un área de oportunidad tuya es realmente una fortaleza que no has podido pulir. Hace mucho leí que realmente los defectos o debilidades, eran fortalezas llevadas al extremo, y que la clave estaba en lograr el balance. Si bien la investigación muestra que enfocarnos en mejorar nuestras fortalezas es la forma más eficaz de acercarnos a la excelencia, ya que enfocarnos en trabajar nuestras áreas de oportunidad sólo puede llevarnos a un desempeño medianamente satisfactorio, en el mejor de los casos (porque ahí no está nuestro talento), tampoco se sugiere ignorar por completo las debilidades. ¿Qué tal si conjuntamos el concepto de percepción con el conocimiento de tus fortalezas? ¿Cómo distinguir un cisne negro o diamante en bruto del resto de los elementos, si descalificamos al primer instante muchas de nuestras características, sin cuestionarnos que tal vez, en el fondo, son fortalezas llevadas al extremo?

En mi caso, recuerdo el tema de la franqueza. Soy una persona sincera, que valora el lenguaje y el significado de las palabras, que le gusta

LIBERTAD, AUTENTICIDAD Y VALENTÍA

decir las cosas como son, y que no tienen miedo a llamar las cosas por su nombre, sin rodeos. Pero México es un país latinoamericano que valora ser políticamente correcto, la prudencia y el complacer; se percibe violento utilizar frases cortas y asertivas. Recuerdo que incluso, tuve un jefe que, en broma, me decía Violentina en lugar de Valentina.

Por ejemplo, aquí es común pedir en un restaurante al mesero: "Disculpe la molestia, cuando le sea posible, ¿podría traerme por favorcito un vasito de agüita con hielitos?" Mientras que para mí, es normal decir: "¿Puede traerme un vaso de agua con hielo por favor?"

Mi manera de comunicarme me traía frecuentes roces y problemas, al grado que incluso llegué a hacer el *disclaimer* previo a alguna conversación para aclarar que hablaba breve y seco, pero que era amistosa e inofensiva. Mi intención es ser clara porque yo aprecio enormemente la claridad y la brevedad. Sin embargo, es común que los mexicanos se enfoquen en el componente emotivo y prioricen la forma de comunicar sobre el fondo. Mi reto fue y sigue siendo mantener mi franqueza a raya para que no me traiga desencuentros y sea percibida como ruda o grosera.

Otro experimento que me parece fascinante para explicar la importancia de la percepción es el "Estudio del retroceso en el tiempo" (Counterclockwise Study) que realizó Ellen Langer en 1979, en el que llevó a un grupo de hombres mayores a un retiro de una semana. La localidad estaba decorada para parecerse a 1959. Los periódicos, la música, los productos que usabana, todo, correspondía a la realidad de 1959. Incluso, los participantes debían actuar como si realmente estuvieran viviendo en 1959. ¿Cuál fue la sorpresa? Los participantes salieron rejuvenecidos, reportando mejoras significativas en su salud física y mental, agudeza visual, audición, memoria, fuerza y flexibilidad. Incluso la apariencia de algunos participantes cambió, parecían más jóvenes después del experimento.

Nuevamente, la realidad es determinada por tu percepción, y ésta por tu atención, entre otros factores.

Construyendo mi felicidad: **Mejorando mi atención y percepción**

1. ¿Considero que, en general, veo el vaso medio lleno o medio vacío? ¿Por qué?
2. ¿Qué me ha llevado a tener mis hábitos actuales de atención y percepción?
3. ¿Cómo me siento respecto a eso?
4. ¿Soy consciente de que puedo elegir dónde pongo mi atención?
5. ¿Qué me comprometo a hacer para poner mi atención en lo que me suma?
6. ¿Qué me comprometo a hacer para recordar que mi percepción es sólo la propuesta de mi cerebro (una posibilidad), no la verdad?

REINVÉNTATE

Siempre tienes la capacidad de reinventarte. Resignarte a vivir infeliz o mediocremente, en realidad, es más difícil que ver el miedo a los ojos y tomar las decisiones difíciles para reinventarte y construir una vida mejor. Siempre puedes dejar de ser o hacer algo, para ser o hacer algo nuevo. ¿Es fácil? ¡No, nada! Da mucho miedo. Pero ¡Sí es posible! Y tantas veces quieras...

No reinventarte es el famoso "malo conocido que bueno por conocer" que te sentencia a sobrevivir tus días. Gran parte es tu ego tratando de protegerte del riesgo, incertidumbre e incomodidad que implica cualquier cambio significativo o transformación. Ya sea que quieras cambiar de trabajo, emprender, cambiar alguna parte de tu cuerpo o aspecto, terminar o empezar una relación, rediseñar tu filosofía de vida

LIBERTAD, AUTENTICIDAD Y VALENTÍA

o aprender algo disruptivo, déjame decirte que no vas tarde. Sin importar tu edad, género o pasado siempre, SIEMPRE, tienes la capacidad de reinventarte.

Puede ser que creas que tienes que continuar con ciertas actividades o un estilo de vida que ya no te suma porque en el pasado tomaste ciertas decisiones, pero eso no es real. ¿Recuerdas cuando hablamos de las creencias, esas ideas, que son simples ideas pero, que las vivimos como verdades absolutas? Pues pensar en sacrificarte o "cargar tu cruz" es una creencia de autocastigo. ¡Se vale cambiar el rumbo! Tú eres el escultor de tu vida, y por tanto siempre puedes elegir qué ajustas a tu obra de arte, que es simultáneamente, un proyecto terminado y en proceso. ¡Sí, aunque suene loco! Es parte de la famosa dualidad que encarnamos los seres humanos.

Si bien, siempre hemos de enfrentar las consecuencias de nuestras decisiones, también se vale cambiar de opinión. **Si tú no dejas que la vida te suceda y mejor la creas conscientemente encontrarás la valentía para llevar a la acción esos deseos internos que te dicen que "algo falta o debe cambiar"**.

¿Cómo trascender ese miedo que te detiene a reinventarte? Con pequeños pasos, en ambientes seguros. ¡No te avientes al vacío! Soy de la idea de no soltar una leana antes de agarrar otra. Por ejemplo, una forma de iniciar un proceso de reinvención es tomando algún curso, clase o diplomado nuevo, abrirte a información o experiencias que amplíen tu panorama. La educación te hace libre porque incrementa tus opciones y te permite elegir con más información.

Recuerdo hace 4 años, en medio de la pandemia, cuando creíamos que COVID era igual a muerte, cuando hacíamos esfuerzos enormes para mantener la empresa a flote y no tener que reducir el equipo, cuando vivía un día a la vez sorteando la avasallante negatividad del ambiente, cuando la fragilidad de la vida me era recordada a cada instante y me generaba una crisis personal de sentido de propósito… filosofaba sobre la vida y mi existencia bastante seguido. Y en una ocasión estando en terapia con Carmen, ella me preguntó: "Si murieras mañana y pudieras dejar un mensaje al mundo, ¿cuál sería?" Yo le pedí que clarificara la pregunta, a lo cual respondió repitiendo las mismas palabras: "Si murieras mañana y pudieras dejar un mensaje al mundo, ¿cuál sería?" Después de pensar por unos minutos, contesté: "Yo pondría unas bocinas en cada rincón del mundo y le gritaría: **Ser feliz es tu responsabilidad**".

Desde niña he sentido profundo en mi corazón que gran parte de la infelicidad del mundo es que las personas vivimos en el personaje de la víctima, esperando que alguien más haga el trabajo (que implica construir una vida plena) por nosotros. Y es justo eso lo que nos condena a la miseria de gozo, a la mediocridad y la infelicidad. **Para mí, la clave está en adueñarte de tu vida al 100% y asumirte como el creador de tu realidad**. Estamos adormilados, esperando que el exterior cambie para poder ser felices, y mientras, la vida se nos va.

Ese momento en terapia, lo recuerdo como si fuera ayer, y fue justo ese chispazo de energía que detonó mi reinvención más reciente (porque he tenido varias a lo largo de mi vida). Fue justo esa idea la que dio origen al mensaje fundamental de Valentinamente Feliz: Ser feliz es tu responsabilidad. Después armando las piezas del rompecabezas, buscando señales, tomando acción, y trabajando mucho, he podido construir un proyecto y una comunidad que, hoy, me llena de propósito y hace bailar a mi corazón. Aun así, no me aferro a lo que es, sino que me abro a la posibilidad infinita de seguirme reinventando, siempre fiel a mí y mis valores.

Te invito a que periódicamente toques base contigo, con tu esencia, y te asegures de que aún quieres las cosas que siempre pensaste que querías. Recuerda que eres posibilidad, que siempre puedes reinventarte y que ser feliz es para valientes.

Un ejercicio que me sirvió mucho en mi proceso de reinvención fue el de "El mejor futuro posible" de Laura King, investigadora y profesora de psicología positiva, que consiste en imaginar y visualizar el mejor futuro posible para ti, escribirlo y hacer ingeniería a la inversa para que ocurra. Es decir, hacer un plan para construir ese futuro.

Construyendo mi felicidad: **Reinventándome**

1. ¿Con qué sueño?
2. ¿Por qué quiero este sueño?
3. ¿Cómo puedo construir este sueño?
4. ¿Cuándo, dónde y con quién puedo progresar en este sueño?
5. Si viajara en el tiempo y pudiera ver en retrospectiva mi vida, ¿qué pasó para que este sueño se hiciera realidad?
6. ¿Cómo me siento viviendo este "mejor futuro posible"?

DINERO Y FELICIDAD

Puse este apartado en el capítulo de libertad, justo porque eso es lo que la estabilidad económica te da: libertad y flexibilidad en tu toma de decisiones.

¿Es importante el dinero para la felicidad? La respuesta corta es: ¡Sí! No puedes pensar en vivir pleno si tus necesidades básicas como alimento, ropa, techo, servicio médico y seguridad no están cubiertas. Primero hay que sobrevivir para poder pensar en florecer y construir tu mejor versión. Pero que el dinero sea necesario para ser feliz, no quiere decir que debas sacrificar cualquier cosa, como salud, relaciones, autenticidad o propósitos, por dinero una vez que tienes cierta estabilidad.

¿Cómo se relaciona la felicidad con el dinero? Cuando hablamos de la relación entre el dinero y la felicidad, antes se pensaba que arriba de 75,000 dólares al año (investigación basada en población de Estados Unidos), el dinero ya no traía beneficio significativo. Por ello, la pregunta no debe ser ¿cuánto dinero necesito para ser feliz? sino, **¿cómo debo usar mi dinero para maximizar mi bienestar?** Y ¿A qué estoy renunciando (costos de oportunidad) para conseguir el dinero? Hoy sabemos que **no se trata del ingreso, sino de cómo se usa: ahorros y experiencias.**

¿Te ha pasado que cambias de trabajo o puesto a uno con mayor sueldo, y aún así, después un tiempo ya no te alcanza el dinero? Las personas tienden a adaptarse rápidamente a nuevos niveles de ingresos, lo que significa que las ganancias financieras pueden tener sólo un impacto temporal en la felicidad. Este fenómeno se conoce como adaptación hedónica.

La realidad es que cuando hablamos de bienestar financiero, los ingresos no son tan importantes como los hábitos de uso. Es decir, **es mucho más importante cuánto ahorras y en qué gastas, que cuánto ganas.** La ciencia ha estudiado en diversas ocasiones si el dinero compra la felicidad, y al profundizar en sus hallazgos, lo que encuentra es que tener ahorros te da paz, libertad y flexibilidad en tu toma de decisiones, porque te permite dejar pasar ciertas oportunidades en favor de tu bienestar de largo plazo. Por otro lado, gastar en experiencias, como viajes, conciertos, comidas con amigos, un masaje, o donaciones y regalos, en lugar de en objetos, te traerá mayor bienestar. Sé que suena paradójico, ya que podríamos pensar que un objeto dura mucho más que una experiencia, pero las vivencias se graban emocionalmente en ti, lo que te permiten volver a vivir, volver a sentir, y volver a producir los químicos favorables cuando la recuerdas. Acordarte de tus experiencias significativas te lleva a encarnar las emociones agradables que te generaron, una y otra vez. Las experiencias proporcionan recuerdos y conexiones sociales que los bienes materiales no pueden, al igual que compartir con otros, puede aumentar los sentimientos de conexión y propósito. Conclusión, **tener ahorros e invertir en experiencias o regalos son decisiones favorables para ser más feliz.**

Es importante tener presente que la felicidad es una idea mucho más amplia que el dinero o la estabilidad económica. Si bien la estabilidad económica da libertad, flexibilidad y paz, y te permite hacer muchas cosas que promueven ingredientes importantes de tu fórmula personal de felicidad, no es necesario sacrificar la posibilidad de ser feliz hoy, en cualquiera que sea tu circunstancia económica, condicionándola a cierto monto en tu cuenta de banco o al crecimiento de un patrimonio financiero, siempre que tengas tus necesidades básicas cubiertas.

Es importante mencionar que la relación entre dinero y felicidad puede variar significativamente entre culturas y contextos socioeconómicos. Algunas culturas asocian más fuertemente la riqueza con el estatus y la felicidad que otras.

Algunas ideas para recordar la relación entre el dinero y la felicidad:

- **El dinero es un medio, no un fin**.
- Vivir "al día" genera muchísisimo estrés sin importar cuánto ganes.
- Los ahorros te dan libertad, flexibilidad y control para tomar oportunidades y dejar pasar otras.
- Sé consciente cuándo conviene gastar y cuándo ahorrar.
- **Piensa en el costo de las oportunidades (lo que dejas de recibir) y en los intercambios (*trade-offs*) de tus decisiones**.
- Usa el dinero de manera que maximices tu felicidad o bienestar de largo plazo.
- **Invierte**. Estate dispuesto a postergar la recompensa inmediata por una mayor en el largo plazo.

Recuerda que, según James Clear, autor de "Hábitos Atómicos", la verdadera riqueza no se trata de dinero, sino de no tener que asistir a juntas, no tener que pasar tiempo con pendejos, no estar atrapado en juegos de estatus, no sentir que tienes que decir "sí" y complacer, no preocuparte con que otros demanden tu tiempo y energía. **La verdadera riqueza se trata de ser libre**.

Si bien ya hablamos de que la estabilidad financiera tiene más que ver con tus hábitos de gasto que con tus ingresos, si no hay ingresos no hay nada que ahorrar o gastar, así que aquí te dejo 15 ideas para generar ingresos:

1. Renta un activo (casa o coche).
2. Sé un socio pasivo en algún negocio.
3. Préstamo de dinero.
4. Ventas en línea.
5. Vende tu audiolibro.
6. Empieza un canal de YouTube.
7. Crea o compra una app.
8. Compra acciones en la bolsa de largo plazo.
9. Pon anuncios en tu coche.
10. Lleva a cabo un servicio de suscripción.
11. Invierte en bienes raíces.
12. Vende productos en Amazon o eBay.
13. Empieza un autolavado.
14. Vende artículos promocionales o de catálogo sobre demanda.
15. Recomienda servicios o productos y cobra una comisión.

Construir una buena relación con el dinero probablemente requiera que tomes decisiones incómodas en el corto plazo, pero que retribuirán enormemente en tu bienestar de largo plazo. Entiendo, no es fácil, pero recuerda que ser feliz es para valientes.

LIBERTAD, AUTENTICIDAD Y VALENTÍA

Construyendo mi felicidad: **Reflexionando sobre el dinero**

1. ¿Tengo los recursos suficientes para segurar mis necesidades básicas: alimento, ropa, techo y seguridad?
2. ¿He vivido considerando al dinero como un fin o como un medio?
3. ¿Vivo en paz con mi situación económica o es un tema que me inquieta?
4. ¿Cómo puedo mejorar mis hábitos de gasto para usar más ingresos en ahorros y experiencias y menos en objetos?
5. ¿Qué me comprometo a hacer para maximizar el bienestar que el dinero trae a mi vida?

VALENTÍA

> "La valentía es la más importante de todas las virtudes".
> MAYA ANGELOU

Estoy feliz de que hayas llegado a este apartado porque es uno de mis favoritos ¡Gracias! Lo que escribo aquí busca que conectes con tu valentía y te dispongas a incomodarte, hacer el esfuerzo y pagar los precios que requiere construir una vida plena y feliz. Y, ¡Sí, eres más valiente de lo que crees!

Muchas veces me han dicho que mi valentía, viene de mi nombre: Valentina. La realidad es que no. **La valentía es uno más de los músculos que se fortalecen.** Si bien es un recordatorio que tengo desde que nací, la verdad es que ser valiente me ha costado sudor, lágrimas, sangre, relaciones y mucho cansancio. ¡Es más, me sigue costando! Todos los días cuando me observo rehusándome a hacer algo, me cuestiono y me ánimo a ser valiente y actuar en congruencia conmigo, a pesar de la expectativa, del ambiente, del algoritmo, de los demás, de los estándares o de las tendencias. ¿Es fácil? ¡No! Incluso, este acto de escribir mi libro y publicarlo implica un acto consciente de valentía para mí, porque me vuelve vulnerable, me pone en el escenario, en la arena, en el reflector para ser evaluada y juzgada. Mis ideas, la forma de escribir, el número de ejemplares vendidos, el ranking de ventas, el diseño del libro, su extención, etc. son aspectos que pueden ser juzgados y que se vinculan directamente a mí porque yo los elegí. ¿Es fácil? ¡No! He tenido que conversar muchas veces conmigo para convencerme de que si bien este libro puede no ser perfecto, vale la pena que sea compartido porque puede inspirarte a ti y a muchas personas a que se pongan a trabajar en construir una vida mejor. No busco reconocimiento, sino ayudar. Así como mis redes, mi podcast, mi audiolibro, cada conferencia o taller que doy, **hoy escribo con la única intensión de ayudarte a que construyas una vida más libre, auténtica y feliz**. Y no, ni soy iluminada, ni tengo todas las respuestas, ni soy la Madre Teresa de Calcuta, la neta lo hago porque compartirte lo que me ha funcionado llena mi vida de propósito, conexión, aprendizaje, alegría y gratitud. "Dando es como recibimos".

Bueno, pues entremos en materia. Y este capítulo de la valentía obvio tiene que empezar por el miedo. ¡Espero que te sirva y lo disfrutes!

¿QUÉ ES EL MIEDO?

El miedo es una emoción que aparece cuando te sientes en peligro. No es bueno ni malo, es simplemente información, como todas las emociones. Lo que sí es malo es vivir permanentemente en estado de alerta

LIBERTAD, AUTENTICIDAD Y VALENTÍA

porque te has acostumbrado a interpretar cualquier estímulo como peligroso, condenándote a altos niveles de cortisol (hormona del estrés), *burnout* (síndrome del quemado) o ataques de pánico o ansiedad.

Sólo piensa, cuando vienen un perro enfurecido hacia ti, es el miedo el que te hace activar tus sistemas de alerta y correr para que no te muerda, tomar un palo o gritar por ayuda. Entonces, ¿el miedo fue malo o bueno? Obvio fue benéfico, porque te hizo reaccionar ante un peligro y hacer lo necesario para salvaguardar tu integridad física. Al miedo hay que darle el lugar del copiloto y mantenerlo a raya para no permitir que te controle, pero jamás quieras eliminarlo porque sería tanto como despedir a tu guardaespaldas o cancelar tu sistema de alertas. Si bien no quieres ver en todos los perros un peligro de muerte, tampoco quieres confiar ciegamente que todos los perros son amistosos.

Recuerdo que en una ocasión salí a correr con mi perro "Ferrari", iba escuchando un podcast de Esther Perel. Iba disfrutando el camino y de repente, en cuestión de segundos, sin deberla ni temerla, vi unas fauces abiertas entre mis pies con toda la furia intentando morder a mi perrito, un Goldendoodle (cruza de Golden retriever con Poodle) extremadamente amistoso, por cierto. Cuando menos me di cuenta, mi perro se había cruzado para evitar ser mordido y había enredado la correa entre mis pies. ¡Semejante aterrizaje fui a dar! Aunque intenté brincar la correa con estilo olímpico, tropece y caí con mis rodillas en un tope que evitaba que los coches fueran a alta velocidad. Con lodo en todo el cuerpo, y sin saber que había pasado, volteé la mirada hacia atrás y vi que el dueño del feroz perro ya había perdido el control de su correa y estaba pecho tierra siendo arrastrado por su animal hacia mí. Todo pasó en cuestión de segundos. Yo temblaba (literal) y discutía con el dueño del perro, esperando recibir una disculpa, pero no sólo ni llegó la solicitud de perdón, sino que me dijo que el incidente era mi culpa porque yo tenía que correr cerca de mi casa y no por esas calles. Sí, tal cuál lees. ¡Se sintió dueño de la vía pública! Así de absurda fue la escena. Después de que el grosero individuo hiciera un par de llamadas para pedir ayuda, llegó una señora (supongo su pareja) que se llevó al perro enfurecido en un coche para que el señor volviera a su edificio. Y así fue como, en pánico, después de que un policía que pasó no pudo hacer nada porque no había lesiones que me mandaran al hospital por más de 14 días (leyes absurdas), agarré mi celular con la pantalla estrellada, jalé a mi perro que movía la colita como si estuviera divertido el drama y me fui a mi casa con mi ropa rota y sucia, y mis rodillas tamaño toronjas a llorar del coraje y la preocupación de no poder correr durante un buen tiempo.

Como ya dijimos en el apartado de "Bienestar emocional" lo importante con las emociones es entender qué clase de información nos traen. El miedo en su lado de luz busca protegerte, y en su lado de sombra te paraliza. Muchas veces se cree que los valientes no sienten miedo, pero la realidad es que TODOS los seres humanos sentimos miedo, a excepción de los psicópatas y los muertos. ¡Afortunadamente tú y yo sentimos miedo! Si no fuera así, no estaríamos aquí.

LIBERTAD, AUTENTICIDAD Y VALENTÍA

¡Piérdele el miedo al miedo! El considerar que el miedo es malo, es equivocado e incluso ingrato. El miedo es una emoción no agradable de sentir, pero cuando nos detenemos a entender "para qué" la estamos sintiendo y atendiendo, toma total sentido su existencia y hasta llegamos a agradecerla. La clave está en conocerte y aprender a identificar tus miedos, entender por qué sientes lo que sientes, saber qué te quieren decir, percibir sus distinciones, reconocer su temporalidad y aprovecharlo como parte del maravilloso sistema GPS que pueden ser las emociones.

Hace mucho, en un curso escuché que la palabra miedo en inglés, *FEAR* era el acrónimo de *False Evidence Appearing Real*. Es decir, que el miedo es la respuesta de una evidencia falsa que aparenta ser real.

Tu miedo te hace aburrido porque te lleva a buscar la certidumbre y la seguridad siempre. Tú has sido programado por la evolución para sentir miedo, y éste se mantiene alerta e híper vigilante todo el tiempo, porque su función es sobreprotegerte, buscar tu seguridad y certidumbre, sin importar los costos que pagues. El 90% de las cosas que te preocupan jamás pasan, son producto de tu imaginación y afectan tu cuerpo, tu estado de ánimo y tus relaciones. Por eso lo importante con el miedo es entender cuál es la información que tiene para ti y aprovecharla en tu favor. Es decir, aprender a gestionar el miedo, para poder aprovechar su lado de luz y que te cuide, pero mantenerlo a raya para que no te paralice y te condene a la inacción. Como dice Liz Gilbert: "Me parece que entre menos peleó con mi miedo, menos pelea de regreso". Aquí te recomiendo mucho volver a visitar los apartados de "Atención y Percepción" y "Así creas tu realidad".

En ocasiones sentimos miedo hasta por gozar. ¿Te ha pasado que cuando estás contento y te ríes mucho, alguien te diga: no te rías tanto porque mañana vas a llorar? ¿O que sientas miedo porque si hoy estás feliz seguramente se aproximará una tragedia? Una de las cosas más difíciles de sentir es el gozo, porque tenemos miedo a que en algún momento termine. Brené Brown, investigadora y académica estadounidense, comparte que **la forma de combatir el miedo al gozo es a través de la práctica de la gratitud**. Así que cuando te caches pasando del gozo a la incomodidad por esta creencia, reconócelo y de inmediato muévete a agradecer. Así pondrás tu atención y energía en lo que sí funciona, lo que sí te gusta, lo que sí tienes en la vida, y todos aquellos motivos para celebrarla. Recuerda que la adversidad tarde o temprano llegará, porque es inherente a la vida, nada más, así que mientras existan momentos y motivos para celebrar la vida, aprovecha y goza.

Ante el miedo existen 3 tipos de respuesta: pelea, huye o congela (el famoso fight, flight or freeze en inglés). Cuando estamos ante situaciones verdaderamente peligrosas en las que nuestra corteza prefrontal (clave para el pensamiento racional y la regulación emocional) se apaga y quedamos bajo la función de la amígdala entramos en un modo de supervivencia en el que la reflexión, la voluntad y la planeación no tienen cabida. Recientemente, hay algunos autores que mencionan una cuarta opción de respuesta ante el miedo: complacer.

En la anécdota que te compartí sobre el incidente corriendo con mi perro, tanto la corteza prefrontal del señor, como la mía estaban apagadas. Sentí mucho mucho miedo, definitivamente entré en modo supervivencia, y en retrospectiva creo que mi respuesta osciló entre pela y congelamiento.

En una ocasión, me preguntaba en radio una entrevistadora: "¿Qué hacer con los miedos 'absurdos'?" Ella expresaba, que consideraba que habían miedos justificados y otros injustificados. A lo que yo respondí: "Yo creo que ninguna emoción es absurda, y aunque sí puede carecer de racionalidad, la emoción sigue siendo totalmente real y válida para la persona que la experimenta". Recuerda que el cerebro no distingue entre imaginación y realidad.

La emoción del miedo puede ser el resultado de contarnos una historia de peligro poco reflexiva. Sin embargo, recordemos que en

LIBERTAD, AUTENTICIDAD Y VALENTÍA

el proceso de percepción interviene el factor de nuestras experiencias pasadas, por lo que algo que hace mucho sentido para mí, para ti puede no hacerlo en absoluto. Por ejemplo, el miedo a volar en un avión. Si analizamos la probabilidad de que te pase algo si te subes a un avión (pasajeros afectados del número total pasajeros) será bajo el índice, pero si en tu historia familiar alguien cercano falleció en un accidente de avión, volar es probable que detone mucho miedo en ti, y que la data sea poco significativa para ayudarte a manejar tu miedo. Si bien vivimos las emociones en distintas intensidades y frecuencias, es importante validarlas para poder entenderlas y atenderlas, especialmente las incómodas o dolorosas.

Te comparto que la vez que más miedo he sentido fue cuando, hace 3 años, operaron a mi hijo Simón de 2 años para destaparle un lagrimal. La cirugía era indispensable porque desde que nació, cada 2 o 3 meses se le infectaba el ojo y teníamos que ponerle gotas de antibiótico. Hasta que un día la oftalmóloga me dijo, ya se nos acabaron los tipos de antibióticos, se ha ido acostumbrando a ellos y si se acostumbra a éste ya no podremos quitarle la infección con gotas. En fin, viendo el miedo a los ojos buscamos varias opiniones de expertos y todas coincidían: había que operar. Nos explicaron que era un procedimiento de bajo riesgo, pero que por ser necesaria la anestesia general, había que firmar un documento en el que aceptaba la posibilidad de que muriera y así liberaba a los médicos y al hospital de cualquier responsabilidad. ¡Pum! ¡Mi mundo se paró de cabeza! Lo que más amo estaba en riesgo. Recuerdo haber sentido el peor pánico de mi vida, combinado con tristeza, cuando lo llevaba cargando y lo puse en la camilla. Intentó forcejear y resistirse, mientras lloraba y gritaba intensamente, pero de inmediato colocaron en su nariz unas gasas con una sustancia para dormir que hicieron que se desvaneciera en segundos. Sólo tenía un pensamiento: ¡Por favor regresa! ¡Por favor despierta! Nos dijeron que la operación duraría 45 minutos que se convirtieron en más de 2 horas, mismas que me parecieron días. No recuerdo nunca haber llorado de manera más inconsolable que ese día. Sólo le pedía a Dios y a la vida que despertara y podérmelo llevar a casa. ¡Lo que más amaba estaba en peligro!

Puede ser que te parezca exagerado lo que te cuento, que creas que mi terror era injustificado. Pero recuerda que tenemos "lentes" distintos. Yo conociendo de cerca el caso de un chiquito de la misma edad que falleció por una cirugía de anginas, no podía dejar de pensar en la posibilidad de un escenario fatal. Y aunque, afortunadamente la cirugía fue exitosa y hoy sé que fue una buena decisión (aunque muy difícil), yo recuerdo ese día como el peor de mi vida.

Puede ser que decidirte a construir bienestar de largo plazo te dé miedo. Que tengas miedo al rechazo, críticas, aislamiento, vergüenza o al fracaso, pero créeme que vale la pena correr el riesgo, porque es la única forma de vivir plenamente. Por eso, ser feliz es para valientes.

Construyendo mi felicidad: **Viendo mi miedo a los ojos**

1. ¿Me considero miedoso? ¿Por qué?
2. ¿Siento que vivo en miedo o estado de alerta permanente? ¿Por qué?
3. ¿Qué me da miedo? Haz una lista.
4. ¿De qué buscan protegerme mis miedos?
5. ¿Cuáles de esos miedos pudieran parecer infundados o irracionales? ¿De dónde vienen?
6. ¿Qué miedo me detiene en mi camino de construir una vida mejor?

¿QUÉ ES LA VALENTÍA?

> "No hay hombre tan cobarde a quien el amor no haga valiente y transforme en un héroe".
> PLATÓN

La valentía es actuar en congruencia contigo a pesar de sentir miedo. Muchas veces creemos que los valientes son aquellas personas temerarias, intrépidas, "aventadas", y emocionalmente fuertes, que no sienten miedo. En realidad, eso es imposible. Todos los seres humanos sentimos miedo. Sólo los psicópatas y los muertos no sienten miedo. Entonces, la próxima vez que sientas miedo tendrás 2 motivos para alegrarte: porque estás vivo y por confirmar que no eres un psicópata.

En realidad, lo que distingue al valiente del cobarde es la acción. Porque no es que el valiente no sienta miedo, sino que acepta su miedo, lo ve a los ojos, lo toma de la mano o lo echa a la mochila... **pero actúa** con todo y miedo.

Esta idea es crucial porque te permite reconocerte como valiente. No importa cuántos años tengas ni tu historia, definitivamente has vivido adversidad, en cualquiera de sus manifestaciones, y si estás aquí leyendo, es porque la has superado. Así que eres más valiente de lo que probablemente creas que eres.

El **antídoto para el miedo es la valentía**; siendo ésta un músculo que se trabaja y fortalece en pequeñas y grandes oportunidades y escenarios. El valiente está dispuesto a renunciar a su comodidad por actuar en busca de un beneficio. Cuando logra repetidamente **sentirse cómodo en la incomodidad por salir de su zona de comfort puede identificar una valentía "madura"**. En ocasiones la salida de la zona de comfort se da de manera voluntaria con un objetivo en específico (tú tomas la decisión), pero en otras la vida te avienta al ruedo y de repente te ves obligado a ser valiente. Aquí ¡Ojo! con estar cómodo en la incomodidad **dentro** de la zona cómoda. Es decir, por haberte resignado a ella, por sentirte en indefensión, o por creer que mereces una vida mediocre. Y aunque hagas como que no ves tu insatisfacción o como que ya te acostumbraste a ella, tarde o temprano tu verdad te alcanzará...

Te confieso que durante muchos años pensé que los valientes no sentían miedo y me frustraba sentirlo, pero cuando entendí que está bien sentir miedo, que puedo aprovecharlo y mantenerlo a raya para que me ayude a medir riesgos pero no me paralice, mi músculo de la valentía se fortaleció más fácil y rápido. Saber esto fue para mí un momento ¡Ajá! O "me cayó un 20" importante, como decimos en México. Dejé de sentirme defectuosa por mi humanidad, abracé mi miedo, y hoy actuamos juntos todos los días para hacer cosas que me dan nervios, pena, ansias o como sea que quieras llamarle... que al final es miedo; desde hablar con una celebridad en algún set de televisión o aventarme a ser vulnerable en público contando una historia personal.

Actuar con valentía te ayuda a confiar en ti. No hay valentía sin acción, y crea un círculo virtuoso con la confianza.

LIBERTAD, AUTENTICIDAD Y VALENTÍA

Eres valiente cuando dices lo que piensas sin importar lo que opinen los demás, cuando inicias o terminas una relación, cuando viajas o vas al cine solo, pones límites, aprendes algo nuevo, trabajas en tus emociones, resignificas tus historias, pides ayuda o perdón, aceptas tu imperfección... Es decir, **mientras actúas incomodándote en consciencia con un objetivo, fortaleces el músculo de la valentía, que es el principal detonador de la felicidad.**

Decidirte a trabajar formalmente en tu felicidad puede dar miedo o pánico, porque llevas tanto tiempo sobreviviendo a tu vida que este estado se ha vuelto la zona cómoda y te cuesta salir de ahí hacia lo desconocido. Elegir hacer esfuerzos conscientes y constantes por construir bienestar en cualquiera de las 5 áreas del Modelo SPIRE te puede enfrentar en el corto plazo al fracaso, crítica, rechazo, culpa, vergüenza, conflicto, abandono... En fin, al dolor en cualquiera de sus formas. Es por ello, que la felicidad requiere valentía.

Sin valentía no hay vida feliz y plena. Necesitas ser valiente para defender tu libertad y poder construir una vida plena en congruencia contigo. **Ser feliz es incómodo en el corto plazo, y es justo la valentía la que te lleva a la acción** en esos pequeños ajustes que te traen un 2% más de sentido de propósito, presencia, salud, aprendizaje, amor propio, conexión y placer.

En inglés valentía se dice "*Courage*" que viene del vocablo francés antiguo "*Corage*" y del latín "*Cor*" que significan corazón, refiriéndose al estado del corazón, es decir, a la valentía y la fortaleza de carácter. **La valentía es justo ese fuego interno**, que todos tenemos, y que nos impulsa a hacer el trabajo que requiere vivir en plenitud.

En una ocasión estando de viaje en Puerto Rico fuimos a hacer cannopy que es una ruta de tirolesas en la selva. Después de haber pagado la excursión, habernos transportado durante casi 2 horas en un camión, y caminado entre la maleza por 45 minutos, llegamos al lugar de inicio del recorrido. Al ver el primer trayecto, una chica del grupo decidió que no lo intentaría. Todos tratamos de convencerla, incluso otro turista de la tercera edad se lanzó antes que ella para demostrarle que era seguro, un señor con una corporalidad significativamente robusta lo hizo también, mi suegro y mi esposo le insistieron e incluso la molestaron recordándole lo que había ya pagado, yo traté de motivarla... pero a pesar de la presión social, no hubo poder humano que lograra que siguiera adelante con la aventura. A simple vista pareciera que la chica fue cobarde y que el resto de los turistas fuimos valientes, pero si lo pensamos un poco más a profundidad, ella fue realmente valiente porque actuó en congruencia consigo a pesar de las burlas, las críticas, el dinero perdido y los señalamientos. En esta anécdota, la chica tomó acción renunciando a la experiencia para ser fiel a sí misma.

Aparentemente, la valentía siempre se percibe como hacer las cosas, sin embargo, la verdadera valentía incluye un ingrediente indispensable que es la **congruencia con uno mismo**. No sirve de nada hacer las cosas para satisfacer expectativas ajenas, mientras traicionamos nuestros verdaderos intereses, valores e ideas. La valentía sin congruencia contigo, se llama complacencia, y es una trampa común que en el largo plazo lleva a la desconexión y al vacío.

En un mundo que te impulsa a pagar costos altísimos por ganarte aplausos, seguidores y *likes*, debes ser valientes y enfrentar el miedo al rechazo, al abandono, la burla, el desprecio, la crítica, la humillación, etc. Porque sólo así serás auténtico y, por tanto, verdaderamente libre. Si la valentía es un músculo que se ejercita, qué mejor que hacerlo en ambientes seguros y con riesgos controlados. **Promueve ser valiente en pequeñas dosis frecuentemente, así irás construyendo un sentido de capacidad**. Te demostrarás a ti mismo que puedes abrazar tu miedo y avanzar. Ser feliz es para valientes.

LIBERTAD, AUTENTICIDAD Y VALENTÍA

Construyendo mi felicidad: **Reconociendo mi valentía**

1. ¿En qué cambió mi concepto de valentía a partir de leer esta información?
2. ¿Cuándo me ha faltado valentía para serme fiel y no caer en la presión del ambiente?
3. ¿Qué pequeño acto de valentía puedo llevar a cabo de inmediato para ganar confianza en mí y cómo puedo volverlo un hábito?

ERES MÁS VALIENTE DE LO QUE CREES

> "La valentía no es la ausencia de miedo, sino el miedo caminando".
> SUSAN DAVID

Puede ser que no resuenes fácilmente con la idea de que eres valiente, ya sea porque tenías un concepto equivocado de la valentía y creías que consistía en no sentir miedo o porque no habías reflexionado en todas las veces en las que has actuado (voluntaria o involuntariamente) en congruencia contigo a pesar de sentir miedo. Pero, ¿sabes por qué hay un valiente en ti? ¡Es sencillo! Eres valiente por 2 motivos:

1. ¡Estás vivo! Encarnas la vulnerabilidad inherente al ser humano.
2. Has superado la adversidad, sin importar tu edad o circunstancia.

Hoy te invito a reconocer tu valentía, celebrarla, y comprometerte en trabajar formalmente para fortalecerla. Recuerda que **la valentía es el**

principal detonador de felicidad en el ser humano y es necesaria para mejorar en cualquiera de los 8 pilares de felicidad que comentamos, en cualquiera de los 5 tipos de bienestar del Modelo SPIRE, así como para defender tu "yo" más auténtico y vivir en congruencia con tu esencia.

> Construyendo mi felicidad: **Fortaleciendo mi valentía**
>
> 1. ¿En qué adversidad del pasado fui valiente? ¿Cómo impacté la situación?
> 2. ¿Qué hice? ¿Qué características tuvo mi comportamiento?
> 3. ¿Qué me comprometo a hacer para celebrar mi valentía?
> 4. ¿Qué me comprometo a hacer para fortalecer mi valentía?

TIPOS DE VALENTÍA

¿Qué viene a tu mente si te pido que pienses en alguien valiente? Comúnmente, imaginamos a un súper héroe, alpinista, bombero, soldado, o alguien que practica algún deporte extremo, pero la realidad es que la valentía también es dar tu opinión siendo introvertido, es escuchar con apertura puntos de vista contradictorios a los tuyos, es sacar energía y darte un baño cuando te sientes deprimido, es ir a votar cuando sabes de antemano que la elección será un fraude, es acercarte a tu amigo o pareja después de un episodio de disgusto fuerte y buscar conexión, es ir a terapia para enfrentar tu sombra y descubrir por qué repites patrones en tu vida, es animar-

LIBERTAD, AUTENTICIDAD Y VALENTÍA

te a aprender un pasatiempo nuevo aunque sabes que ahí no están tus fortalezas, es salir de tu casa a trabajar a un café para conocer gente y hacer amigos, etc.

Ya dijimos que la **valentía es actuar en congruencia contigo a pesar de sentir miedo**. Así que, la valentía puede tener distintas características, puede ser muy estóica, temeraria y ruidosa o más silenciosa y recatada, puede ser impulsiva o responsiva, introvertida o extrovertida, voluntaria o "involuntaria", planeada o espontánea, racional o intuitiva... y está bien.

En el gráfico de la página siguiente te comparto algunos ejemplos de acciones valientes. Entre más a la derecha del espectro, verás manifestaciones de valentía más silenciosas y menos estóicas, pero igualmente valiosas.

Cuando dudes de ti y creas que no puedes, sólo cierra tus ojos y conecta con tu valentía intuitiva, con esa llama que está dentro de ti y que la guía tu sabiduría del alma, con esa parte de ti que cuando la escuchas en silencio se siente bien. Diseña un plan para transformar tu valentía en consciente.

Construyendo mi felicidad: **Conociendo mi tipo de valentía**

1. Cuando he sido valiente, ¿cómo ha sido mi tipo de valentía?
2. ¿Cómo me siento reconociendo mi tipo de valentía y sabiendo que está bien ser así?
3. ¿Qué me comprometo a hacer para fortalecer mi tipo de valentía?

Espectro de Valentía

Valentía estoica

Salvo al mundo

Asumo riesgos voluntariamente

Levanto pesas

Me animo a aprender algo nuevo

Soy tímido pero digo lo que pienso

Me siento que habrá fraude pero aún así voto

Estoy enojado pero busco conexión

Busco terapia y me conozco

Estoy deprimido pero me levanto

Me siento sobrepasado pero pido ayuda

Valentía silenciosa

LIBERTAD, AUTENTICIDAD Y VALENTÍA

¿CÓMO FORTALECER EL MÚSCULO DE LA VALENTÍA?

No encuentro forma de que seas realmente libre sin conectar con tu autenticidad, y eso es un acto de valentía. La libertad de propósito, de acción, de pensamiento, de expresión, de poder luchar por tus sueños, de relacionarte con quien elijas, y de poder tener comportamientos congruentes con las emociones que experimentas, está conectada directamente con tu esencia. Esas características de tu alma y ser integral son las que te hacen realmente único y las que guardan las mayores potencialidades de tu paso por esta Tierra. Esas particularidades son con las que debes conectar para construir tu mejor versión y poder sentirte libre y pleno en tu propia piel. Sé que suena lindo, pero no es tan fácil porque requieres ser valiente. Así que la pregunta es: ¿Cómo fortalezco mi valentía?

Construir una vida más feliz requiere que experimentes y desconozcas el resultado, la incertidumbre da miedo. Por eso es indispensable que enciendas en ti el cerillo de la valentía que prenda tu fogata de felicidad y plenitud.

Te comparto 7 formas de trabajar tu valentía:

1. **Recuérdate el veradero significado de la valentía** y elige el lugar de tu miedo, sabiendo que es normal sentirlo. ¡Pero actúa!
2. **Permítete experimentar.** Si no funciona regresas a lo anterior y abraza el error, no siempre sale a la primera.
3. **Reconoce la valentía en el otro.** Apreciar la valentía en el otro siempre te da un impulso a la tuya, te conecta con esos comportamientos que te inspiran a ser valiente en tu día a día.
4. **Practica.** Discrepa en voz alta, pon límites sanos (aprende a decir "no" y aprende a decir "hasta aquí"), aprende a viajar

solo, sé tu prioridad, empatiza (aproxímate al dolor ajeno, a la tristeza, la frustración o aquellas emociones incómodas que puede estar viviendo alguien más, con la intención de ayudarle), o abraza tus emociones incómodas (reconoce tu humanidad y date permiso de ser humano).
5. **Comprométete emocionalmente con otra persona.** Ama realmente.
6. **Rodéate de personas valientes.** Inspírate, aprende y comparte. De hecho, te confieso que ese ha sido uno de mis grandes secretos: procurar conscientemente rodearme de personas sumamente valientes y con historias llenas de acción fuera de las zonas cómodas.
7. **Aprende algo nuevo.** Date la oportunidad de ser malo haciendo una nueva actividad. ¿Cuántas veces no te has arriesgado en algo que tienes muchas ganas de hacer por miedo a no resultar tan bueno? ¡Atrévete!

Aquí entre nos, te comparto que tengo por política personal experimentar cosas extrañas o que me saquen de mi zona cómoda. Por ejemplo, a veces compro ropa que me parece un poco "rara" tirándole a fea, para que cuando la use me obligue a sentirme cómoda siendo yo y no valórame por mi aspecto sino por quien soy. O en otra ocasión mi amiga Tania Rincón me invitó a tomar un taller de improvisación y dije sí sin saber qué era, ni a qué iba.

En un mundo que promueve la desconexión del alma, la superficialidad, el desprecio por lo diferente, la deshonestidad emocional, los filtros, las cirugías, el bótox, el ozempic, las recetas mágicas de los "iluminados", etc. en pro de cumplir estándares sociales, estereotipos absurdos y obsoletos, y una felicidad mágica, vamos consciente e inconscientemente, traicionándonos a nosotros mismos para obtener reconocimiento, aceptación externa y una sensación superficial de bienestar poco duradera (que en realidad es placer). Nuestra fisiología está hecha para conectar y eso provoca que en automático prioricemos el sentido de pertenencia sobre la esencia, así ignoramos nuestro "yo auténtico". Esto lo hacemos repetidamente durante años, incluso décadas, hasta que llegamos al punto de no reconocernos. Se ha formado tanta neblina entre nuestra esencia y la imagen que proyectamos o el personaje que nos dijeron que teníamos que ser, que nos sentimos perdidos, sin rumbo, sin esperanza o sin sentido.

La mayoría de los adultos vivimos en automático, anestesiados en la rutina, resignados a reaccionar a lo que nos arroje el día a día, sobreviviendo. En ocasiones, soñamos con algún cambio radical que traiga emociones positivas, dinamismo en las actividades, prosperidad, etc. pero cuando pensamos en tomar acción se aparece el miedo, que en ocasiones nos paraliza.

Ser valiente implica priorizar la congruencia con tu ser por encima del complacer y el reconocimiento exterior, aunque ello traiga desconcierto al subconsciente por ir en contra del mecanismo de complacencia que desarrollaste para sobrevivir.

Puede ser que tu cerebro interprete que satisfacer expectativas ajenas es cuestión de vida o muerte. Para reeducarlo, primero debes reconocer que esto resuena contigo y perdonarte, porque hasta ahora fue la mejor forma que encontraste para sobrevivir, aunque pagaras un precio muy alto por ello. Y si hoy eliges hacerlo diferente, ten presente que implicará trabajo, y que valdrá cada esfuerzo, porque es la única forma de vivir en plenitud.

La valentía tiene muchas caras, historias y tintes. En lo personal, admiro profundamente a las personas valientes, esas que tienen coraje de enfrentar la adversidad y crear su vida, no dejar que la vida le suceda. Y me he dado cuenta de que la valentía es una característica común de mis amigas, todas a su manera son valientes. Por ejemplo, Eufrosina Cruz desafió su cultura y lo que la vida le tenía preparado para no casarse siendo menor de edad e ir a estudiar para hoy ser contadora, maestra, y todo un personaje reconocido en el mundo de la política y el activismo de los grupos indígenas en México. O mi amiga Loretta Valle que resignificó su historia de encierro voluntario en una cárcel "por amor" para hoy ser una terapeuta reconocida en el mundo de las relaciones de riesgo (dependencia emocional, narcisismo, psicopatías, etc.). O mi amiga Lorena Ochoa que desde muy joven renunció a la comodidad y seguridad de vivir con su familia en México para buscar su sueño de ser la mejor golfista del mundo, y cuando lo logró reajustó su fórmula y se retiró, siéndose fiel a sí misma a pesar de lo polémica que fue su decisión. O mi amiga Dafna Viniegra que transformó su historia de abuso sexual infantil en una asociación que previene esta situación dando atención a las personas en riesgo de convertirse en perpetradores. En fin, la valentía tiene muchas aristas, y una sola constante: Actuar con todo y miedo. **Atrévete hasta que te sientas cómoda fuera de tu zona cómoda**, y si tienes hijos, ayúdalos a atreverse también.

En una ocasión, estábamos de viaje en Estados Unidos, y Lázaro, mi hijo mayor, tenía 5 años. En el restaurante nos atendió un mesero muy alto y robusto, con actitud poco amistosa. De repente, Lázaro me dijo:

—Mamá, ¿me pides un popote?

—Pídelo tú.

—Pero es que yo no conozco al mesero. Me da miedo.

—Yo tampoco conozco al mesero. Si lo quieres, pídelo.

Finalmente, levantó su mano y después de ser ignorado algunos minutos por el mesero, yo lo llamé. Cuando se aproximó, le señalé hacia mi hijo a manera de que le escuchara. Lázaro repitió en inglés el sonido que recordó que yo le había enseñado para pedir un popote. El mesero

LIBERTAD, AUTENTICIDAD Y VALENTÍA

con su actitud poco amable me volteó a ver haciéndome saber que no le había entendido, así que, con una mirada firme, abrí la boca para decir en inglés con un tono de celebración: ¡Excelente Lázaro, pudiste pedir el popote que necesitas. En un momento el mesero te lo trae!

La valentía es actuar en congruencia contigo mismo a pesar de sentir miedo. **Los valientes no nacieron así, desarrollaron esta habilidad**. La valentía es un músculo que se fortalece a partir de la práctica.

Es sumamente importante que como padres, jefes, guías, mentores, parejas, compañeros, amigos, etc. hagamos sentir al otro que es capaz de enfrentar el miedo que provocan las situaciones difíciles. Al final del día lo que estás haciendo es impulsar a aquella persona que estimas a que practique la valentía en un ambiente seguro. Así se irá fortaleciendo para estar preparado para cuando las cosas se compliquen un poco más. Y como decía Eleanor Roosevelt: "Haz todos los días algo que te dé miedo".

Construyendo mi felicidad: **Fortaleciendo mi valentía**

1. ¿Qué siento cuando me ejercito en la valentía como un músculo que puedo fortalecer? ¿Qué cambia?
2. ¿Cuál de las 7 formas de trabajar la valentía resonó más conmigo?
3. ¿Cómo me comprometo a llevarla a mi vida? ¿Qué pequeño ajuste intencional, consciente y constante voy a hacer para ser un 2% más valiente?

CAMBIOS Y HÁBITOS

> "Si tomas en serio cambiar tu vida, encontrarás la forma.
> Si no, encontrarás excusas".
> JEN SINCERO

¿Eres de los que aman la transformación, pero no están dispuestos a cambiar? ¿Quieres vivir mejor haciendo lo mismo? ¡Es absurdo! Por ahí dicen que todos aman la transformación pero pocos están dispuestos a cambiar. Tus hábitos actuales están perfectamente diseñados para traerte tus resultados actuales. Si no te gusta algo de tu vida hoy, sólo piensa qué hábitos o acciones lo generaron, y cámbialos. La transformación siempre inicia con tomar consciencia.

La realidad es que decidirte a poner el esfuerzo y el trabajo que requiere construir una vida con plenitud es tan lineal como el siguiente diagrama:

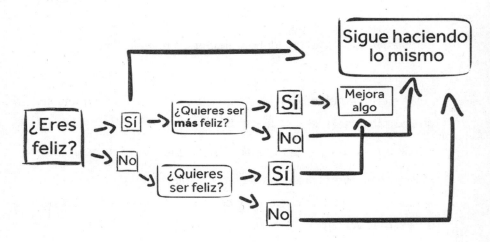

LIBERTAD, AUTENTICIDAD Y VALENTÍA

No podemos hablar de un cambio importante sin hablar de hábitos. Tu estilo de vida y nivel de bienestar está directamente determinado por tus hábitos; esas acciones repetidas que muchas veces ni cuestionas y sólo las haces. Tú tienes muchísimos hábitos, unos suman a tu bienestar y otros restan. Hay hábitos espirituales, físicos, intelectuales, emocionales, relacionales, financieros, etc. Por ejemplo: tu rutina de levantarte o dormirte, si dices buenos días o prefieres hacer como que la otra persona no te vio, tu rutina de autocuidado, la forma en la que te relacionas contigo y con los demás, tus rutinas de gasto, alguna adicción, las emociones que estás acostumbrado a sentir, el tiempo que pasas usando pantallas, cuanto dejas propina, lo que desayunas, el asiento que seleccionas, el tipo de conversaciones que tienes, dónde enfocas tu atención, si agradeces o te quejas, tu diálogo interno, vivir en calma o de prisa, etc. En fin, tu vida está llena de hábitos. Y muchas veces, ni siquiera eres consciente de ellos. Por eso el primer paso para cambiar un hábito, ya sea que quieras construir uno positivo como hacer ejercicio o destruir uno negativo actual como fumar, el primer paso es ser consciente (**no te das cuenta, hasta que te das cuenta**).

A veces quisiéramos que el cambio fuera inmediato y pensar que requiere todo un proceso, genera resistencia. Así que olvida por un momento el resultado y empieza por 3 cosas:

1. Pensar en el tipo de persona en la que te deseas convertir, porque cada acción que tomas es un voto para el tipo de persona en la que deseas convertirte.
2. Divide y vencerás. Ese resultado ambicioso divídelo en pequeñas acciones y haz un plan.
3. Enfócate en desarrollar un sistema/proceso que te permita encarnar el hábito. Es decir, piensa cuál es el sistema (conjunto de hábitos) que puedes diseñar que te lleven en esa dirección (identidad).

Como revisamos en el apartado de "Así creas tu realidad" una de las formas más efectivas para generar un cambio duradero es resignificando las historias que te cuentas o has contado, a partir de alguna de las 2 siguientes formas:

1. Cuestionar tus creencias: Preguntarte, ¿según quién?
2. Responsabilizarte de tu vida: Asumir tu rol activo y protagonista.

Ambas estrategias generan un comportamiento distinto en ti, que impacta en tu realidad. Pero también puedes mejorar tu vida de una tercer manera si directamente cambias tu comportamiento, tienes acciones repetidas y eres consistente, es decir, construyes hábitos (comportamientos automáticos) de bienestar que generen resultados diferentes, como se muestra en la siguiente imagen:

Modelo de Creación de Realidad 3E + A

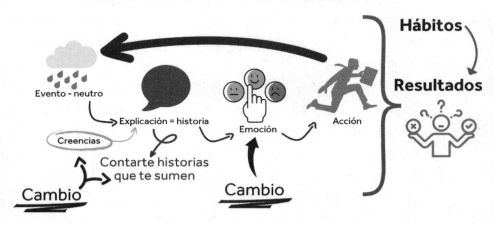

LIBERTAD, AUTENTICIDAD Y VALENTÍA

Actualmente, en esta sociedad que promueve la inmediatez de resultados al menor esfuerzo son más populares las cirugías y los medicamentos que la construcción de hábitos saludables que transformen el estilo de vida de las personas. Sin embargo, esas medidas muchas veces no son sostenibles en el largo plazo, y resultan ser un espejismo.

Cuando leí *Hábitos atómicos* de James Clear, hubo 2 ideas que me hicieron todo el sentido: "Tus hábitos actuales están perfectamente diseñados para traerte tus resultados actuales" y "no te elevas al nivel de tus objetivos, sino que caes al nivel de tus sistemas (hábitos)". No es suficiente con desear y tener sueños, se requieren acciones sostenidas en el tiempo para lograrlos. Pequeños cambios traen un gran cambio si son constantes y mantenidos en el tiempo. Por ejemplo, pensar en leer libros si nunca has sido fan de la lectura puede resultar muy difícil, y por lo tanto, poco sostenible. Pero pensar en leer 3 páginas todos los días es alcanzable, y hará que en 3 meses termines un libro.

El cambio al ser un proceso tiene fases, y es importante conocerlas para crear consciencia y poder admnistrar tus expectativas. Aquí te las comparto:

1. El llamado a la aventura - qué tengo que aprender.
2. La resistencia/negación - paso de la víctima a la responsabilidad.
3. El miedo - abrazar tu humanidad y darle el lugar del copiloto.
4. La obscuridad - lo que no se aprende en la luz, se aprende en la obscuridad, de qué tienes que ser consciente o desprenderte.
5. La transición - qué nuevos hábitos tengo que construir, en quién me tengo que apoyar. Decidir y llevar a la acción un plan. Superar obstáculos.
6. El cambio - tengo un nuevo normal.

El cambio, generalmente, es difícil al inicio, un caos a la mitad y una liberación al final. Por eso, echar mano de herramientas científicas puede serte sumamente útil. Como ya mencionamos, gracias a la neurociencia, hoy sabemos que podemos modificar la fisiología de nuestro cerebro creando hábitos distintos.

Para construir un hábito es necesario crear las conexiones neuronales que detonen el comportamiento de manera habitual, para lo que es indispensable la repetición. Imagina que cada repetición es un palazo en el nuevo camino que conectará a tus neuronas. Por ello, entre más repeticiones (palazos) hagas, más rapido conectarán. El problemas es que si lo dejas a la memoria, tu repetición se verá seriamente comprometida. Así que aquí te comparto unas **opciones de recordatorios que pueden ayudarte a consolidar la frecuencia del comportamiento**, que por cierto, es mucho más importante que la intensidad.

Tipos de Recordatorios

Post it

Tatuajes

Pulseras

Alarmas

Fotos

Rendir cuentas a un compañero

Letreros

Fondo de pantalla

LIBERTAD, AUTENTICIDAD Y VALENTÍA

Aquí te comparto un QR con algunos de los recordatorios que uso en el día a día:

Por ejemplo, si quieres construir el hábito del movimiento es mucho más útil caminar 15 minutos 5 días a la semana que 2 horas un día, o si estás trabajando el amor propio y quieres construir un diálogo interno positivo es mucho más útil llevar un diario de autoaprecio y escribir 3 cosas que te agradeces todas las noches que un día escribir 50 cosas. De tal manera que el comportamiento que quieres instaurar sea tu nuevo automático y tu forma natural de hacer las cosas.

Un tip para construir nuevos hábitos positivos es hacer que la acción sea obvia (haz visible el interés que te cautivó), fácil, interesante, accesible, satisfactoria, divertida, sencilla, inevitable y atractiva. Por otro lado, para los hábitos negativos que quieres romper puedes hacer lo contrario, haz que la actividad sea poco práctica, invisible, difícil, aburrida, no atractiva, incómoda, costosa y complicada.

Otro tip es "anclar" el nuevo comportaniento a un hábito actual. Por ejemplo, cuando empecé a tomar suplementos vitamínicos decidí ponerlos junto a mi cepillo de dientes y poner una jarrita con agua y un vaso en mi baño. Lavarme los dientes es un hábito que ya tengo establecido, ni lo pienso, lo hago en automático. Entonces cuando me voy a lavar los dientes veo mis pastillas y me las tomo de inmediato. Eso me ha permitido ser muy constante y obetener los resultados que buscaba al complementar mi dieta con algunos sumplementos. Aquí te dejo una cápsulita de 1 minuto, esperando que te impulse a cambiar para vivir mejor:

No es motivándote o leyendo mucho que serás más feliz, sino con ACCIÓN. Por ello, es indispensable crear y fortalecer hábitos de bienestar. No hay un hábito lo suficientemente importante que lográndolo vaya a construir tu felicidad, por importante que sea. Sino que son esos pequeños ajustes en diferentes áreas de tu vida los que pueden hacer que seas feliz y vivas en plenitud. Al igual que un comportamiento puede beneficiar varias áreas.

¡Ojo! con los viejos malos hábitos porque como siguen existiendo los "viejos caminos" neuronales es muy fácil regresar al comportamiento indeseable. ¡Hay que estar vigilantes! Porque están latentes siempre.

Algunos autores coinciden en que hay factores que determinan las probabilidades de éxito cuando decides cambiar. Aquí se describen a continuación:

- **30% Claridad en los objetivos:** Definir metas específicas y claras.
- **20% Planificación detallada:** Desarrollar un plan detallado con pasos concretos.
- **15% Compromiso personal:** Demuestra dedicación.
- **10% Adaptabilidad:** Estar dispuesto a ajustar según las circunstancias.
- **15% Apoyo social y recursos:** Contar con un sólido sistema de apoyo.
- **10% Variables imprevisibles:** Aspectos fuera de tu control.

Esto significa que el 90% está en tu control. ¡Enfócate en esos factores! Incluso, según un estudio de la Dra. Gail Matthews, psicóloga y profesora en la Universidad de Califronia, concluyó que **tienes 42% más de probabilidad de alcanzar un objetivo simplemente con escribirlo.**

Asimismo, conviene mencionar que la intensidad del impacto del cambio depende de la capacidad de adaptación de la persona. Es decir,

LIBERTAD, AUTENTICIDAD Y VALENTÍA

el cambio es subjetivo. Recordemos que todos somos diferentes y que lo que a ti te puede ser sumamente sencillo automatizar, para mí puede ser complicadísimo. Sin embargo, creo que esta pirámide muestra 5 fases por las que pasamos durante un proceso de cambio significativo:

Conocerlas te permite saber en cuál te ubicas y poder tomar medidas. ¿Es fácil? ¡No! En promedio, las personas intentamos 7 veces un cambio antes de lograrlo. Por eso, alcanzar los famosos *quick hits* (resultados rápidos) es sumamente útil para construir confianza que alimente tu valentía y te impulse a continuar la acción. Manifestar rápido para fortalecer tu sentido de agencia y poder de crear tu realidad a partir de tu voluntad es sumamente poderoso. Seguro enfrentarás retos y obstáculos que sortear, pero recuerda que es más importante cómo te paras, que cuántas veces te caes.

La mayoría de los esfuerzos de cambio no llegan a generar un impacto duradero y simplemente producen "El efecto de luna de miel". Es decir, se muestra una mejora al inicio, pero al poco tiempo se vuelve al estado previo. Para lograr un cambio duradero, necesitamos la creencia de que el cambio es posible (una mentalidad de crecimiento), ajuste (alineación con las fortalezas), trabajo duro (persistencia), y orientación (instrucciones, coaching). Se calcula que cuando hay una intervención, como un taller, sesión, conferencia, retiro, etc. el 5% de los participantes no mostrará cambio alguno, el 80% tendrán un cambio temporal (mejoran, pero después de un tiempo vuelven al estado de inicio) y sólo el 15% tendrán un cambio duradero (mejoran, y si bien retroceden un poco, jamás vuelven al estado de inicio). Al conocer esta información, la idea es que cuando participes de este tipo de esfuerzos seas consciente que de ti depende a qué grupo vas a pertenecer. No todas las personas resonamos con todos los instructores, métodos, información o herramientas, y está bien, no importa qué tanto esfuerzo haga el instructor o el autor para promover el cambio, éste depende de ti. **Recuerda que ser feliz es una construcción personal.**

Como conclusión, aquí te dejo 8 puntos para construir un hábito saludable:

- **Actúa**: la acción es más importante que la motivación. Empezar es el primer paso y el más importante.
- Hazlo fácil, conveniente, divertido, atractivo y simple: **un hábito debe ser establecido antes de ser mejorado.**
- **Áncialo** a un hábito actual.
- **Usa recordatorios**: notas, pulseras, cojines, fotos, alarmas, ropa, etcétera.
- **Encarna la identidad.**
- **La consistencia** es más importante que la intensidad.
- **Anúncialo** y compártelo para que incrementes tu compromiso.
- **Registra**: lo que se mide es más fácil de mejorar.

Construyendo mi felicidad: **Trabajando mis hábitos**

1. ¿Quiero vivir mejor haciendo lo mismo?
2. ¿Qué hábito he intentado construir o cambiar y no lo he logrado? ¿Por qué?
3. Haz una lista de mis hábitos y los clasifico en positivos y negativos.
4. ¿Qué hábito me gustaría construir o cambiar? Elige 1.

⑤ ¿Qué recordatorio voy a aplicar para provocar la repetición de ese nuevo hábito?

⑥ ¿Qué hallazgo considero valioso de este apartado y cómo me comprometo a aplicarlo?

ADUÉÑATE DE TU VIDA

> "No te rescataré porque no estás indefenso.
> No te repararé porque no estás roto.
> No te sanaré porque te veo completo.
> Caminaré contigo a través de la obscuridad
> mientras recuerdas tu luz".
> ORACIÓN DE LA MUJER MEDICINA

¡No te resignes a ser infeliz! ¿Estás cansado de una vida mediocre? ¿Harto de sobrevivir o motivado para empezar a vivir?

Un año después de regresar de Estados Unidos decidí que quería volver a conocer otra cultura y experimentar nuevamente el reto de vivir sola y ser autónoma. Conseguí una beca para irme a España a estudiar un semestre de mi carrera. En aquel entonces tenía un novio con el que llevaba cinco años y todo mundo me decía: seguro ya te va a dar el anillo y te pedirá matrimonio. Yo tenía 22 años y cada vez que alguien me lo sugería me entraba una angustia terrible. Yo pensaba: "Qué raro. Se supone que debería estar feliz y emocionarme cuando hablan del anillo. ¿Por qué siento esta angustia tan espantosa? ¡Claro, porque no me quiero casar!"

Aparentemente, casarnos era el plan perfecto porque satisfacía las expectativas de nuestras familias y amistades. Era una relación

LIBERTAD, AUTENTICIDAD Y VALENTÍA

"perfecta", nos queríamos y divertíamos mucho, compartíamos valores, éramos sumamente compatibles en intereses, gustos y actividades, amábamos hacer deportes juntos, nuestras familias se estimaban y convivían muy bien. En fin, una historia de cuento. Sin embargo, había algo que no me permitía sentirme emocionada con la posibilidad de formalizar. El simple hecho de pensarlo, me ponía muy ansiosa. En la mezcla de emociones había una buena cantidad de miedo. Sentía miedo de lastimar a quien sólo me había dado cosas lindas, miedo a decepcionar a mi familia, especialmente a mis padres, y a muchos de nuestros amigos, miedo a equivocarme, miedo al futuro incierto, miedo a tener que reinventarme después de haber tenido una relación muy simbiótica de 5 años, miedo a posiblemente sentirme sola... Miedo, miedo, mucho miedo.

Me di cuenta que el plan de volver a vivir en otro país, era en cierta forma una táctica para postergar esa decisión que me inquietaba tanto. Pasé días reflexionando qué podría ser eso que me angustiaba así. Después de un par de meses, descubrí que lo que me agobiaba era la posibilidad de dar un paso "irreversible" en una dirección equivocada: un estilo de vida tradicional de provincia. Me refiero a que formalizar esa relación implicaba renunciar a muchos sueños, como estudiar una maestría en el extranjero, seguir conociendo el mundo y realizarme como profesionista.

En los estereotipos de la primera década de los 2000, en provincia, la mayoría de las esposas "bien" se dedicaban al hogar, sacrificaban sus sueños por su familia, no se sublevaban a la autoridad de sus maridos, no eran independientes financieramente y absorbían la responsabilidad absoluta de la crianza, en caso de que existieran los hijos. La simple posibilidad de visualizarme en un escenario similar me daba escalofríos. Pero tenía dos caminos: traicionarme a mí y lo que sentía o traicionar a los demás.

Cuando le dije a él sobre el intercambio, me contestó: "Ya te fuiste a Estados Unidos. Y te esperé. Ahora te vas a ir a España y te tengo que esperar. ¿Cuántas veces más quieres que te espere?" Y ¡pum! Pensé: "Tienes toda la razón. Ninguna. Aquí se acabó. Muchas gracias".

Fue el caos. Mi mamá lloraba, mi hermana lloraba, la empleada de la casa lloraba, todos lloraban. Mi hermana me dijo: "¡Eres una tonta! Yo fui con él a comprar el anillo de compromiso y está hermoso". Cuando mencionó eso, me sentí liberada. ¡Justo a tiempo! ¡Fiufff! ¡Más vale aquí corrió, que aquí quedó! Sí fue muy difícil y me dolió mucho porque nuestra separación no se debió a un pleito, mentira o una diferencia importante según los "estándares" marcados por nosotros para la relación o por la sociedad en aquellos días, sino a que nuestros caminos eran incompatibles. Él ya se quería casar y yo tenía ochenta mil cosas por hacer antes. Y me fui a España...

Aprendí a vivir para mí, a leer mis emociones, a priorizar la lealtad hacia mí... me adueñé de mi vida y dejé de pedir permiso para vivirla. Y desde ese momento no permito que nadie ni nada decida por mí. ¿Es egoísmo? Por supuesto que no. Porque en mis criterios de decisión, cabe la empatía, la solidaridad, la consideración por el prójimo y la compasión. Sin embargo, existe absoluta consciencia, y aunque yo decida que alguien elija por mí (pero delego poco, he de confesar), yo lo estoy decidiendo. ¡Siempre decido! Yo creo mi realidad, por acción u omisión, soy la artista de mi destino. Sentir el timón de mi vida en mis manos, es una de las sensaciones más fascinantes que he experimentado y a la que no pienso renunciar nunca. Te invito a que pruebes adueñarte de tu vida por una semana y dejes de pedir permiso para vivirla, y como dice mi mamá: "Prueba y si no te funciona, regresas a lo anterior". Ser feliz es para valientes.

LIBERTAD, AUTENTICIDAD Y VALENTÍA

Construyendo mi felicidad: **Adueñándome de mi vida**

1. ¿Me siento dueño de mi vida?
2. ¿Aún pido permiso u opinión para vivir de acuerdo con mis valores e intereses?
3. Si contesté que sí, ¿qué necesito para adueñarme de mi vida?

VALENTINAMENTE FELIZ

Abraza cada momento con gratitud y verás cómo tu mundo se transforma, no porque cambie lo que te rodea, sino porque tú decides cambiar la forma en que lo ves. **Ser valientemente feliz es la única forma de vivir en plenitud**. Yo dedicaba mi tiempo a estabilizar la empresa y a ser mamá de 2 (Lázaro de 6 años y Simón tenía 1 año y 5 meses). En medio del revolcón de la pandemia, tuve también una crisis existencial. Sentía que era muy buena llevando la empresa y dando consultoría a nuestros clientes, lo hacía bien. Pero acepté que no me emocionaba demasiado lo que hacía, y que si no me pagaran no lo seguiría haciendo. ¡En ese momento las alertas se encendieron! Pensé: "Hoy más que nunca la vida es delicada (COVID era igual a muerte en ese momento), y yo estoy usando mis días profesionalmente en algo que no me hace despertar con ilusión".

Llevaba días tratando de descifrar mi incomodidad, y fue en una clase con Tal Ben-Shahar, de las que tenemos una vez por semana desde hace años, que me animé a compartir la crisis que estaba viviendo. Después de escucharme con atención, me recordó que las decisiones más difíciles son en las que ambos caminos son buenos, y me recomendó leer con calma el poema de "Nuestro miedo más profundo" de Marianne Williamson, mismo que resultó ser un parteaguas en mi vida. Aquí te lo comparto:

Nuestro miedo más profundo **NO** es QUE SEAMOS INADECUADOS. Nuestro miedo más profundo es que seamos PODEROSOS INCONMENSURABLEMENTE. Es nuestra LUZ, no nuestra oscuridad lo que más nos asusta. Nos preguntamos ¿Quién soy yo para ser BRILLANTE, HERMOSO, TALENTOSO y FABULOSO? Pero en realidad, ¿Quién eres para NO SERLO? Eres HIJO DE DIOS, hacerte menos no le sirve al mundo. No hay nada ilustrador en empequeñecerse para que las demás personas no se sientan inseguras alrededor DE TI. Todos hemos sido DISEÑADOS PARA BRILLAR como lo hacen los niños. Hemos nacido para hacer manifiesta la GLORIA DE DIOS que está DENTRO DE NOSOTROS. No está sólo en algunos de nosotros, está en TODOS. Y al dejar que NUESTRA LUZ BRILLE, inconscientemente le damos permiso al resto de la gente de hacer lo mismo. Al ser liberados de nuestro propio miedo, nuestra PRESENCIA LIBERA A OTROS.

La pandemia hizo que el tiempo y la existencia se resignificaran, y que las verdaderas prioridades se volvieran evidentes. La humanidad se confrontó con la fragilidad de la vida y dejó de estar dispuesta a perder sus días en actividades o trabajos que no traían sentido y bienestar a cambio sólo de dinero. El trabajo desde casa puso de manifiesto el valor de la flexibilidad para gran parte de la fuerza laboral.

Yo llevaba varios meses en la Certificación en Estudios de Felicidad en la Happiness Studies Academy (HSA), y contar con ese recurso fue una bendición para transitar esos momentos difíciles. Aprendía herramientas y recordaba mucha información relevante que había estudiado años atrás. Asimismo, la comunidad era un lugar seguro en el que podía compartir con honestidad emocional y me sentía escuchada. Amaba tomar clase con Tal, y percibirlo humano, sensible, con-

LIBERTAD, AUTENTICIDAD Y VALENTÍA

gruente, compasivo y real. Sinceramente, tengo un grato recuerdo de esos días de mucha resiliencia. Asimismo, disfrutaba compartir información y herramientas con amigas, y me daba cuenta que les eran reveladoras y muy útiles para manejar su ansiedad, diseñar estrategias para gestionar a los niños en casa, mejorar la comunicación con sus parejas mientras vivíamos encerrados, etcétera.

Recuerdo que el pánico social crecía y se esperaba que el gobierno y los grandes empresarios rescataran al país, de lo que parecía el desastre. Yo pensaba: "No funciona así. No hay empresarios suficientes, ni capacidades suficientes en el gobierno que nos puedan rescatar a todos. ¡Eso es imposible! Si nos ocupamos primero de nosotros mismos, individualmente, luego de nuestro pequeño círculo familiar, y después compartir o ayudar un poco a extraños, y todos hacemos lo mismo, es como vamos a salir adelante".

Mi pasión por ayudar se mostraba evidente ante mí, y mi conocimiento sobre el comportamiento humano (de más de 20 años de estudio) y la gestión del cambio parecía un activo bastante escaso y demandado. Yo percibía que algunas de mis amigas, mujeres con muchos estudios, viajes, estabilidad financiera, una red de apoyo sólida, entre muchos otros privilegios, estaban que se las "llevaba el tren", no podía imaginar cómo se sentían las mujeres que eran cabeza y único sustento de una familia, que tenían mucha menos flexibilidad para tomar decisiones, y ningún tipo de apoyo. Así caí en cuenta del valor que podía aportar difundiendo lo que sé. Y fue que sintiendo una obligación moral de compartir lo que yo me sentía afortunada de saber y haber aplicado por muchos años, que empecé el perfil en Instagram como un valiente experimento, y con la única intención de ayudar a que las personas que resonaran pudieran transitar la crisis de la pandemia de una forma un poquito más empoderada, optimista y armónica.

Yo quería un nombre que comunicara acción. Al final, las ciencias de la felicidad no sirven de nada si se quedan sólo en teoría y no te ayudan a vivir mejor, la felicidad es un camino personal. Entonces, un día bañándome se me ocurrió la idea de llevar mi nombre a un adverbio para detonar acción: Valentinamente.

No sabía si llamarle bienestar o felicidad. Al final, es una polémica sin fin en el mundo de los científicos y autores. Por un lado, la palabra **felicidad** tiene mala fama, se percibe como alegría, optimismo tóxico, superficial y poco seria, mientras la palabra **bienestar** suena más aterrizada, formal y científica (pero más aburrida). En lo personal, creo que la palabra felicidad es mucho más emotiva e inspiradora, y mientras le quitemos el idealismo y romanticismo proveniente de la desinformación, es un concepto mucho más ambicioso. ¿Quién quiere ser feliz? Todos. ¿Quién quiere tener bienestar? Mmm... tardarían más en levantar la mano. Me es más difícil conectar. No sé. Creo que puede ser mi valentía haciéndose presente y buscando el riesgo de la disrupción. Siento que "felicidad" juega a ganar, mientras "bienestar" a no perder.

Entonces, decidí *Valentinamente Feliz*, en dónde soy feliz a mi manera y trabajo todos los días en ello. Creé un espacio en el que comparto (desde distintas plataformas) información y herramientas científicas para vivir mejor, y algunos testimonios de cómo yo las llevo a mi día a día. Repito, no me siento guía de nada ni de nadie, sólo trato de mostrarte que si yo puedo, tú puedes.

La información fue bien recibida y el perfil empezó a crecer, luego me invitaron a hablar en la radio y televisión (en programas matutinos y noticieros), después a escribir en una revista digital, a compartir en muchos podcasts... Luego hice mi podcast. En fin, así es que he ido compartiendo en foros nacionales e internacionales, con chicos y grandes, con mujeres privadas de la libertad (unas física y otras mental), con sociedades de padres de familia, con organizaciones sin fines de lucro y con grandes empresas multinacionales. **Amo compartir que ser feliz es posible si se trabaja seriamente en ello.**

LIBERTAD, AUTENTICIDAD Y VALENTÍA

En Valentinamente Feliz te recuerdo siempre que ser feliz es tu responsabilidad, y que la felicidad es una construcción personal que nadie puede hacer por ti, ni tú puedes hacer por nadie más. Asimismo, te acerco información y testimonios valiosos para que te inspires y pases a la acción. Trabajo duro y exploto mi creatividad y la de mi equipo para que la información sea accesible y fácil de llevar a la práctica. Todo con la intención de que cada día más personas sepan que sí se puede ser feliz si se pone el trabajo que requiere. Al final, estoy convencida de que no es que no queramos ser felices, sino que la mayoría de las personas no sabemos cómo hacerlo y por dónde empezar. Creemos que la felicidad llega cuando la adversidad se va, y eso nos aleja de la posibilidad de ser felices. La vida es inherentemente adversa, y eso no lo puedes cambiar, pero sí puedes elegir quién quiere ser ante ella. Por eso es revelador saber que puedes aprender a ser feliz y que existen ciencias para ello.

Yo no tengo todas las respuestas, pero sí sé dónde buscar. Te ofrezco esta disposición para acompañarnos en el viaje y ayudarte en lo más que yo pueda. ACLARACIÓN: Es importante recordarte que yo no hago la chamba de nadie. La verdad estoy muy ocupada y enfocada haciendo la mía. "Jalar mi propia carreta" a menudo es difícil y cansado, como para jalar la tuya. Así como yo no pido que nadie me rescate, yo no rescato a nadie. Yo con todo el gusto del mundo te comparto lo que sé y lo que a mí me ha funcionado, te doy herramientas, te escucho, te celebro, te echo porras, y te sugiero cosas, pero la chamba es tuya. ¡Yo no hago la chamba de nadie más!

Hasta hoy Valentinamente Feliz ha sido una aventura maravillosa de 3 años en la que he podido reinventarme y encontrar mi propósito de vida. En la que emprendo, practico muy seguido la valentía y llevo mi mensaje a todos los rincones a los que me invitan, porque estoy convencida de que es responsabilizándote de

tu vida y siendo valiente que puedes construir una vida que para ti valga la pena ser vivida, una vida perfecta en su imperfección, una vida auténtica, libre, plena y feliz. Te comparto un QR de mi canal de YouTube sobre ser feliz es para valientes.

Construyendo mi felicidad: **Trasciendo mi miedo más profundo**

1. ¿Qué versión de mí me da tanto miedo que de sólo pensarla me tiemblan las manos y siento un vacío en el estómago? ¿Por qué?
2. ¿Cuándo me he hecho chiquito para no incomodar?
3. ¿Cómo puedo reconocer mi derecho a brillar inmensurablemente, y así dar derecho a los demás que lo hagan también?
4. ¿Qué información resonó conmigo en este apartado y cómo la puedo llevar a la acción?

SER FELIZ ES TU RESPONSABILIDAD

"Nadie puede construir un mundo mejor sin mejorar a las personas. Cada uno debe trabajar para su propia mejora".
MARIE CURIE

Pensar que ser feliz no es tu responsabilidad te condena a la indefensión y por lo tanto, te aleja de la posibilidad de serlo. Asumirte

LIBERTAD, AUTENTICIDAD Y VALENTÍA

responsable de tu vida es el primer paso para ser valiente y dar el paso, los pasos, esos que dan mucho miedo, y en ocasiones nos paralizan, pero que son justo los que nos incomodan en el momento, pero nos acercan a nuestro florecimiento después.

Reconócete protagonista de tu vida. Porque si yo pude y puedo hacer algo en esta vida que es mía, tú también puedes hacerlo en esa vida que es tuya.

Deseo que en tu camino de construir felicidad haya:

- **Gratitud**, para enfocarte y apreciar lo que tienes y eres.
- **Humor,** para aligerar la adversidad.
- **Sonrisas,** cuando estés triste.
- **Apapachos**, en días difíciles.
- **Arcoíris**, para valorar la lluvia.
- **Autocompasión**, para abrazar tu humanidad en los peores momentos y amarte en la pena.
- **Atardeceres**, que reconforten tu corazón.
- **Fortaleza**, para que te levantes completamente (sin importar si es rápido o lento).
- **Abrazos**, que te sostengan y contengan.
- **Información científica**, para que no caigas en charlatanerías.
- **Amigos**, con quienes celebrar la vida y llorar rico.
- **Fe,** para que continúes creyendo.
- **Espíritu aventurero,** para que juegues a ganar y no a evitar perder.
- **Confianza**, para cuando dudes de ti.
- **Paciencia**, para aceptar lo que es y bajar tus expectativas.
- **Valor**, para conocerte y trabajar tu sombra.
- **Amor propio**, para que te reconozcas único y maravilloso.
- **Tiempo**, para que experimentes y reajustes.
- **Generosidad**, para que compartas tu mejor versión con los demás.
- **Valentía**, para tomar esas decisiones difíciles pero necesarias.

Construyendo mi felicidad: Responsabilizándome de mi felicidad

1 ¿Qué necesito para saberme y sentirme 100% responsable de construir mi felicidad?

IDEAS PARA LLEVAR

- Ser feliz es para valientes.
- Ser feliz es tu responsabilidad.
- Puedes aprender a ser feliz.
- La felicidad es tener la valentía de construir una vida con propósito, presencia, salud, aprendizaje, conexión y placer, en congruencia con tu esencia.
- La valentía es actuar, en congruencia contigo, a pesar de sentir miedo.
- La felicidad es alcanzable, empieza por una decisión y continúa con mucho trabajo.
- Elige dejar de sobrevivir y empieza a vivir. ¡Sí puedes!
- Aduéñate de tu vida y deja de pedir permiso u opinión para vivirla.
- No dejes que la vida te suceda, créala.
- La vida es inherentemente adversa, y aun así, puedes ser feliz.
- En medio de la adversidad, la felicidad se resume en resiliencia/antifragilidad.
- Ante la adversidad hay 2 caminos, romperte o fortalecerte. ¿Cuál eliges?

LIBERTAD, AUTENTICIDAD Y VALENTÍA

- Eres más valiente de lo que crees.
- Valentía, amor propio, esperanza, gratitud, compasión, resiliencia, libertad y optimismo son músculos que se fortalecen.
- "Estar feliz" es un estado de ánimo momentáneo asociado a la alegría.
- "Ser feliz" es un estado de plenitud y satisfacción a largo plazo.
- No le llames sueño, llámale plan.
- Para la transformación es más importante la acción que la motivación o la información.
- El autoconocimiento es la base de una relación sana contigo.
- Una relación sana contigo es la base de tener relaciones sanas con los demás.
- Lo que se ama se cuida.
- Aprende y reinvéntate. ¡No vas tarde!
- Está bien ser tú.
- La lealtad es primero contigo.
- Cuando falte la motivación echa mano de la disciplina.
- La felicidad es contagiosa.
- No hay nada de grandioso en hacerte chiquito para no incomodar.
- La gratitud y la generosidad son "atajos" efectivos para el bienestar.
- Todos pueden ser felices, pero no todos "deben" serlo. No gastes energía tratando de convencer. Enfócate en ti y recuerda que el camino es individual.
- Lo que se mide es más facil de mejorar. Haz el diagnóstico de tu felicidad periódicamente para evaluar tus cambios y avances.

Te invito a que apliques alguna herramienta de diagnóstico nuevamente. De preferencia la(s) misma(s) que hiciste cuando iniciaste este libro. Así podrás tener referencia de tus niveles de bienestar cuando empezaste a leerlo y hoy, unas semanas o meses después. Compara y observa. ¿Qué cambio? ¿Qué mejoró o empeoró? ¿Por qué? ¿Qué puedes hacer al respecto? ¿Cómo puedo construir un 2% de más presencia, propósito, salud, aprendizaje, amor propio, conexión o placer? Ojalá te sorprendas de tus hallazgos y encuentres la inspiración suficiente para seguir tu camino para la construcción de tu felicidad.

Recuerda este diagrama que resume la propuesta de este libro, y recuerda que eres más valiente de lo que crees:

Modelo: Ser Feliz es para Valientes

Valentía: Acción ← Libertad: Decisiones ← Felicidad: Bienestar Integral

Ten presente que la felicidad no es un destino, sino una forma de viajar. ¡Ah! También viajar acompañado puede ser conveniente, si así lo deseas, y yo estaré feliz de compartir ruta contigo. Ser feliz requiere de esfuerzos constantes hasta que te mueras, y eso no tiene por qué ser cansado o abrumador, puedes hacerlo emocionante y disfrutable. Al final, a eso viniste a esta vida: ¡A vivir!

Finalmente, si pudiera desearte algo sería que puedas amarte con o sin pareja, que te rodees siempre de personas que celebren tu luz, acepten tu sombra y te hagan sentir valorado, escuchado, seguro, comprendido y único, que tengas la valentía de dejar el personaje de la víctima para que te adueñes de tu vida y pongas el esfuerzo que re-

LIBERTAD, AUTENTICIDAD Y VALENTÍA

quiere construir una vida feliz, que dejes de pensar y empieces a hacer, que abraces tu versión más auténtica (esa que se confunde con locura), que te des permiso de sentir con todo y hasta con miedo, que seas consciente de que mereces lo mejor de esta vida (que es tuya aunque pueda no parecerlo), y que nunca te conformes con menos de lo que es tu mejor versión posible.

Gracias por leerme y compartir conmigo lo más valioso que tienes, tu **tiempo**.

Me encuentras en contacto@valentinamentefeliz.com o en mis redes sociales @valentinamente_feliz. Estaré honrada de echarte porras cuando las necesites. ¡Este no es un adiós, sino un hasta pronto!

Recuérdalo siempre: ser feliz es tu responsabilidad, ser feliz es para valientes.

BIBLIOGRAFÍA

Boyce, C. J., Brown, G. D. A., & Moore, S. C. (2010). "Money and happiness: Rank of income, not income, affects life satisfaction". In Psychological Science, 21(4), (pp. 471-475).

Brickman, P., & Campbell, D. T. (1971). "Hedonic relativism and planning the good society". In M. H. Appley (Ed.), *Adaptation-level theory* (pp. 287-302). Academic Press.

Brown, B. (2012). *El poder de la vulnerabilidad: Enseñanzas sobre la autenticidad, la conexión y el coraje*. Urano.

Buckingham, M. (2007). *The Truth About You: Your Secret to Success*. Thomas Nelson.

Bucay, J. (2003). *Déjame que te cuente: los cuentos que me enseñaron a vivir*. Océano.

Burrow, A. L. (2020). *The Ecology of Purposeful Living Across the Lifespan*. Springer.

Chopra, D. (2008). *El libro de los secretos: Desbloqueando los misterios ocultos de tu vida*. Penguin Random House Grupo Editorial.

Csikszentmihalyi, M. (1997). *Finding Flow: The Psychology of Engagement with Everyday Life*. Basic Books.

Diener, E., & Biswas-Diener, R. (2002). "Will money increase subjective well-being?" In Social Indicators Research, 57(2), (pp. 119-169).

Dunn, E. W., Aknin, L. B., & Norton, M. I. (2008). "Spending money on others promotes happiness". Science, 319(5870), (pp. 1687-1688).

Gottman, J. M., & Silver, N. (1999). *The Seven Principles for Making Marriage Work: A Practical Guide from the Country's Foremost Relationship Expert*. Crown Publishing Group.

Kahneman, D., & Deaton, A. (2010). "High income improves evaluation of life but not emotional well-being". In Proceedings of the National Academy of Sciences, 107(38), (pp. 16489-16493).

Killingsworth, M. A. (2021). "Experienced well-being rises with income, even above $75,000 per year". In Proceedings of the National Academy of Sciences, 118(4), e2016976118.

Langer, E. J. (2009). *Counter Clockwise: Mindful Health and the Power of Possibility*. Ballantine Books.

Lyubomirsky, S. (2007). *The How of Happiness: A Scientific Approach to Getting the Life You Want*. Penguin Books.

McGonigal, K. (2015). *The Upside of Stress: Why Stress Is Good for You, and How to Get Good at It*. Avery.

Neff, K. (2011). *Self-Compassion: The Proven Power of Being Kind to Yourself*. HarperCollins.

Oishi, S., Diener, E., Lucas, R. E., & Suh, E. M. (1999). "Cross-cultural variations in predictors of life satisfaction: Perspectives from needs and values". *Personality and Social Psychology Bulletin*, 25(8), (pp. 980-990).

Powell, J. A. (2012). *Racing to Justice: Transforming Our Conceptions of Self and Other to Build an Inclusive Society*. Indiana University Press.

Ratey, J. J. (2013). *Spark: The Revolutionary New Science of Exercise and the Brain*. Little, Brown Spark.

Robinson, K. (2009). *The Element: How Finding Your Passion Changes Everything*. Penguin Books.

Seligman, M. E. P. (2002). *Authentic Happiness: Using the New Positive Psychology to Realize Your Potential for Lasting Fulfillment*. Free Press.

Seligman, M. E. P. (2011). *Flourish: A Visionary New Understanding of Happiness and Well-being*. Free Press.

Sinclair, D. (2019). *Lifespan: Why We Age—and Why We Don't Have To*. Atria Books.

Taleb, N. N. (2007). *The Black Swan: The Impact of the Highly Improbable*. Random House.

Van Boven, L., & Gilovich, T. (2003). "To do or to have? That is the question". *Journal of Personality and Social Psychology*, 85(6), (pp. 1193-1202).

Walker, M. (2017). *Why We Sleep: Unlocking the Power of Sleep and Dreams*. Scribner.

LIBROS RECOMENDADOS

Ben-Shahar, Tal (2021). *Happier, No Matter What* (Más feliz, pase lo que pase).

Ben-Shahar, Tal (2012). *Choose the Life You Want* (Elige la vida que quieres).

Brualdi, A. C. (1996). *Multiple Intelligences: Gardner's Theory* (Teoría de las inteligencias múltiples de Gardner). ERIC Digest.

Brown, Brené (2010). *The Gifts of the Imperfection* (El regalo de la imperfección).

Buettner, D. (2023). *The Blue Zones Secrets for Living Longer: Lessons From the Healthiest Places on Earth* (Los secretos de las zonas azules para vivir más tiempo: Lecciones de los lugares más saludables de la Tierra). National Geographic.

Chapman, G. (2011). *Los cinco lenguajes del amor*.

Clear, James (2018). *Atomic Habits (Hábitos atómicos)*.

Covey, Stephen R. (1989). *Los 7 Hábitos de la Gente Altamente Efectiva*.

Csikszentmihalyi, Mihaly (1990). *Flow* (Fluir).

Dispenza, Joe (2014). *The Placebo is You* (El placebo eres tú).

Doyle, Glennon (2020). *Untamed* (Indomable).

Dweck, Carol (2006). *Mindset* (Mentalidad).

Eyal, Nir (2019). *Indistractable* (Indistraible).

Frankl, Victor (1946). *El hombre en busca de sentido*.

Gardner, Howard (1999). *Intelligence Reframed: Multiple intelligences for the 21st century* (La inteligencia reformulada: Inteligencias múltiples para el siglo XXI).

Haidt, Jonathan (2006). *The Happiness Hypothesis* (La hipótesis de la felicidad).

Rojas Estapé, Marian (2021). *Encuentra tu persona vitamina*.

Rojas, Enrique (2023). *Comprende tus emociones*.

Riso, Walter (2012). *Autoestima: enamórate de ti*.

Salbi, Zainab (2018). *Freedom is an inside job* (La libertad es un trabajo interno).

Seligman, Martin (1990). *The Hope Circuit* (El circuito de la esperanza).

Tarragona, Margarita (2012). *Tu mejor tú*.

Waldinger, Robert (2020). *The Good Life* (La buena vida).

ÍNDICE

AGRADECIMIENTOS 7
INTRODUCCIÓN 9
    Quién soy 12
    Ser feliz es para valientes 16
    Triada = valentía -> autenticidad / libertad -> felicidad 17

1. ADVERSIDAD: LA VIDA
    Ser feliz 19
    Golpe bajo 21
    Caminos 26
    Responsabilidad personal 28
    Hacer y confiar 33
    Vacuna 35
    Antifragilidad 36
    Mentalidad de crecimiento 40

2. FELICIDAD
    Felicidad sin secretos 43
    Estar feliz vs ser feliz 46
    ¿Qué es la felicidad? 51
    Puedes aprender a ser feliz 53
    Ciencias de la felicidad 55
    Modelo SPIRE 62
    Bienestar espiritual – propósito 65
    Fortalezas 68
    Significado 74
    Valores 77

Presencia 80
Sueños 85
Bienestar físico y salud 87
Nutrición y microbiota 90
Ejercicio 93
Sueño / dormir 96
Tacto 98
El estrés es tu aliado, si… 101
Respiración 108
Longevidad 112
Bienestar intelectual – aprendizaje 116
Estado de fluidez (Flow) 117
Improvisación 120
Pregunta y juega 121
Inteligencias múltiples 126
Bienestar en las relaciones – vínculo 130
Relación contigo 139
Relaciones de pareja 146
Bienestar emocional 158
Abraza tus emociones 166
Así creas tu realidad 172
Creencias 175
Algunas emociones… 179
Resiliencia y optimismo 182
Dar gracias vs Ser agradecido 185
Diagnóstico: qué tan feliz soy 191
Qué determina tu felicidad 193
Es un proceso, no una decisión 195
Fórmulas 197
¿Por qué es todo un reto ser feliz? 200
1. Amor propio 202

2. Responsabilidad personal 211
3. Autoconocimiento 216
4. Consciencia 221
5. Trabajo disciplinado 222
6. Balance 224
7. Renunciar 227
8. Información 230
Hormonas de la felicidad 232
¡Cuidado! Es contagiosa 237
¿Todos deben ser felices? 239
El país más feliz del mundo 240

3. LIBERTAD, AUTENTICIDAD Y VALENTÍA

¿Qué es la libertad? 247
Autenticidad 250
Atención y precepción 255
Reinvéntate 260
Dinero y felicidad 263
Valentía 267
¿Qué es el miedo? 268
¿Qué es la valentía? 275
Eres más valiente de lo que crees 279
Tipos de valentía 280
¿Cómo fortalecer el músculo de la valentía? 283
Cambios y hábitos 288
Aduéñate de tu vida 298
Valentinamente feliz 301
Ser feliz es tu responsabilidad 306
Ideas para llevar 308

BIBLIOGRAFÍA 315

Esta obra se terminó de imprimir
en el mes de febrero de 2025,
en los talleres de Diversidad Gráfica S.A. de C.V.
Ciudad de México